CONEXÕES E EDUCAÇÃO MATEMÁTICA - v. 3

Belas formas em caleidoscópios,
caleidosciclos e caleidostrótons

Claudemir Murari e Ruy Madsen Barbosa

CONEXÕES E EDUCAÇÃO MATEMÁTICA - v. 3

Belas formas em caleidoscópios, caleidosciclos e caleidostrótons

Série
O professor de matemática em ação

autêntica

CAPA
Alberto Bittencourt

EDITORAÇÃO ELETRÔNICA
Tamara Lacerda

REVISÃO
Eduardo Soares
Lívia Martins

EDITORA RESPONSÁVEL
Rejane Dias

Revisado conforme o Acordo Ortográfico da Língua Portuguesa de 1990, em vigor no Brasil desde janeiro de 2009.

AUTÊNTICA EDITORA LTDA.

Belo Horizonte
Rua Aimorés, 981, 8° andar . Funcionários
30140-071 . Belo Horizonte . MG
Tel.: (55 31) 3214 5700

Televendas: 0800 283 13 22
www.autenticaeditora.com.br

São Paulo
Av. Paulista, 2.073, Conjunto Nacional, Horsa I
11° andar, Conj. 1101 . Cerqueira César
01311-940 . São Paulo . SP
Tel.: (55 11) 3034 4468

Dados Internacionais de Catalogação na Publicação (CIP)
(Câmara Brasileira do Livro, SP, Brasil)

Barbosa, Ruy Madsen
Belas formas em caleidoscópios, caleidosciclos e caleidostrótons / Claudemir Murari, Ruy Madsen Barbosa. -- Belo Horizonte : Autêntica Editora, 2012. -- (O professor de matemática em ação ; v. 3)

Bibliografia

ISBN 978-85-8217-054-0

1. Geometria - Estudo e ensino 2. Matemática - Estudo e ensino 3. Professores - Formação I. Murari, Claudemir. II. Título. III. Série.

12-11925 CDD-510.7

Índices para catálogo sistemático:
1. Educação matemática 510.7

SUMÁRIO

APRESENTAÇÃO

Ser convidado para prefaciar um livro é uma honra e um prazer, particularmente quando, como neste caso, os autores são prestigiosos especialistas. Mas ainda mais prazeroso é quando os autores são dois amigos queridos. Neste livro associaram-se Ruy Madsen Barbosa, meu velho amigo de algumas décadas, e Claudemir Murari, seu discípulo, que, mais jovem, é igualmente reconhecido. Lembro-me de outros tempos, quando em conversas com o Ruy, expressávamos a convicção de que a esperança de uma melhoria efetiva da educação dependia de uma boa formação matemática dos jovens que ingressavam na carreira de professor. Continuamos com essa convicção, e este livro é uma resposta a isso, pois atingirá, sem dúvida, professores em formação. Uma boa formação depende de muita criatividade, e uma das características marcantes do Ruy como professor é o estímulo à criatividade. A parceria de Ruy com o discípulo Claudemir Murari, representante da geração mais jovem de educadores matemáticos com muita criatividade e uma sólida formação, resultou em vários trabalhos de cooperação, muitos reunidos neste livro, que tenho o prazer de prefaciar.

Caleidoscópios, ou calidoscópios, são pequenos tubos cilíndricos, com espelhos planos dispostos como prismas, geralmente triangulares, ajustados no interior do cilindro, que é fechado por duas tampas. Em uma delas, colocam-se pedacinhos de vidros coloridos, e, na outra, faz-se um orifício na tampa, que permite visualizar o interior do cilindro. Girando-se o cilindro, os pedacinhos de vidro coloridos se movimentam, criando, graças à reflexão nos vários espelhos, maravilhosas figuras multicoloridas. Esses artefatos, principalmente aqueles com prisma triangular, são facilmente encontrados em lojas de brinquedos ou de objetos artísticos e fascinam crianças e adultos. Podem, inclusive, ser facilmente construídos.

Os caleidoscópios são geralmente considerados brinquedos com características artísticas, mas eles também têm um enorme potencial educativo. Dão oportunidade para ensinarem-se tópicos sofisticados da Geometria Elementar. O básico nos caleidoscópios é a simetria, uma das noções mais fundamentais da Geometria. Os autores deste livro não se preocupam com o caleidoscópio como brinquedo ou objeto de arte, mas sim como um grande auxiliar para a Educação Matemática.

Os caleidoscópios são instrumentos antigos? Curiosamente, não. Poderíamos pensar que quando espelhos de pedra polida já existiam, há 8.000 anos atrás, como aqueles que os arqueólogos encontraram em Çatal Höyük, localizados na Anatólia, na Turquia moderna, também a distração de usar espelhos múltiplos fosse conhecida. E quando, no século XII, as indagações sobre a teoria dos espelhos foram mais intensas, sem dúvida o interesse de espelhos múltiplos estava presente. Mas não se tem notícia de caleidoscópios.

Atribui-se a invenção dos caleidoscópios ao cientista escocês Sir David Brewster (1781-1868), especialista na teoria da luz. Seu prestígio foi reconhecido quando ele foi eleito Fellow of the Royal Society, o mais alto reconhecimento científico na Inglaterra. Ao desenvolver instrumentos para suas pesquisas sobre a teoria da luz, ele percebeu a importância de se estudar as múltiplas reflexões que se obtém com espelhos justapostos como um prisma. Estava inventado o caleidoscópio. Em um livro, publicado em 1816, que se tornou um clássico, ele explica que inventou "um instrumento ótico para criar e exibir formas belas" e deu a esse instrumento o nome *caleidoscópio*, que deriva das palavras gregas *kalós* ('belo') + *eîdos* ('forma') + *skopeîn* ('olhar'). Isto é, caleidoscópio significa 'olhar coisas belas'. Ele ainda diz que as primeiras ideias sobre esse instrumento surgiram em 1814 e foram publicadas em 1815 na prestigiosa revista científica *Philosophical Transactions*, e que, graças a essa publicação, ele foi agraciado com a Medalha Copley, uma das mais importantes premiações científicas da Inglaterra. Fica evidente que o caleidoscópio não foi inventado como um brinquedo, mas sim como um instrumento científico.

Claudemir Murari e Ruy Madsen Barbosa fazem um estudo detalhado da matemática reconhecida na elaboração das belas formas que caracterizam esses instrumentos. Os caleidoscópios mostram grande beleza e reservam surpresas intrínsecas à sua própria concepção. Um pequeno movimento revela figuras inesperadas e belíssimas. Todos nós nos lembramos de como éramos fascinados pelos caleidoscópios quando crianças. E é impossível negar o quanto a beleza e as surpresas dos caleidoscópios continuam a nos fascinar. Os autores exploram muito bem esse fascínio para motivar um estudo aprofundado da Geometria das Transformações, sem dúvida uma das mais importantes vertentes dos estudos de Geometria.

O livro é escrito numa linguagem fácil e atraente, sem prejuízo da precisão e do rigor que deve caracterizar um tratado de Matemática. É organizado em três partes: A primeira trata dos caleidoscópios e consta de seis capítulos; a segunda parte apresenta os caleidosciclos e contém três capítulos – ambas são escritas por Claudemir Murari –; e a terceira parte, Caleidostróton, escrita por Ruy Madsen Barbosa, conta com quatro capítulos. Essa distribuição das autorias em nada prejudica a continuidade da exposição, e a leitura flui com a unidade da obra. A indicação bibliográfica relacionada ao final de cada parte convida o leitor a aprofundar-se nos vários temas tratados, que são expostos com elegância, mas com sutil provocação para o leitor ir além daquilo que foi apresentado pelos autores. Eu vejo o despertar da vontade de ir além do que é apresentado como uma das muitas riquezas deste livro.

No Capítulo 1, o autor trata dos elementos básicos das transformações geométricas que se reconhecem ao analisar o que se passa quando um ente geométrico é colocado frente a um espelho. Discute simetrias, translações, rotações, reflexões e orientação como relacionadas à atribuição de um sentido ao ente geométrico. Esses são os conceitos básicos sobre o qual repousa o estudo da Geometria das Transformações. Passa em seguida ao estudo de espelhos simples e de dois espelhos articulados, usando os conceitos apresentados no primeiro capítulo. Em seguida, estuda as pavimentações do plano, os caleidoscópios planos e os caleidoscópios generalizados. Para isso, apresenta as noções básicas da Geometria Esférica e das tesselações esféricas. São temas de grande riqueza geométrica, mas raramente tratados nos cursos dos ensinos fundamental e médio, e mesmo no ensino superior. Só essa Primeira Parte constituiria um excelente texto de Geometria.

Mas os autores vão além, introduzindo temas novos, resultados de suas pesquisas. Na Segunda Parte, Claudemir Murari apresenta os caleidosciclos, interessantes recursos pedagógicos que permitem a manipulação de modelos geométricos para facilitar a aquisição de conceitos. Etimologicamente, caleidosciclo significa 'ciclo de coisas belas'. A apresentação teórica, feita com muita clareza, torna muito acessível temas de Geometria que de outro modo não seriam passíveis de serem tratados em sala de aula. A Terceira Parte, escrita por Ruy Madsen Barbosa, introduz o caleidostróton, isto é, 'disposição de formas belas', um objeto com grande potencial recreativo e possibilidades de importantes estudos geométricos, tais como simetrias de faixas.

Este é um livro escrito com elegância, matematicamente preciso, com excelentes ilustrações e que trata de temas pouco comuns nos ensinos fundamental, médio e mesmo superior, mas de grande beleza e enorme potencial pedagógico. Sem dúvida, tem-se aqui uma importante contribuição à literatura científica brasileira.

Ubiratan D'Ambrosio
São Paulo

PRIMEIRA PARTE

CALEIDOSCÓPIOS

CLAUDEMIR MURARI

Na primeira parte trataremos dos ESPELHOS e CALEIDOSCÓPIOS, que se constituem em recursos didáticos muito interessantes para o ensino e aprendizagem de vários conceitos de geometria.

Os caleidoscópios são instrumentos bastante versáteis, construídos com dois, três ou quatro espelhos, e são apropriados para o estudo de vários conceitos relacionados a polígonos, poliedros, pavimentações, simetrias e transformações geométricas, entre outros temas.

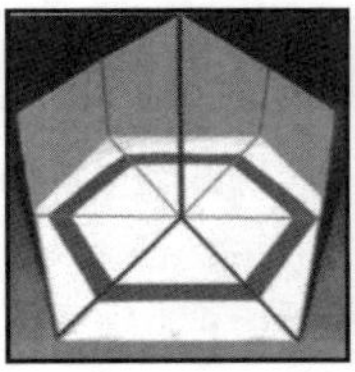

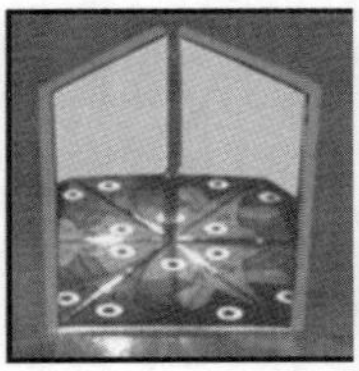

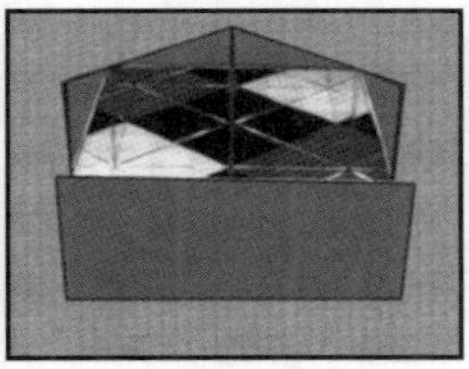

Cap. 1: *Espelhos, simetrias e conceitos correlatos*
Cap. 2: *Espelhos simples*
Cap. 3: *Dois espelhos*
Cap. 4: *Pavimentações do plano*
Cap. 5: *Caleidoscópios*
Cap. 6: *Caleidoscópios generalizados*

CAPÍTULO 1

ESPELHOS, SIMETRIAS E CONCEITOS CORRELATOS

A - INTRODUÇÃO

Este capítulo aborda a utilização de espelhos para fins educacionais, principalmente no ensino da geometria.

Desde o fim do século XII menciona-se a existência do espelho (um produto à semelhança do que temos hoje), mas sua fabricação em grandes quantidades teve início somente depois de aproximadamente quinhentos anos (século XVII), devido ao desenvolvimento das técnicas de produção. Os espelhos são feitos a partir de uma lâmina de vidro, na qual uma das faces é escura e o seu reverso é a parte refletora. A superfície refletora é constituída por uma película metálica, que é assentada geralmente sobre o vidro, ou pela superfície de um corpo metálico polido.

Na ótica, um espelho é qualquer superfície polida que muda a direção dos raios de luz, em conformidade com as leis da reflexão. Ele pode ter superfícies planas ou curvas. Um espelho curvo pode ser côncavo ou convexo, dependendo da maneira como sua superfície reflete os raios pelo centro de sua curvatura. De modo geral, as superfícies desse tipo de espelho são esféricas, cilíndricas, parabólicas, elipsoidais ou hiperboloidais.

A utilização de espelhos no ensino e na aprendizagem de geometria é bastante diversificada. Podemos utilizar um ou vários espelhos, separados ou unidos, dependendo do tema a ser estudado. Além de ser possível prever qual visual será obtido nas reflexões dos espelhos, inúmeros objetos que possuem linhas de simetria podem ser neles visualizados, já que refletem simetricamente um ponto-objeto colocado à sua frente. Se dois ou mais espelhos planos forem unidos pelas suas extremidades, de modo a tornarem-se uma única peça, poderão ser denominados de caleidoscópios. Porém, há que se ressaltar que, para a confecção de um caleidoscópio de três ou quatro espelhos, determinados ângulos devem ser rigorosamente observados para que esse instrumento produza a repetição perfeita da imagem.

Os espelhos utilizados no presente trabalho são constituídos de superfícies planas, e serão apresentadas diversas possibilidades de utilização dos caleidoscópios no ensino de alguns conceitos de Geometria, já que esses instrumentos oportunizam um grande leque de aplicações.

É bom enfatizar que existem os caleidoscópios *populares* e os *educacionais*; somente esses últimos serão objeto deste trabalho. O primeiro tipo é obtido por um particular arranjo de espelhos intencionalmente colocados em determinada posição (geralmente na forma de um prisma triangular, envolto por um tubo). Possui em seu interior fragmentos móveis e coloridos que produzem combinações simétricas resultando em belas imagens, sendo possível um grande número de variações.

As fotos abaixo mostram dois tipos de caleidoscópios populares e um dos visuais por eles gerados.

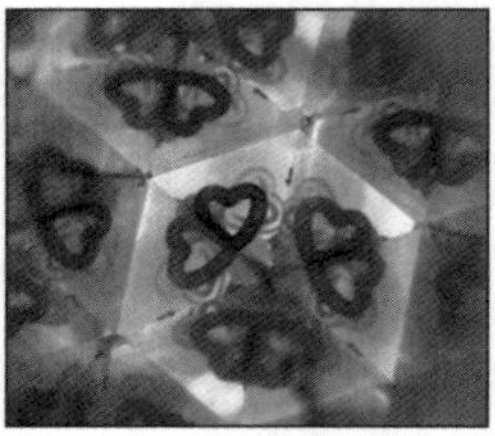

O caleidoscópio educacional, que também proporciona belas visões, foi particularmente elaborado com a finalidade de ser um importante e eficiente recurso didático. Em seu interior são colocados desenhos especialmente construídos para gerarem imagens previsíveis. Os caleidoscópios educacionais podem ser construídos com dois, três ou quatro espelhos. Conforme sua construção, eles permitem a visualização de objetos das geometrias plana ou esférica. A partir do Capítulo IV veremos vários tipos desses caleidoscópios.

O tema Pavimentação ou Tesselação (plana e esférica) oferece um campo muito farto de possibilidades de abordagem com esse tipo de instrumento. A utilização de um espelho e de caleidoscópios (com dois, três ou quatro espelhos) permite ao estudante materializar diante de si padrões de pavimentação do plano e realçar propriedades das figuras geométricas. Assim, conceitos importantes relacionados a polígonos regulares, simetria reflexional, ângulos, transformações geométricas, entre outros, podem ser facilmente estudados.

Entretanto, antes de iniciar um estudo com caleidoscópio, é interessante que se façam algumas abordagens preliminares com um espelho, a fim de se familiarizar com esse instrumento e de se ter percepções do comportamento de um objeto quando colocado à frente de um espelho.

Assim, apresentamos sugestões de atividades que podem ser realizadas em estudos que utilizam espelhos como recursos educacionais. Primeiramente, trataremos de situações em que alguns conceitos são abordados com o uso de apenas um espelho, que auxiliarão na apreensão de conceitos mais complexos. Na sequência do estudo com um espelho, faremos algumas considerações sobre o uso de caleidoscópios com dois, três e quatro espelhos. Porém, antes de estudarmos os espelhos, é conveniente fazermos algumas considerações sobre *simetria*, um assunto bastante conexo a nossos estudos.

B – SIMETRIAS

FIGURA 1

A Simetria é um tema muito complexo e abrangente, que pode ser discutido à luz da ciência e também da cultura, já que inúmeras aplicações do seu princípio são encontradas na natureza, nas ciências, nas artes e, também, nas edificações, especialmente em igrejas, como mostra a FIG. 1.

Sob tratamento matemático, e de modo relativamente simples, podemos dizer que o conceito de simetria é relacionado ao atributo de uma forma (ou configuração) que, sob transformações, mantém-se constante, alterando-se apenas a posição dos seus elementos constitutivos. Assim, ao considerarmos uma figura simétrica, haverá sempre um centro (ou eixo) ou, ainda, uma linha (ou mais) em que encontramos uma equivalência de partes situadas em lados opostos. As simetrias são estudadas em várias vertentes, como a biologia, a física, a arquitetura, a arte e a geometria, entre outras.

É só olharmos ao redor para encontramos muitas formas (vivas ou inanimadas) resultantes de uma combinação harmoniosa e proporcional, produzidas de acordo com certa regularidade. É senso comum que essas formas são geralmente belas, sugerindo a ideia de ordem, equilíbrio, perfeição, padrão, etc. A simetria se relaciona mais a semelhanças que a igualdades, considerando-se que, à luz da geometria euclidiana, muitas imagens simétricas não se sobrepõem ponto por ponto. Abaixo, na FIG. 2, observam-se simetrias em um inseto, uma flor, uma borboleta e uma taça.

FIGURA 2

Na arquitetura são encontrados muitos exemplos de simetria. A FIG. 3, ao lado, exemplifica isso. Trata-se do Castelo de Chaverry, na França.

FIGURA 3

Na Matemática, a ideia de simetria é particularmente explorada, especialmente quando tratamos de isometrias, gráficos de certas funções, parábolas, eixos de simetria de algumas figuras geométricas, etc. As figuras geométricas aqui referidas são configurações que representam qualquer conjunto formado por pontos, linhas e superfícies localizadas no plano ou no espaço.

No estudo do conceito geométrico de simetria podem ser analisadas suas variantes: a bilateral, a translacional, a cristalográfica, etc. Porém, considerando a objetividade desse trabalho, nos concentraremos nos tipos de simetrias *axiais* e *centrais*. Observe que na FIG. 4 é possível diferenciar esses dois tipos fundamentais de simetrias:

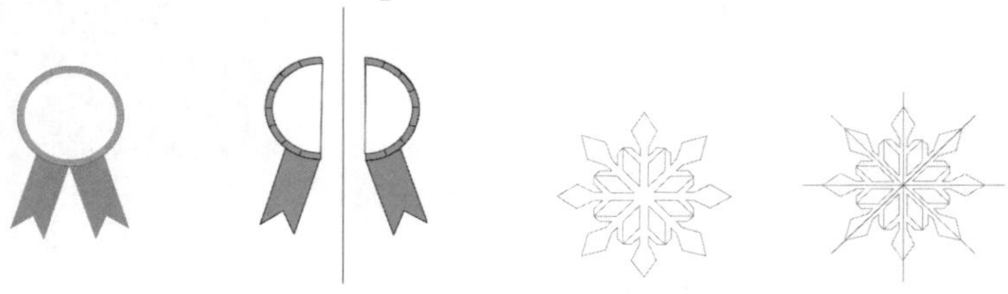

FIGURA 4

A simetria axial, como o próprio nome sugere, está relacionada a um eixo (uma reta). Esse eixo é denominado *eixo de simetria*, e corresponde à mediatriz que une os pontos correspondentes. A partir desse eixo (que divide a figura em duas seções), temos pontos, objetos ou frações de objetos, que têm sua imagem espelhada em uma, e outra parte da figura.

Em termos matemáticos, podemos dizer que cada ponto P dessa figura terá o seu simétrico $s(P)$. Por outro lado, também se pode afirmar que o simétrico de um ponto simétrico é o próprio ponto, ou seja, $s(s(P)) = P$. Assim, partindo da ideia de simetria, temos que a figura resulta do agrupamento de pontos em pares simétricos (P,Q). Considerando que em uma figura simétrica todo ponto tem seu simétrico, temos que $P=s(Q)$ e $Q=s(P)$, conforme representado a seguir, na FIG. 5.

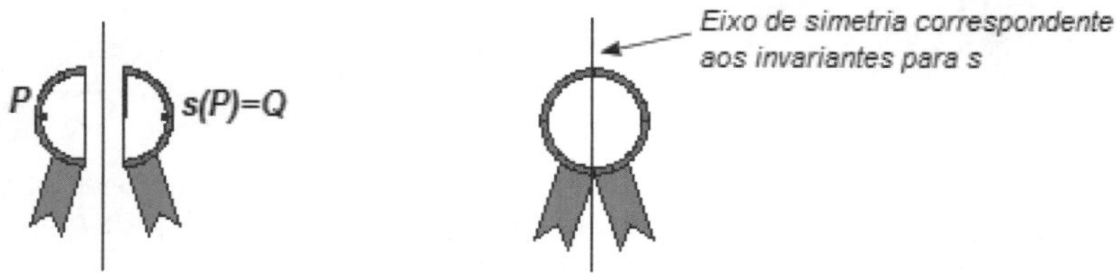

FIGURA 5

Da FIG. 5 infere-se que quando os pares simétricos (P, Q) forem iguais, eles se constituirão nos pontos do eixo de simetria. Assim, se tivermos apenas uma metade da figura, na qual s opere e se coloque em contiguidade a cada ponto P (gerando o seu simétrico $(s(P))$, teremos gerada a outra metade da figura.

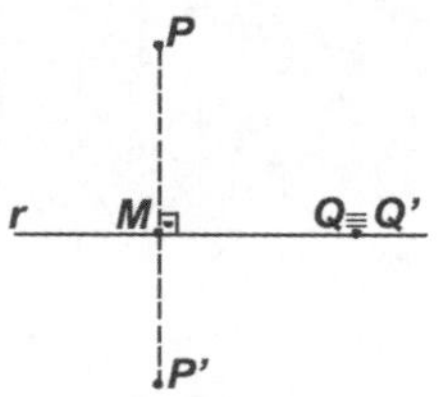

FIGURA 6

Para um melhor entendimento, consideremos uma reta r e P um ponto não pertencente a r, como na FIG. 6.

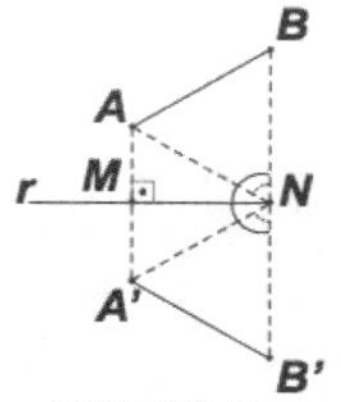

FIGURA 7

Seja P' tal que $\overline{P'M} = \overline{PM}$ e $\overline{PP'} \perp r$. Nesse caso, dizemos que P' é o *simétrico* de P em relação à r, considerada eixo; essa simetria é chamada *axial*.

Se $Q \in r$, então o seu simétrico Q' coincide com Q.

Sejam A' e B' simétricos de A e B em relação a r, conforme a FIG. 7.

Então, $\overline{MA'} = \overline{MA}$ e $\overline{NB'} = \overline{NB}$. Consideremos o ΔAMN e o $\Delta A'MN$.

Como $\overline{MA'} = \overline{MA}$ e $A\hat{M}N \quad A'\hat{M}N \quad 90^o$, segue que $\Delta AMN \cong \Delta A'MN$ (congruentes) e $\overline{NA'} = \overline{NA}$, bem como $M\hat{N}A' = M\hat{N}A$.

Como $M\hat{N}B = M\hat{N}B' = 90^o$, segue que $A'\hat{N}B' \quad A\hat{N}B$. De $\overline{AN} = \overline{A'N}$, $\overline{BN} = \overline{B'N}$ e $A'\hat{N}B' \quad A\hat{N}B$ temos $\Delta AMN \cong \Delta A'MN$ Assim, $\overline{A'B'} = \overline{AB}$.

Tomando r como eixo, dizemos que a simetria axial conserva as distâncias (isometria).

Conceito: **Isometria** é uma transformação geométrica entre pontos do plano (ou do espaço) que preserva distâncias, isto é, se (P, P') e (Q, Q') são pares de pontos correspondentes pela transformação, temos $\overline{PQ} = \overline{P'Q'}$.

A **simetria central** é também chamada de *rotacional*. Nesse caso, temos um ponto fixo, chamado de **centro de simetria**, em relação ao qual um ponto, objeto ou parte de um objeto pode ser girado, de maneira que, por um determinado número de vezes, esses elementos coincidem um com o outro. Por conseguinte, temos várias retas que passam pelo centro de simetria da figura dividindo-a em duas imagens espelhadas. O centro de simetria é determinado pelo ponto médio dos segmentos que unem os pontos correspondentes.

As simetrias podem ser reconhecidas e compreendidas intuitivamente. Porém, na Matemática, uma figura geométrica plana somente será considerada simétrica se puder ser dividida por uma reta em duas partes, as quais, ao se sobreporem por dobragem, deverão coincidir perfeitamente. As retas que possibilitam tal divisão, como já vimos, são denominadas **eixos de simetria da figura**.

No estudo das simetrias das figuras, recorremos, muitas vezes, às isometrias (do grego *isometría*, "medida igual"), que são as transformações de um ponto do plano em outro, preservando-se a distância e o comprimento dos segmentos, e obedecendo-se a certas regras especiais. Com isso, desenvolve-se o conhecimento matemático dessas transformações geométricas, que servem de base para a resolução de outros problemas geométricos com escopo em mecanismos matemáticos importantes.

Além disso, a geometria dos movimentos (ou das transformações) não se evidencia apenas na Matemática. Em outras áreas curriculares, o conceito de simetria também se revela importante, como quando se faz um estudo de faixas ou frisos, formados pela iteração de um conjunto de isometrias de uma ou mais figuras, como ilustrado na FIGURA 8.

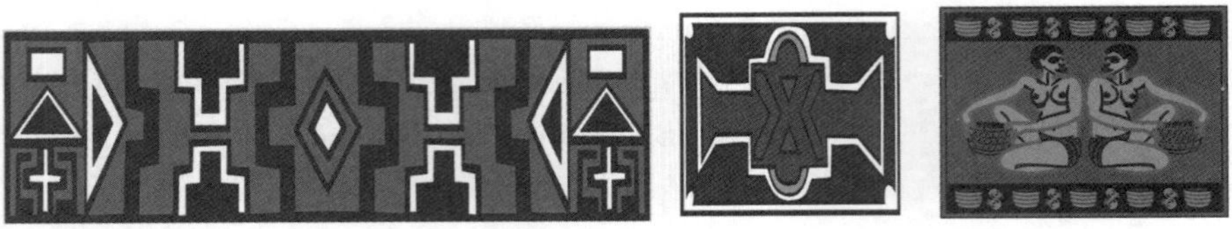

FIGURA 8

Apesar de vivermos num mundo dinâmico, o foco da Matemática não se volta para qualquer tipo de transformação. Essa ciência estuda os movimentos das figuras entre si, cujas distâncias sejam invariantes. Em tais transformações, chamadas de *isometrias* ou de *movimentos rígidos*, há preservação da forma e do tamanho dos objetos e, portanto, há geração de figuras congruentes. A Geometria Plana estabelece que duas figuras são congruentes quando elas coincidirem perfeitamente havendo uma mudança de posição ou movimento rígido. A FIG. 9 mostra figuras congruentes.

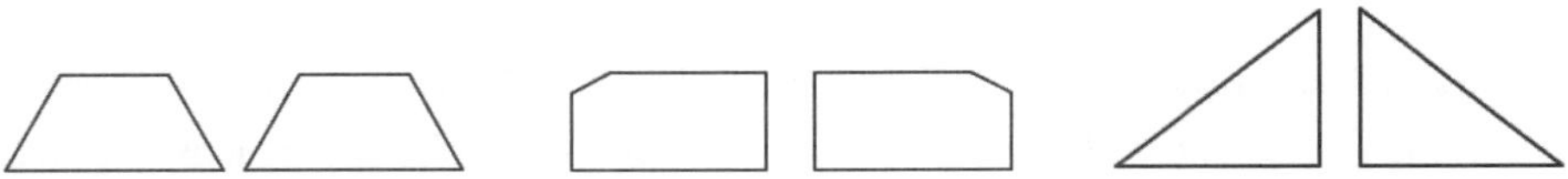

FIGURA 9

No caso de ocorrerem deslocamentos que apenas mudam a posição da figura (conservando-a como um todo), dizemos que se realizam movimentos denominados *translação*, *rotação*, *reflexão* e *translação refletida*, conforme a maneira como acontecem.

Se tomarmos como exemplo um triângulo escaleno Δ*ABC* e uma reta *r* é possível se obter, conforme a FIG. 10, exemplos de isometrias:

1) uma translação que transforma o Δ*ABC* no triângulo congruente Δ*A'B'C'* pelo deslocamento do Δ*ABC* para o Δ*A'B'C'*, sem girar, na direção de *r*.

2) uma simetria axial que transforma Δ*ABC* no triângulo congruente *A"B"C"*. Observe que a translação e a simetria axial preservam os ângulos do triângulo, e que a simetria axial inverte os sentidos (horário e anti-horário).

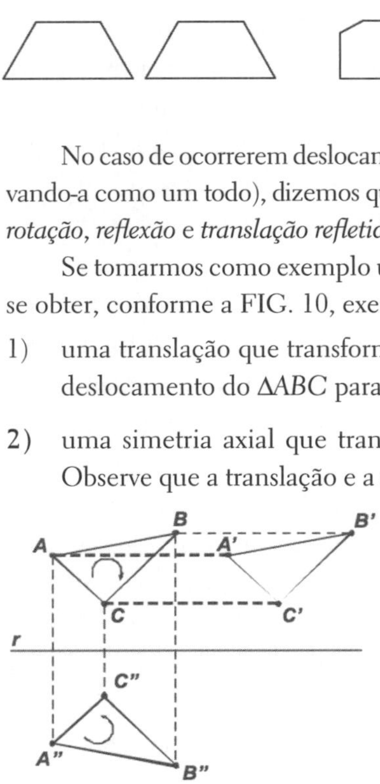

FIGURA 10

É intuitivo que se pode passar continuamente do triângulo Δ*ABC* para o triângulo Δ*A'B'C'*. Porém, sem sair do plano, não é possível deslocar o Δ*ABC* até o Δ*A"B"C"*. Estabelece-se, assim, a distinção entre uma isometria direta e uma indireta, isto é, a translação é uma isometria direta e a simetria axial, indireta.

C – TRANSLAÇÃO

A translação é o tipo de isometria encontrada com maior frequência. Dizemos que uma figura sofre uma translação quando ela se desloca paralelamente a uma direção fixada, sem modificar-se. Esse deslocamento é determinado por um *vetor de translação*, que representa um segmento de reta que possui uma orientação. Esse vetor possui uma direção, um sentido e um comprimento, e convenciona-se indicá-lo por letras, com um símbolo de seta sobrescrito, exemplo: $\overrightarrow{AB}$. Numa translação, todos os pontos da figura sofrerão um deslocamento com direção, sentido e comprimento determinados pelo vetor de translação.

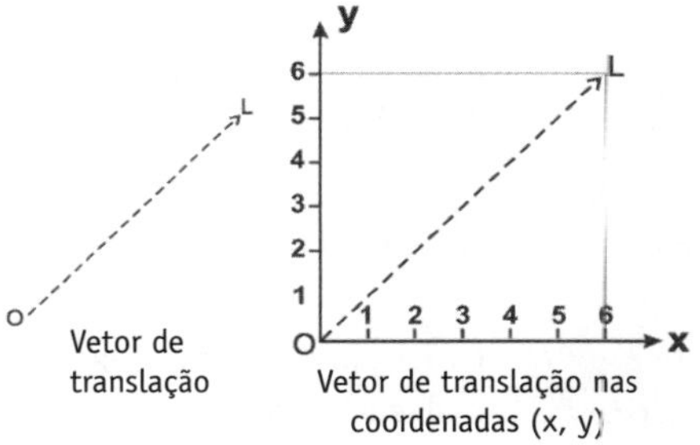

FIGURA 11

Utilizam-se as coordenadas (x, y) para indicar o deslocamento de uma figura nas direções horizontal e vertical, respectivamente. Então, conhecendo-se as coordenadas do vetor de translação, não fica difícil encontrar as coordenadas de pontos transladados, que vão determinar a nova posição de uma figura após sofrer uma translação. Observe na figura ao lado que o vetor de translação (O, L) tem uma direção, um sentido e um comprimento, singularidade essa que definirá a movimentação do objeto. A FIG. 11 mostra essa representação.

Assim explicado, agora vamos considerar o vetor de translação $\overrightarrow{OL}$, dado na FIG. 11, para ser aplicado ao ΔPQR da FIG. 12. Como as coordenadas desse vetor indicam que $x>0$ e $y>0$, a figura se deslocará para cima e para a direita. Então, o resultado da translação no plano do triângulo ΔPQR, em função de $\overrightarrow{OL}$, será o triângulo ΔP'Q'R', como mostra a figura ao lado. Observe que as coordenadas dos pontos P, Q e R são, respectivamente, (-5, -2), (-5, -5) e (-2, -5).

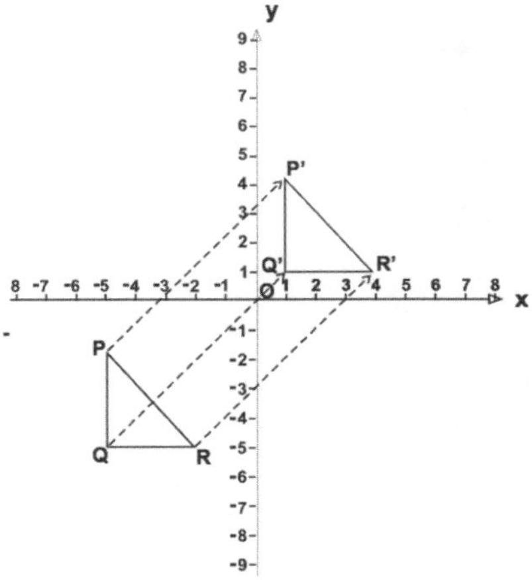

FIGURA 12

Sugestão de atividades:

Considere a FIG. 12 para responder às perguntas:

1) Se o ΔPQR fosse transladado conforme as situações abaixo, qual seria a mudança nas coordenadas dos pontos que definem essas diferentes translações?

a) 7 unidades para a direita na direção horizontal e duas unidades para cima, na direção vertical;

b) 2 unidades para a direita na direção horizontal e uma unidade para baixo, na direção vertical;

c) 3 unidades para baixo na direção vertical e quatro unidades para a esquerda, na direção horizontal;

d) m (número real positivo) unidades para a direita, na direção horizontal, quais as coordenadas do ΔP'Q'R'?

2) Agora vamos combinar translações desse ΔPQR, para também indicar as coordenadas do vetor que define essa movimentação:

a) Uma translação de 8 unidades para baixo, na direção vertical, seguida de uma outra translação de 2 unidades na direção horizontal, para a direita;

b) Uma translação de m unidades para baixo, na direção vertical, seguida de outra translação de n unidades na direção horizontal, para a direita, sendo m e n inteiros, reais e positivos;

c) Uma translação em que fossem invertidos os números acima, isto é, n unidades para baixo, na direção vertical, seguida de outra translação de m unidades na direção horizontal, para a direita, sendo m e n inteiros, reais e positivos.

3) Considerar as coordenadas (x, y) indicadas na próxima figura para responder às questões:

a) Quais as coordenadas dos vértices do quadrilátero *ABCD*?

b) Quais as coordenadas dos vértices do quadrilátero *A'B'C'D'* transladado, cuja movimentação foi determinada pelo vetor de translação $\overrightarrow{OL}$?

c) Esboçar na figura abaixo o quadrilátero *A'B'C'D'*.

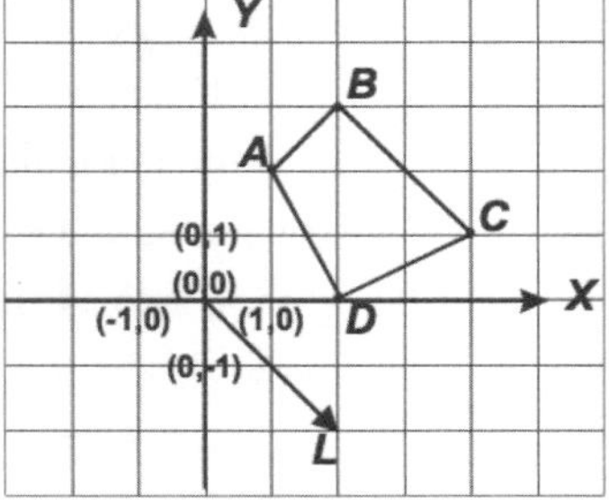

4) Imaginar o vetor de translação $\overrightarrow{OL}$ de coordenadas $(x, y) = (2, 1)$, como na figura abaixo. Responder:

a) Quais as coordenadas dos pontos P e Q transladados por $\overrightarrow{OL}$, onde $P = (0,1)$ e $Q = (2, -2)$?

b) Encontrar o ponto (x, y), que ao ser transladado por $\overrightarrow{OL}$ determina o ponto (2, -1).

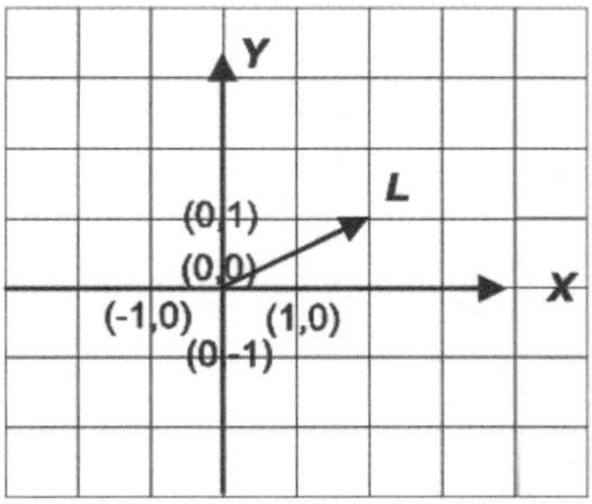

Para pensar: "Será que por uma translação, o vetor de translação é transformado nele próprio?"

D – ROTAÇÃO

Outro tipo de transformação ou movimento no plano que pode ocorrer com uma figura é a *rotação*. Para que haja uma rotação no plano, é necessário fixar um ponto do plano, chamado de *centro de rotação*, e girar a figura ao redor dele, de um ângulo α qualquer. Além da amplitude do ângulo, há também a necessidade de se estabelecer sua orientação: sentido *retrógrado* (quando segue a direção dos ponteiros do relógio) ou sentido *direto* (direção contrária à dos ponteiros do relógio).

No caso da FIG. 13, temos um quadrilátero original que foi rotacionado no sentido anti-horário em ângulos de 90°, 180° e 270°, em relação à origem do sistema.

Na FIG. 13, ficou muito fácil determinar as rotações, porque utilizamos o sistema das coordenadas cartesianas. Porém, se fixarmos um ponto e aplicarmos algum ângulo, é possível efetuar qualquer rotação. É o que mostra a FIG. 14, na qual α = 30° e um dos vértices do hexágono foi considerado como ponto de fixação (O). Para um melhor entendimento, utilizamos cores diferentes nos hexágonos girados; porém, há que se lembrar que a figura movimentada é a mesma.

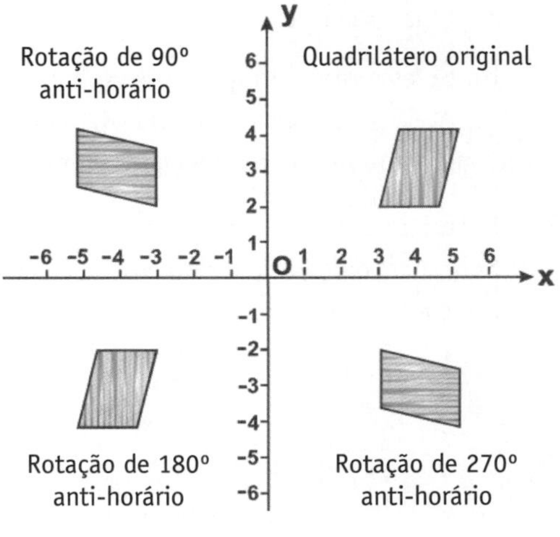

FIGURA 13

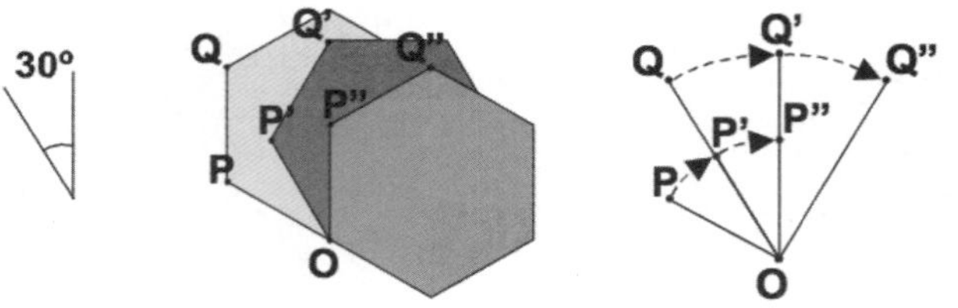

FIGURA 14

Sugestão de atividades:

1) Na figura a seguir, o ΔABC foi rotacionado de 90° com centro $(0, 0) = O$ no sentido anti-horário. Responder:

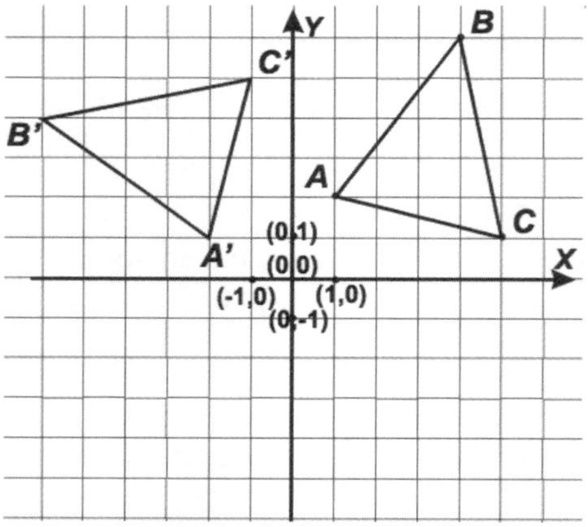

a) Quais são as coordenadas do $\Delta A'B'C'$?

b) Se essa mesma figura fosse rotacionada num ângulo de 180°, resultando o $\Delta A''B''C''$, quais seriam as novas coordenadas? (Esboçar na figura ao lado esse movimento de rotação para identificar as coordenadas).

2) Sejam a e b retas, e o ponto P na intersecção das mesmas, como na figura abaixo. Se a' é a rotação de a de centro O e ângulo α e P' é a imagem de P por esta rotação, construir b', que é a imagem de b por esta mesma rotação.

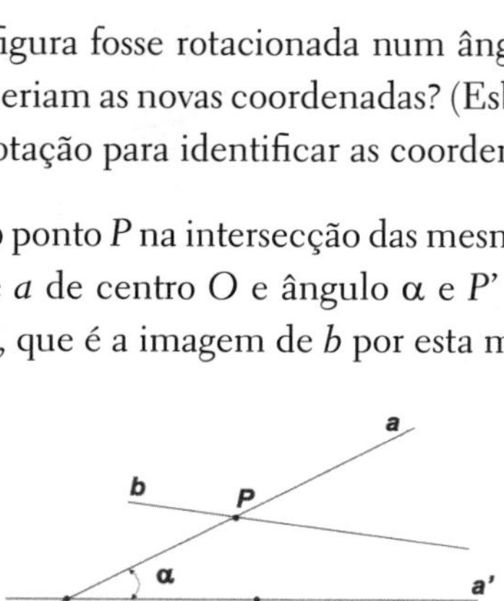

E – REFLEXÃO

Reflexões são movimentos no plano que mudam a posição dos objetos mantendo a sua forma e o seu tamanho originais, porém, invertem sua orientação. Pelo fato de preservarem as distâncias entre dois pontos, essas transformações, assim como as translações e as rotações, dão origem a figuras congruentes.

Ao contrário da translação e da rotação, que são deslizamentos da figura no plano, para que ocorra a reflexão, há necessidade de se retirar a figura do plano em vez de somente deslizá-la.

É habitual utilizar-se de retas para ilustrar o conceito de reflexão, pois esse tipo de movimento rígido possibilita a obtenção do simétrico de pontos, figuras ou partes de figuras. Assim, considerando uma reta *r*, que pode ser denominada de eixo de reflexão, e um ponto P, obtém-se P', simétrico de P, como na FIG. 15.

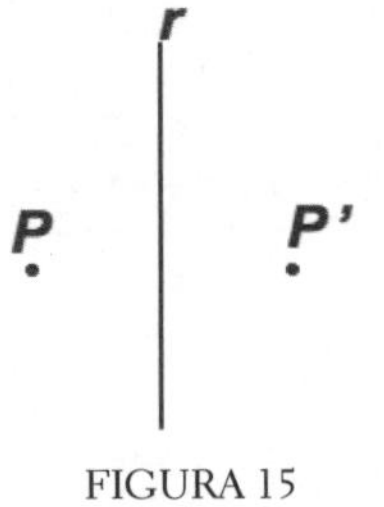

FIGURA 15

Se utilizarmos uma figura em vez do ponto, obteremos duas figuras simétricas, pois uma será a imagem espelhada da outra, em relação à reta considerada (FIG. 16).

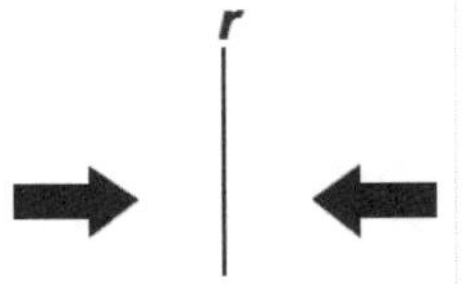

FIGURA 16

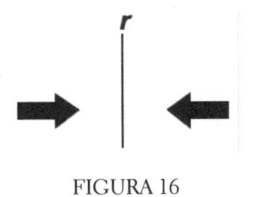

Para pensar: A combinação de duas reflexões obtidas através de eixos de reflexão paralelos resultará, necessariamente, em qual transformação do plano?

No próximo capítulo sobre espelhos retomaremos o estudo sobre reflexões, quando apresentaremos, também, várias aplicações.

Atividade:

1) Na figura que se segue, que lembra a letra H, faça o que se pede, de modo que o resultado ainda seja uma figura simétrica:

   a) 1° procedimento: retirar apenas uma peça, sem deslocar as demais.

   b) 2° procedimento: retirar uma peça diferente daquela extraída em (a) e movimentar apenas uma das outras componentes.

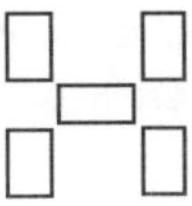

Respostas:

a) 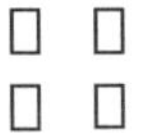

b) 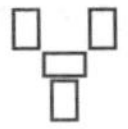

Além da **reflexão axial**, já comentada, temos também a **reflexão deslizante**, que é o resultado da combinação de transformações. Podemos ter, por exemplo, como na FIG. 17, uma translação seguida de uma reflexão. A translação do pentágono se processou com base no vetor de translação indicado ao lado:

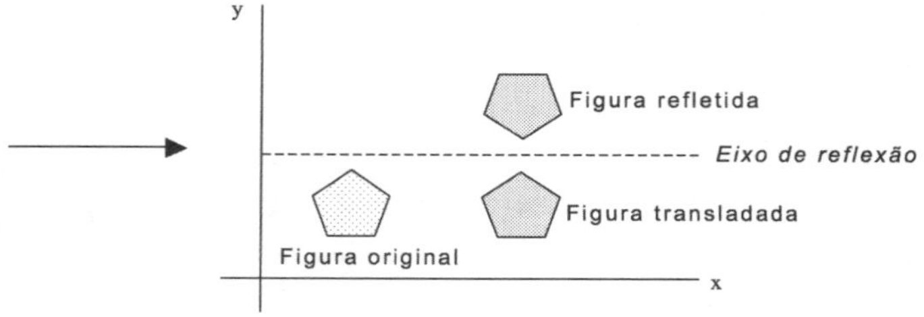

FIGURA 17

Para pensar: O resultado geométrico seria diferente se houvesse uma inversão na ordem de ocorrência dessas transformações, isto é, se primeiramente o pentágono fosse refletido e depois transladado?

F – ORIENTAÇÃO

Em Geometria, a noção de **orientação** está relacionada à atribuição de um sentido ao ente geométrico. O *sentido* a ser considerado é o *horário* ou *anti-horário*. Pelo que já estudamos nas transformações já abordadas, podemos concluir que:

- *Translação*: preserva a orientação
- *Rotação*: preserva a orientação
- *Reflexão axial*: inverte a orientação
- *Reflexão deslizante*: inverte a orientação

Para pensar: Se tivermos duas refexões sucessivas de uma figura, realizando-se através de eixos concorrentes (isto é, que se cruzam), teremos invertida a orientação dessa figura?

Atividades:

1) Que tipo de transformação deve sofrer uma figura para que um segmento de reta seja mudado de maneira paralela e com o mesmo comprimento?
2) Que tipo de transformação possui um ponto invariante?

3) O que acontece com os ângulos de uma figura ao passar por uma rotação ou uma translação?

4) Que tipos de isometrias se podem encontrar na figura abaixo?

Apesar de termos iniciado este capítulo tratando de simetrias, fica difícil não fazer referências (ainda que sem um aprofundamento) às quatro isometrias do plano, que mudam a posição de uma figura no plano sem deformá-la. O conhecimento dessas transformações é importante, pois observamos sua ocorrência frequentemente em nosso cotidiano.

Além disso, dão ensejo a diferentes atividades interdisciplinares. A análise das simetrias de uma obra de arte pode ser um bom exemplo de ligação entre a matemática e outro domínio do saber, pois toda imagem é também uma linguagem, entre as várias que os seres humanos utilizam para comunicar os fenômenos percebidos. As obras de Escher são particularmente propícias para um trabalho em conjunto com a disciplina Educação Artística: enquanto se desvela a grande porção de Matemática que existe na composição dessas obras, pode-se estudar a percepção e a composição da figura através da Educação Artística, fazendo-se, por exemplo, comparação e/ou agrupamento de segmentos semelhantes ou diferentes, levando-se em conta, também, a predominância de linha, cor, da forma, ou movimento, etc.

Trabalhos de Escher: *Peixes e escamas* (1959) e *Limite circular IV* (1960)

*

CAPÍTULO 2

ESPELHOS SIMPLES

A – O QUE É UM ESPELHO?

Para Barbosa (1993), os espelhos são produzidos por superfícies metálicas polidas. Nos espelhos comuns é a camada metálica, geralmente de prata ou alumínio, que funciona como espelho, sendo o vidro apenas suporte e protetor. Esse autor apresenta um estudo sobre o fenômeno da reflexão possibilitada pelo espelho, que obedece às leis da ótica geométrica:

1) o raio normal à superfície no ponto de incidência e o raio refletido estão num mesmo plano, e

2) o ângulo de incidência i (do raio incidente com a normal) é igual ao ângulo de reflexão (do raio com a normal): $i = r$.

A imagem de um ponto, obtida através do espelho, é o encontro dos raios refletidos ou dos prolongamentos destes, sendo chamada de *imagem virtual*.

O esquema representativo abaixo é apresentado por Barbosa (1993, p. 38) para a reflexão de um ponto P em um espelho plano, sendo visto pelo observador O.

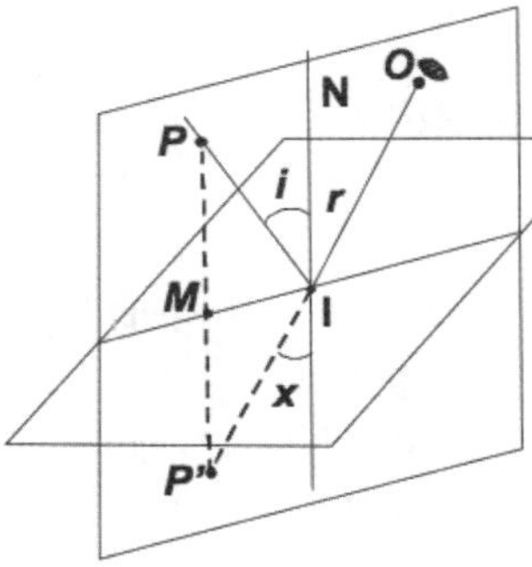

Um ponto-objeto P frente a um espelho plano sendo visto por um observador (olho) O através do espelho, parece ao observador estar em P', atrás do espelho (sua imagem virtual), impressão causada pelo fato de O, o observador, receber o raio luminoso refletido, e que, vindo de P, incide no espelho e, segundo as duas leis dadas, reflete-se atingindo O, podendo assim ser visualizado.
Em razão da primeira lei, os pontos P, I, O e P' estão num mesmo plano; e em razão da segunda, resulta que P' é o simétrico de P em relação à reta intersecção desse plano com o plano do espelho. Desse modo se justifica a denominação simetria reflexional ou reflexão dada à simetria axial.

O espelho simples, como o próprio nome exprime, pode ser um pedaço qualquer de espelho, geralmente retangular. Pelas nossas experiências, recomendamos um espelho com 9 cm de largura por 15 cm de comprimento. Sugerimos que no reverso desse pedaço de espelho seja colado um papelão ou material emborrachado, para diminuir a fragilidade do vidro que sustenta a parte espelhada e, também, para a proteção do usuário no manuseio do espelho.

Colocando uma figura qualquer num plano, à frente e perpendicularmente a um espelho plano, obteremos o simétrico dessa figura em relação ao espelho, devido ao fenômeno da reflexão, que obedece às leis da reflexão da ótica geométrica. Isso pode ser constatado na FIG. 1, na qual à frente do espelho foi colocado um pequeno círculo, obtendo-se o seu simétrico.

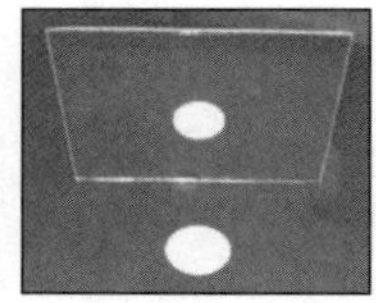

FIGURA 1

O uso de apenas um espelho permite situações de aprendizagem interessantes, oportunizando circunstâncias adequadas e favoráveis para que o ensino se desenvolva de uma maneira informal, promovendo e aguçando a visualização do espaço.

As atividades se desenvolvem através de situações, em que se devem explorar todas as possibilidades de colocação do espelho para articulação das ideias desejadas. Podemos abordar vários conceitos como: diâmetro e raio; reflexão de um ponto; reflexão em uma linha; para análise do eixo simétrico; ponto simétrico; congruências; propriedades das figuras simétricas; para comparar padrões e figuras ou letras do alfabeto; orientação; translação; rotação, etc. A seguir, apresentamos alguns desses estudos.

B – UTILIZANDO UM ESPELHO

B.1 – A REFLEXÃO DE UM PONTO

Se marcarmos pontos ou figuras sobre um papel quadriculado à frente de um espelho, obteremos imagens desses pontos ou figuras. Nesse caso, dizemos que as imagens são reflexões dessas marcações. Observe que se um ponto *d* é a reflexão de um ponto *b* através de um espelho, o ponto *b* é a reflexão do ponto *d* por esse mesmo espelho (FIG. 2).

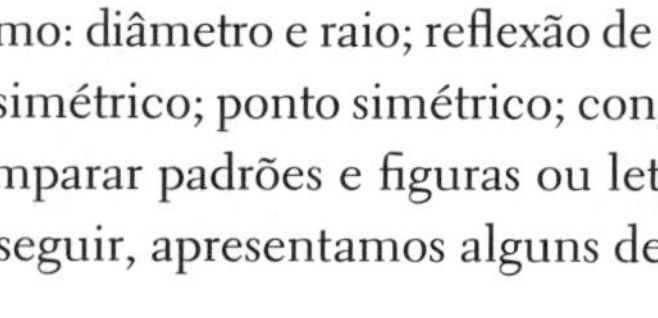

FIGURA 2

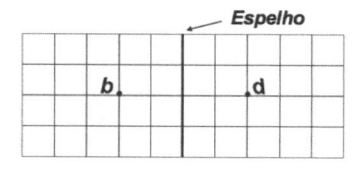

Curiosidade: A foto abaixo representa o trabalho em madeira *Day and Night*, confeccionado por Maurits Escher (arquiteto holandês). Ela não é o produto de uma reflexão por espelhos, porém nela podem-se encontrar vários pontos simétricos e reflexão de imagens, apesar da diferença de cores. Objetos simetricamente dispostos, como o rio, os pássaros, a ponte, etc., apresentam uma simetria de contrastes (dia-noite, branco-preto, direita-esquerda).

FIGURA 3

B.2 – EIXO DE SIMETRIA

Como já dissemos, quando em uma figura existir um lugar em que uma reta possa ser traçada de tal forma que cada ponto da figura de um lado dessa reta tenha o seu ponto correspondente do lado oposto, à mesma distância dessa reta, a referida figura terá um *eixo de simetria*. Tratado de uma maneira simples, eixo de simetria é uma reta que divide uma figura em duas partes simétricas. Isto quer dizer que se dobrarmos a figura ao longo do eixo de simetria, as duas partes irão coincidir.

Atividade:
Dada a FIG. 4, pergunta-se:

a) É possível, com o uso do espelho, obter-se a FIG. 5?

b) Existe alguma maneira de se comprovar sua resposta? (contando-se os quadradinhos do papel quadriculado).

c) Temos algum ângulo entre o espelho e a reta obtida pelos pontos **p** e **q**. Qual?

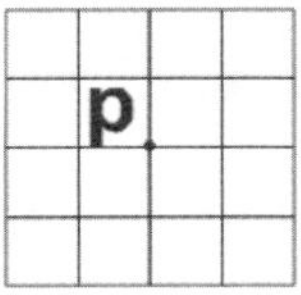

FIGURA 4

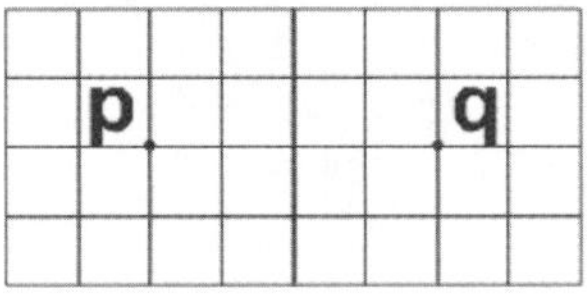

FIGURA 5

Lembrar que o lugar (a linha) em que foi colocado o espelho na FIG. 4 para formar a FIG. 5 é chamado de *Eixo de Simetria*.

B.3 – PONTO SIMÉTRICO

Observar a FIG. 6, na qual o ponto P' é o simétrico de P através da reta r (ou espelho). Por definição, dois pontos P e P' serão simétricos em relação a uma reta r se estes pontos estiverem na mesma distância dessa reta. Porém, a posição da reta r em relação ao segmento $\overline{PP'}$ é que vai determinar se o ponto refletido é simétrico do original ou não.

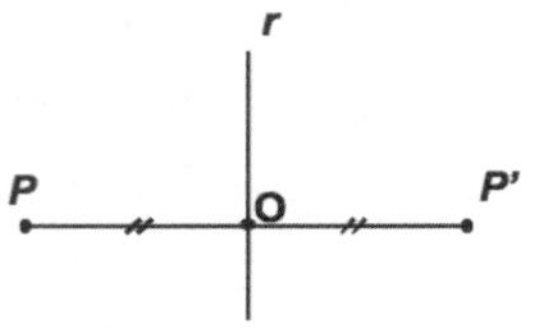

FIGURA 6

Pergunta-se: De que modo foi colocada a reta r em relação ao segmento $\overline{PP'}$?

Obs: Note que r é o eixo simétrico.

Problema: Imagine que E é um espelho com a face espelhada voltada para a direção indicada pela seta. Poderíamos determinar graficamente o ponto P' simétrico do ponto P em relação ao espelho E?

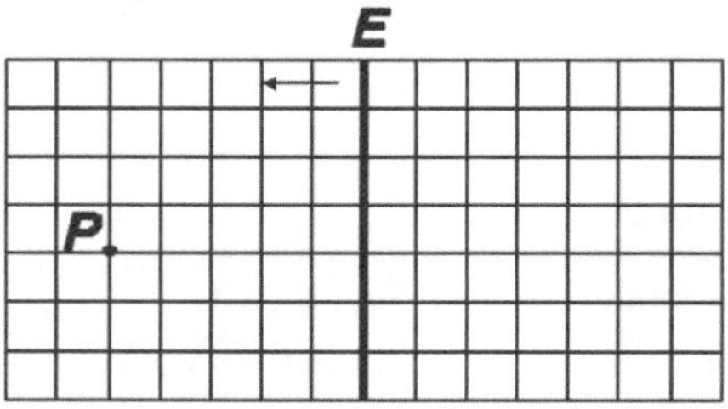

Atividades:

1) Observar as figuras (i) e (ii), cujos triângulos são congruentes, para responder:

   a) É possível utilizar-se de um espelho (considerando-o como eixo de simetria) e empregá-lo na FIG. (i) para obter a FIG. (ii)?

   b) Qual é a figura simétrica de (i)?

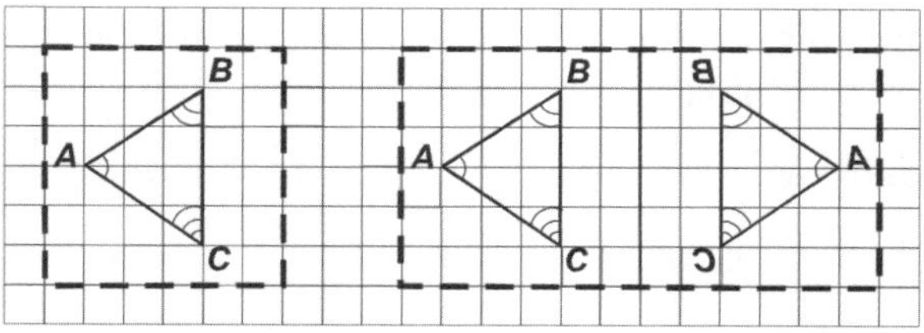

(i) (ii)

Notar que:

- os triângulos da figura (ii) coincidem por superposição, isto é, colocados um sobre o outro, obteremos os mesmos triângulos, e
- os lados e ângulos do triângulo obtidos pela reflexão no espelho são iguais ao do ΔABC. Diz-se que os triângulos da figura (ii) são *congruentes*.

2) Um objeto em forma de estrela foi colocado a 5 m de um espelho plano, e uma observadora está a 7 m desse mesmo espelho. Pergunta-se: qual a distância (aproximada) do olho da observadora até a reflexão da estrela no espelho?

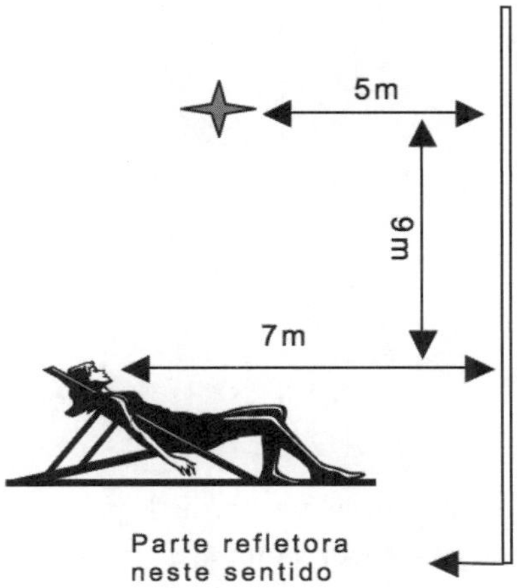

a) 16
b) 14
c) 12
d) 21
e) 15

3) Na figura abaixo, um homem sob um espelho plano inclinado a um ângulo de 60° quer contemplar sua gravata. Descubra para quais regiões, delimitadas pelos números de (1) a (5), os olhos desse homem devem ser direcionados para que ele tenha a melhor visão de sua gravata.

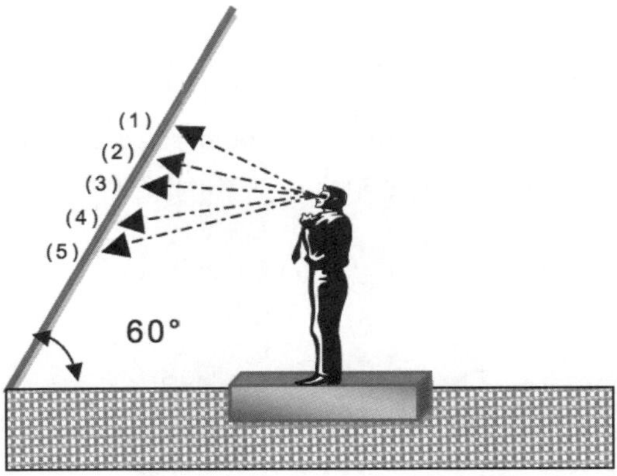

a) (1) e (2)
b) (2) e (3)
c) (3) e (4)
d) (4) e (5)

4) Observe a figura abaixo e descubra qual das cinco opções representa a reflexão do cilindro no espelho:

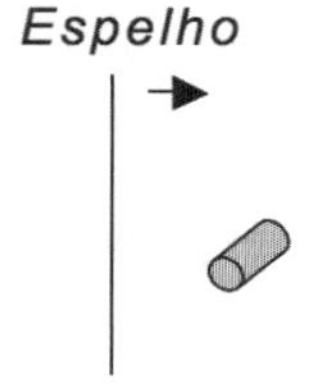

a) 

b) 

c) 

d) 

e) 

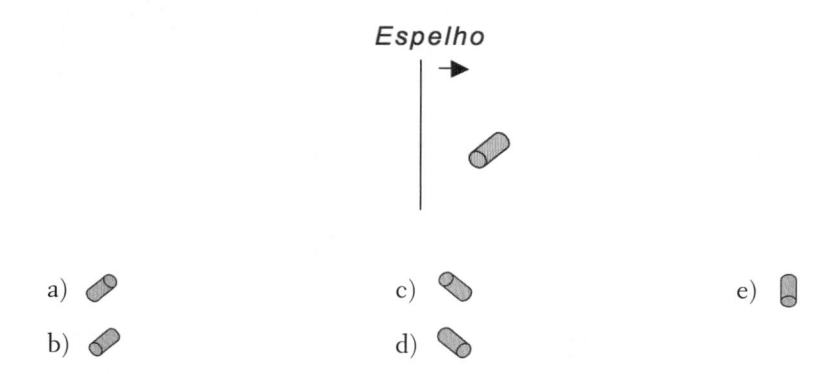

5) Consideremos eixo de simetria a linha formada pelo espelho. Então, utilizando-se de um espelho indique os eixos de simetria das próximas figuras. Será que alguma figura possui mais que um eixo de simetria? Marque ao lado de cada figura o número de eixos de simetria que ela possui.

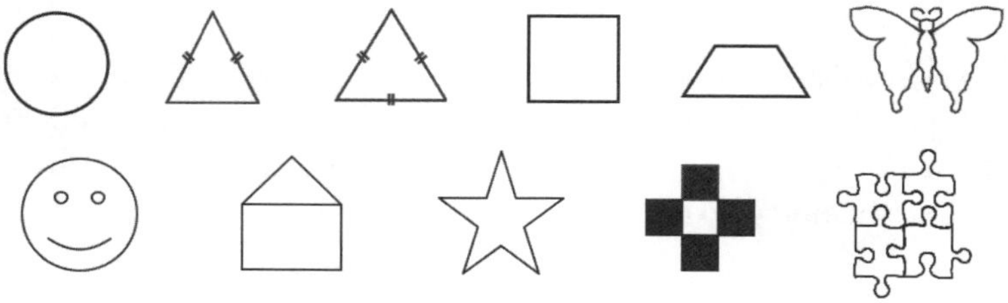

B.4 – ORIENTAÇÃO

Muitas propriedades de um conjunto de pontos são preservadas quando os pontos são refletidos através de uma linha (espelho). Existe, porém, uma propriedade que é mudada. Trata-se da *orientação*:

Veja os quadros abaixo e use o espelho no quadro da FIG. 7 para gerar o quadro da FIG. 8.

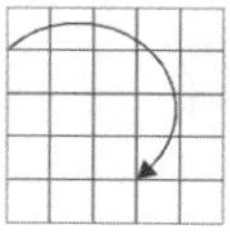

FIGURA 7

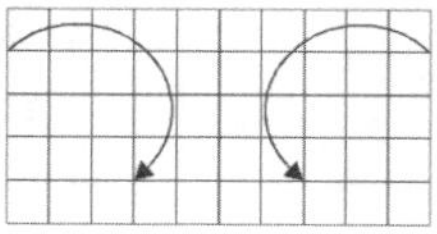

FIGURA 8

Nota: Dizemos que as figuras no quadro da FIG. 8 têm orientações opostas.

Atividades envolvendo um espelho

1) Seja *y* o espelho na figura ao lado:

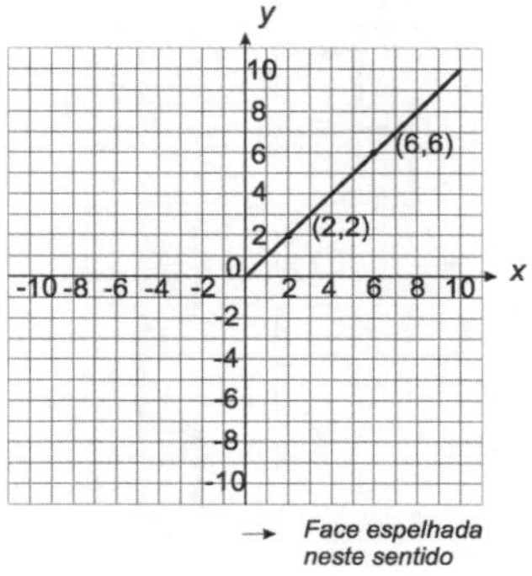

a) Como podemos, com a ajuda de um espelho, obter a figura simétrica da figura desenhada no quadriculado?

b) Considere os pontos (2, 2) e (6, 6), no plano. É possível determinar suas reflexões?

c) Como se apresentam os números negativos? Qual é o visual (reflexão) do número 2?

Discutir: Números relativos atribuindo a eles um símbolo para melhor memorização (por exemplo: -2 seria igual a Ƨ*, o número dois invertido); função: correspondência; significado do ponto (6, 6).*

2) Esboce a figura simétrica das figuras dadas. Lembre-se de que: E = espelho. Quais são os eixos de simetria?

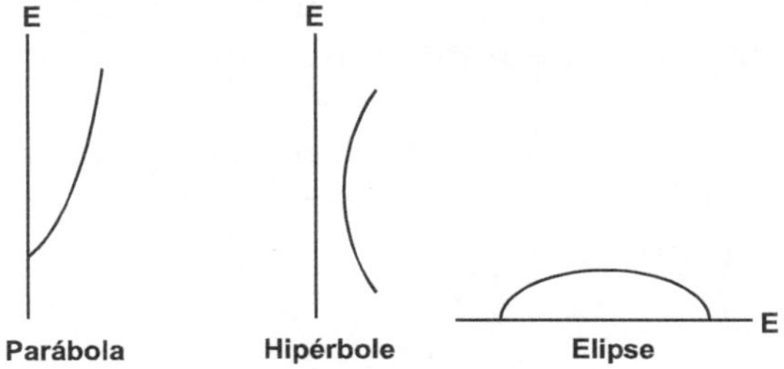

3) A circunferência e o quadrado poderiam ser completados usando apenas um espelho?

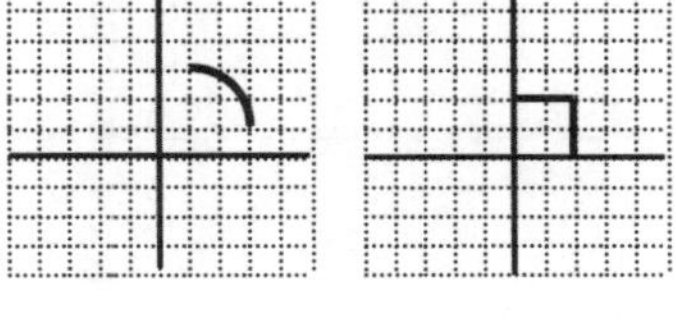

4) É possível desenhar a figura do quadro I no quadro IV usando-se vários passos mas somente um espelho?

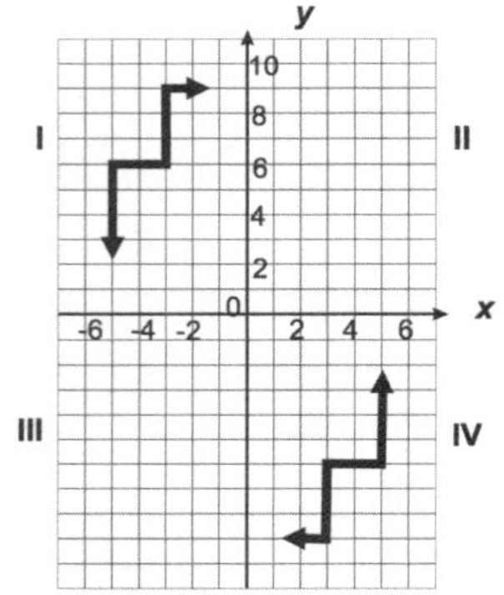

5) Imagine que um espelho plano, com a face espelhada conforme mostra a figura, seja colocado perpendicularmente e próximo à faixa abaixo, refletindo-a. Pergunta-se: qual das alternativas abaixo representaria o resultado dessa reflexão?

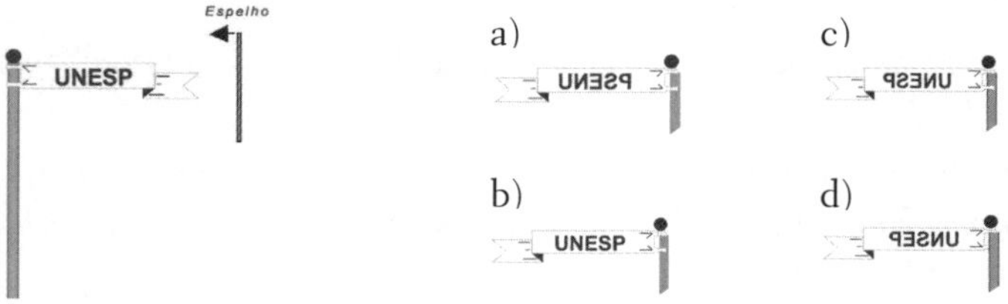

6) É possível decodificar a mensagem abaixo usando apenas um espelho?

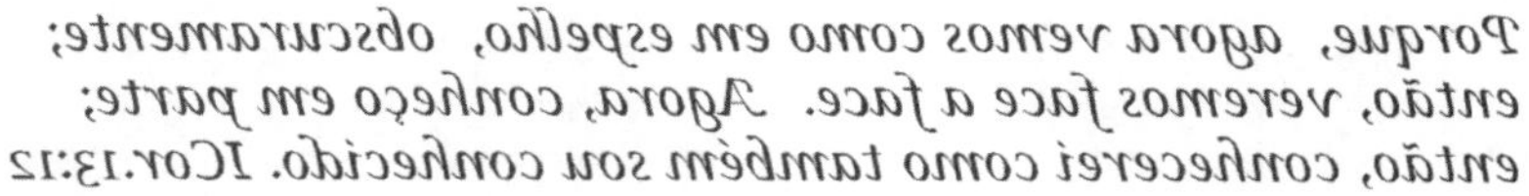

Porque, agora vemos como em espelho, obscuramente;
então, veremos face a face. Agora, conheço em parte;
então, conhecerei como também sou conhecido. ICor.13:12

7) Um observador à frente de um espelho observa a imagem de um triângulo refletido no espelho. Pergunta-se: qual das cinco alternativas representa a imagem do triângulo refletida no espelho?

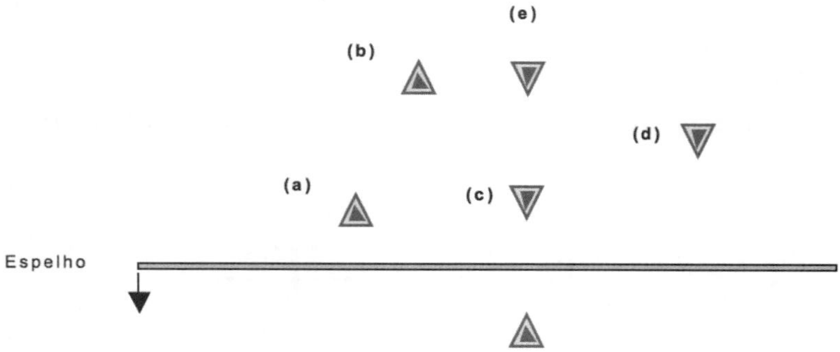

8) Considerando os eixos verticais como espelhos, qual é a resposta correta por apontar as figuras que representam um objeto e sua reflexão?

a)

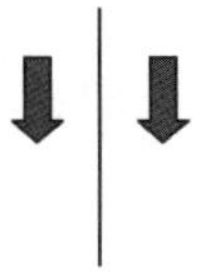

c)

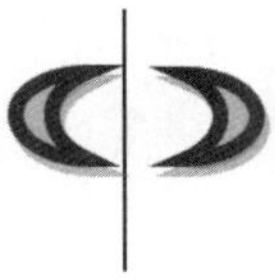

b)

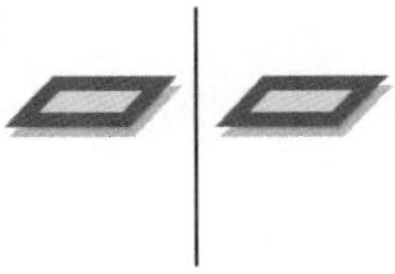

d)

1] (a), (c) e (d)

2] (a), (b) e (d)

3] (b) e (c)

4] (a) e (d)

9) Conforme feito no retângulo central, encontre outras duas palavras com quatro letras cujas reflexões não alteram a grafia da palavra.

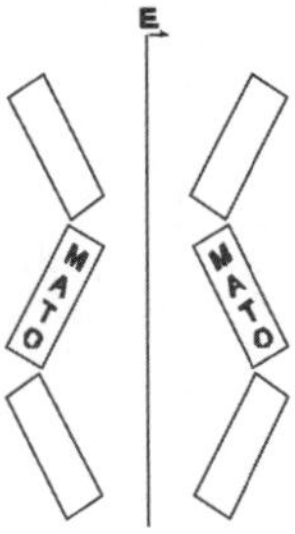

*

CAPÍTULO 3

DOIS ESPELHOS

A – COMO UTILIZAR DOIS ESPELHOS?

Dois espelhos planos produzem circunstâncias favoráveis para a exploração de conceitos geométricos. Quando empregamos dois espelhos planos, temos duas possibilidades de arranjo:

- dois espelhos planos verticais e paralelos;
- dois espelhos planos articulados para formação de ângulos.

B – DOIS ESPELHOS PLANOS VERTICAIS E PARALELOS

Consiste na utilização de dois espelhos planos simples (os quais podem ser iguais aos referidos no tópico anterior), que devem estar dispostos frente a frente, de maneira vertical, paralelos entre si, com as faces espelhadas voltadas para o interior.

Os espelhos assim colocados propiciam uma abordagem peculiar dos conceitos de reflexão, orientação e translação, facilitando assim sua apreensão pelo estudante.

Se um objeto é colocado entre dois espelhos planos e paralelos, temos um número infinito de imagens do objeto nos dois espelhos, como mostra a FIG. 1.

FIGURA 1

Observe o comportamento do ponto **P** na FIG. 2:

- As reflexões do ponto objeto P nos espelhos E_1 e E_2 geram, respectivamente, os pontos simétricos **P'**$_1$ e **P'**.
- A reflexão de **P'**$_1$ em E_2 gera o ponto virtual **P''**.
- Da mesma forma, **P'** refletido em E_1 gera **P'**$_2$. Esse processo se repete indefinidamente gerando infinitos pontos simétricos nos espelhos.

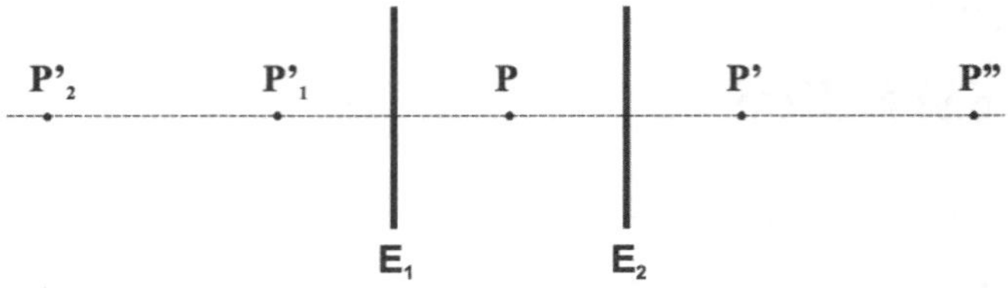

FIGURA 2

Na FIG. 3 temos um paralelogramo de vértices *A*, *B*, *C* e *D* colocado entre os espelhos E_1 e E_2. Observe como podem ser facilmente indicados os conceitos de reflexão, orientação e translação. Duas reflexões sucessivas através de linhas paralelas constituem uma translação. Assim, temos que:

- o paralelogramo original é refletido em E_1 e E_2, mudando sua orientação.

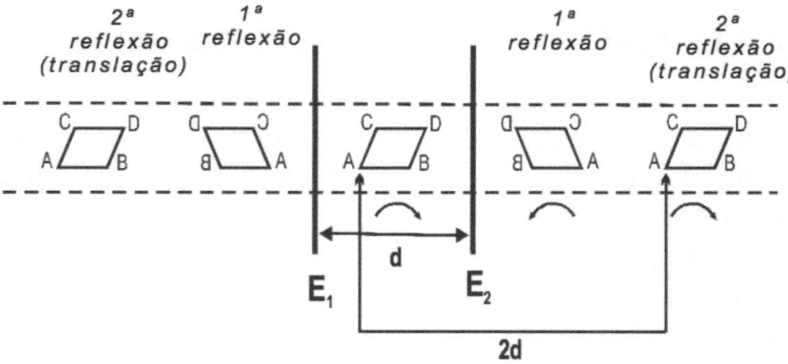

FIGURA 3

Propriedades: A composição (produto) de duas reflexões paralelas conserva a orientação inicial. A composição é uma translação de comprimento **2d**, em que **d** é a distância entre os dois espelhos.

***Para pensar*: Será que a distância entre dois espelhos paralelos altera o resultado das reflexões do objeto colocado entre os espelhos?**

Atividades: Espelhos paralelos e eixos simétricos:

1) Sejam f_1 e f_2 *eixos de simetria*: Se o trapézio **LMNO** é o simétrico do trapézio **ABCD** através de f_1, e o trapézio **PQRS** é o simétrico do trapézio **LMNO** através de f_2, e f_1 é paralelo a f_2. Responda:

   i. Por que o trapézio **ABCD** é congruente ao trapézio **LMNO**, e este é congruente ao trapézio **PQRS**?

ii. Por que o trapézio **ABCD** é congruente ao trapézio **PQRS**?

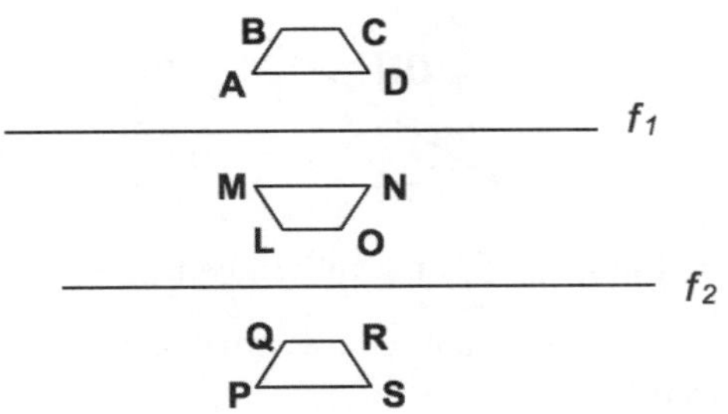

2) Na figura abaixo, os eixos de simetria a_1, a_2, a_3 e a_4 são paralelos. (Lembrete: retas ou *eixos paralelos* não se cruzam, isto é, não formam ângulos. Exemplo de notação para paralelo: $a_1 // a_2$. Observe que existem quatro retas representando eixos de simetria, porém, duas delas são FALSAS.

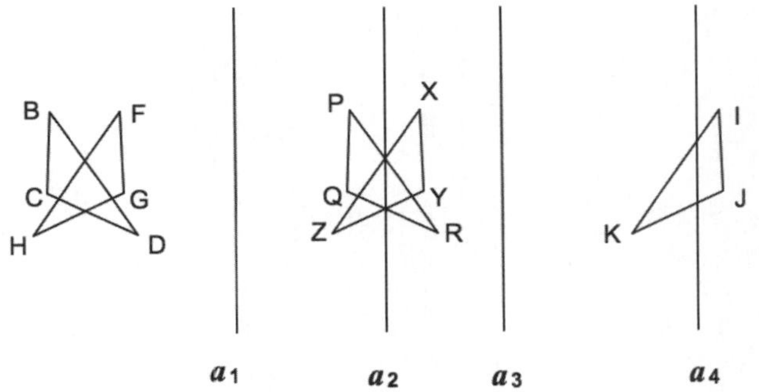

Pergunta-se:

1. Quais das representações a_1, a_2, a_3 ou a_4 são as duas verdadeiras?
2. Considerando que **ΔIJK**, **ΔBCD**, **ΔFGH**, e **ΔXYZ** são figuras simétricas do **ΔPQR** através dos eixos simétricos, responder:
   i. Que triângulos representam figuras simétricas do **ΔXYZ** através dos eixos encontrados na pergunta 1?
   ii. Que triângulos representam figuras simétricas do **ΔPQR** através dos eixos encontrados na pergunta 1?
   iii. Qual é o triângulo que resulta da translação do **ΔPQR** de sucessivas reflexões através de a_2 e a_1?
   iv. Se os eixos simétricos encontrados forem considerados como espelhos, com a face espelhada voltada para a direita, quais triângulos são reflexões de quais triângulos?

3) Observe a_1 e a_2, ao lado, e considere-os como eixos de simetria:

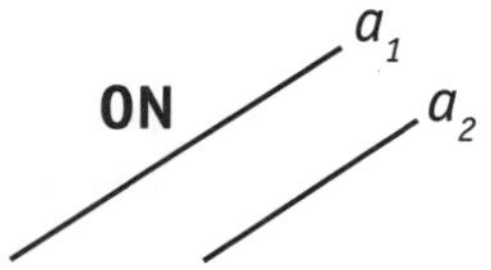

i. É exequível transladar **ON** por reflexão em a_1 e sua imagem através de a_2?

ii. Se **ON** fosse transladado por reflexão em a_2 e sua imagem por a_1, onde estaria sua translação?

4) Dados os espelhos paralelos E_1 e E_2, prolongar até as margens direita e esquerda da folha, usando reflexões, o conteúdo (figura ou letras) do interior desses espelhos.

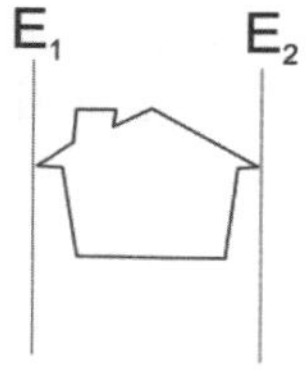

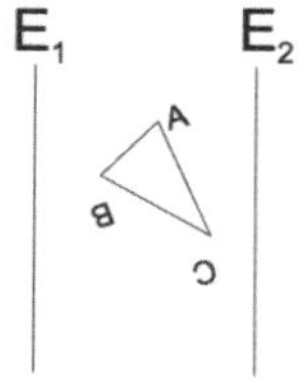

C – DOIS ESPELHOS ARTICULADOS

Ao conjunto formado por dois espelhos articulados, alguns autores denominam caleidoscópio *ordinário* ou *geométrico*. Podem-se obter imagens múltiplas e perfeitas resultantes da reflexão sucessiva de pontos-objeto colocados no interior desses espelhos, dependendo do ângulo de abertura dos mesmos. Através desse caleidoscópio podemos explorar muitos conceitos, entre eles, apresentar as noções de polígonos regulares, coordenadas de pontos em um plano, construções geométricas, rotação (quando os espelhos estão sobre duas linhas que se interceptam), simetria e reflexão. Até mesmo círculos podem ser obtidos se forem colocados arcos no interior desses espelhos.

Esse tipo de caleidoscópio pode ser construído sem grandes despesas, utilizando-se apenas duas lâminas de espelhos unidos por fita adesiva, lembrando o formato de um livro. Os espelhos podem ser também colados em um papel resistente ou material emborrachado, o que lhes confere um melhor aspecto, além de facilitar o manuseio. Na colagem é necessário que os espelhos estejam alinhados, mantendo-se pequena distância entre eles, a fim de permitir uma movimentação para a formação de ângulos.

A simples mudança da abertura dos ângulos possibilita o estudo e a ilustração de vários conceitos matemáticos. É um instrumento que permite, dependendo da criatividade dos professores e do interesse dos alunos, o desenvolvimento de muitas atividades na abordagem de temas da matemática elementar.

Um fato interessante ocorre quando da reflexão de um espelho no outro: observa-se o aparecimento de espelhos virtuais que **atuam como se fossem espelhos originais** (FIG. 4). Na verdade, as imagens geradas serão sempre reflexões (de objetos ou espelhos virtuais) nos espelhos originais. Essa situação é repetida mais e mais (o número de espelhos virtuais) quando o ângulo entre os espelhos se aproxima de 0°.

FIGURA 4

C.1 – FÓRMULA DO NÚMERO DE IMAGENS:

O número de imagens, conforme Barbosa (1957, p. 45-48), é obtido pela fórmula: $n \quad \frac{(360^\circ \quad R)}{\hat{x}} \quad n'$, na qual $\hat{x}$ é o ângulo entre os espelhos e $n' = -1, 0, 1, 2$ se R for, respectivamente, 0, $0 < R \leq 2y$, $2y < R \leq 2z$ ou $2z < R < 2x$, em que R é o resto da divisão de 360° por $2\hat{x}$. A FIG. 5 mostra como são obtidas as imagens de um ponto.

C.2 – PROCESSO DE DISTRIBUIÇÃO DE IMAGENS

Construção: Seja a circunferência de centro O e raio OP determinando os pontos A e B em E_1 e E_2, respectivamente.

Identifiquemos os arcos $\widehat{AB} \quad x$, $\widehat{PA} = y$ e $\widehat{PB} = z$, com os ângulos respectivos x, y e z (FIG. 5).

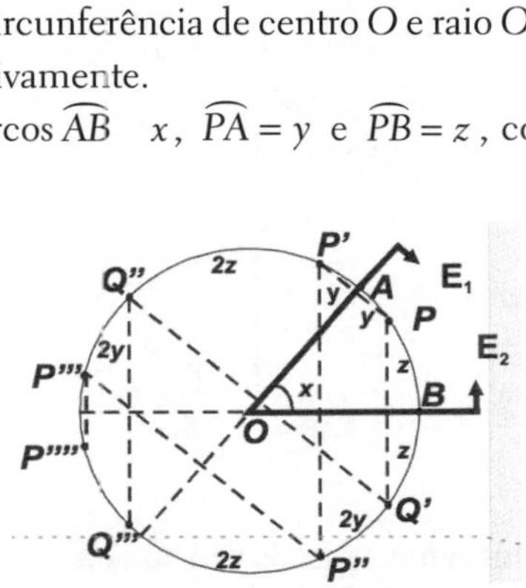

FIGURA 5

Temos, então:

1) O ponto P e todas as suas imagens produzidas pelos espelhos pertencem a essa circunferência, pois $OP=OP'=OQ'$ por simetria em relação a cada espelho. O mesmo vale para os outros pontos Q'', Q''', P'', P''', etc.

2) P' é a imagem de P em E_1; Q' é a imagem de P em E_2 e P'' é a imagem de P' em E_2; Q'' é a imagem de Q' em E_1. Pela isometria reflexional temos: $P''Q' = P'P = 2y$. Analogamente, $Q''P' = Q'P = 2z$, continuando esse processo sucessivamente.

3) Considerando que as imagens são marcadas alternadamente a partir de P com medidas $2y$ e $2z$, podemos ver que só teremos coincidência de imagens se $2y + 2z = 2x$ dividir 360°. Na figura acima, os pontos P'''' e Q''' (imaginários) não coincidem. Nesse caso dizemos que esses pontos se localizam *atrás* dos espelhos (ou não estão nos campos visuais de E_1 e E_2).

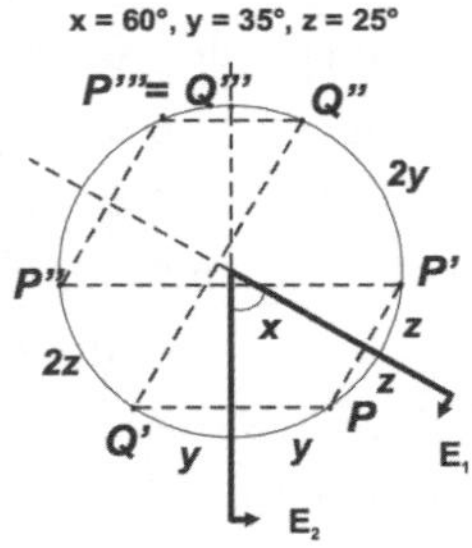

FIGURA 6

Na FIG. 6 temos exemplo de coincidência de imagens.

4) Se x divide 360° e $y = z$ também teremos coincidência de imagens. Este é um caso especial em que $y = z$, isto é, o ponto P está na bissetriz do ângulo x.

Justificativa: Há coincidência de imagens porque estas são distribuídas na circunferência, alternadamente de ângulos $2\hat{y} = 2\hat{z} = \hat{x}$. Ver exemplo na FIG. 7, onde $x = 120°$.

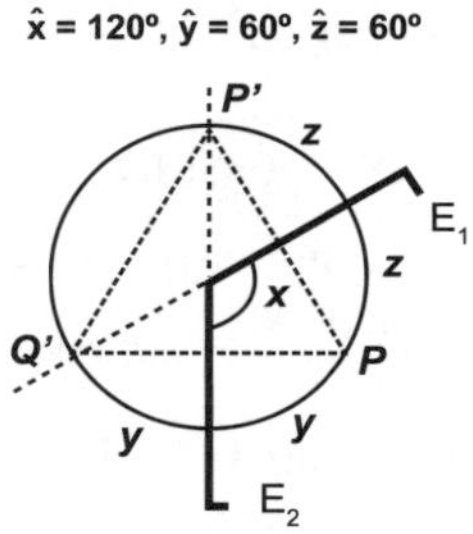

FIGURA 7

Este é um caso em que x divide 360°, porém $2x$ não determina uma divisão exata.

Na FIG. 8 temos um exemplo em que não há coincidência de imagens:

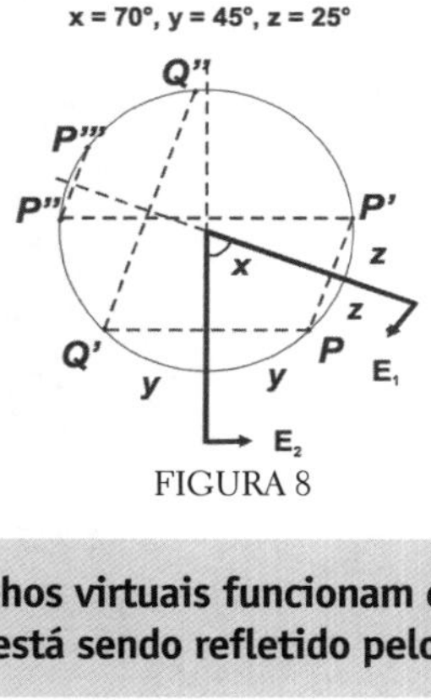

FIGURA 8

Para pensar: Será que os espehos virtuais funcionam como espelhos, produzindo imagens do objeto que está sendo refletido pelos espelhos originais?

D – POLIVÉRTICES EM ESPELHOS ARTICULADOS

Trabalhos executados com material que permita a manipulação auxiliam os alunos na compreensão de muitos conceitos. Por isso, sugerimos que os pontos utilizados no interior dos espelhos sejam feitos pelos próprios alunos, utilizando papel resistente e colorido ou material emborrachado.

Para uma melhor compreensão da maneira como as imagens procedem no interior dos espelhos articulados, faremos um estudo sobre a fórmula e a distribuição do número de imagens em espelhos articulados, abertos em ângulos diferentes e tendo em seu interior pontos localizados em lugares distintos.

D.1 – ESPELHOS ARTICULADOS, COM ÂNGULO $X = 60°$

1) Fórmula do número de imagens:

$\frac{(360-R)}{x} + n'$, onde R é o resto da divisão de 360° por $2x$ e

$n' = -1, 0, 1$ ou 2, com os seguintes valores respectivos de R:

$R = 0;\ 0 < R \leq 2y,\ 2y < R \leq 2z$ ou $2y < R < 2x$.

Como $2x = 2 \cdot 60° = 120°$, e 120° divide 360°, então, $R = 0$ e $n' = -1$, substituindo na fórmula, temos:

$$n = \frac{(360-0)}{60} + (-1) = 6 - 1 = 5$$

2) Localizações de pontos no interior dos espelhos:

<u>*Ponto P não pertencente à bissetriz*</u>

É gerado o hexavértice semirregular $PP'Q''(Q'''=P''')P''Q'$ (os lados alternados são iguais), como mostra a FIG. 9.

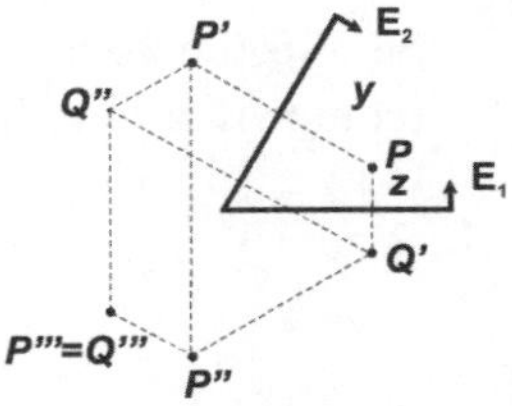

FIGURA 9

<u>*P na bissetriz: $y = z$*</u>

É gerado um hexavértice regular, FIG. 10.

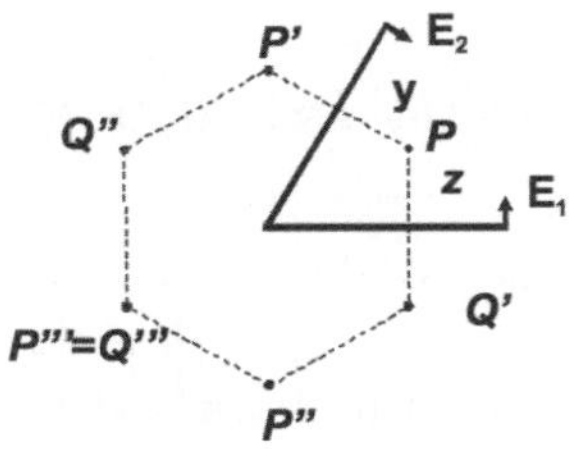

FIGURA 10

Ponto próximo a um dos espelhos: $z = 0$ ou $y = 0$.

$z = 0 \Rightarrow 2y = 120°$

Nesse caso, obteremos um trivértice regular, como na FIG. 11.

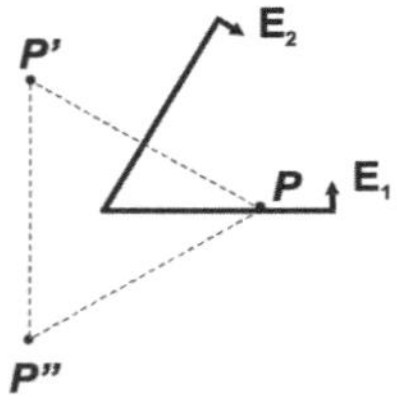

FIGURA 11

Ponto próximo ao vértice dos espelhos

$y = z$ (y próximo de z).

Origina-se um hexavértice regular, como o apresentado na FIG. 12.

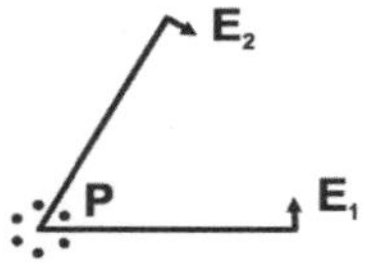

FIGURA 12

Segmento entre os dois espelhos

Se o segmento forma com os espelhos E_1 e E_2 um triângulo isósceles, obtemos (como visual) um hexágono regular (*ABA'B"A"B'*), como mostra a FIG. 13.

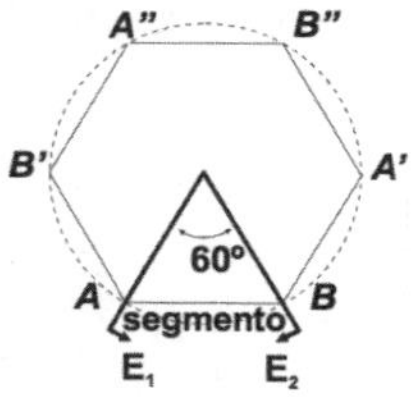

FIGURA 13

D.2 – ESPELHOS ARTICULADOS COM ÂNGULO *X* = 90°

1) Fórmula do número de imagens: $n = \dfrac{(360 - R)}{\hat{x}} + n'$

$2 \,.\, 90 = 180$, e 180 divide $360 \Rightarrow$ R =0 e $n' = -1$

$n = 4 - 1 = 3$

2) Localizações de pontos no interior do ângulo de 90°

<u>*P não pertence à bissetriz de 90°.*</u>

Temos, então, que *P* gera um quadrivértice retangular, como se vê na FIG. 14.

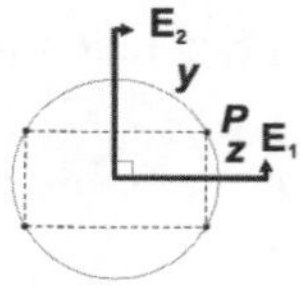

FIGURA 14

<u>*P pertence à bissetriz de 90°*</u>

Como mostra a FIG. 15, forma-se um quadrado.

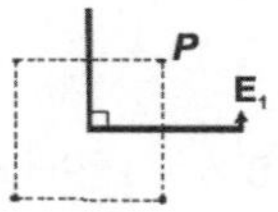

FIGURA 15

<u>*Ponto próximo a um dos espelhos*</u>

Obtém-se apenas mais um ponto, como mostra a FIG. 16.

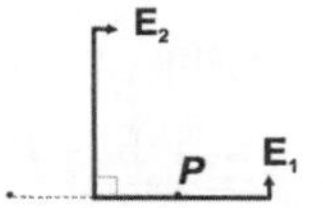

FIGURA 16

D.3 – ESPELHOS ARTICULADOS COM ÂNGULO X = 45°

1) Aplicação da fórmula do número de imagens:

Temos que: 2 . 45 = 90, e 90 divide 360 $\Rightarrow R = 0$ e $n' = -1$

$$n = \frac{(360-0)}{45} - 1 = 8 - 1 = 7$$

2) Localizações de pontos no interior do ângulo de 45°

<u>*P não pertence à bissetriz do ângulo de 45°*</u>

O visual gerado é de um 8-vértice semirregular, como o mostrado na FIG. 17.

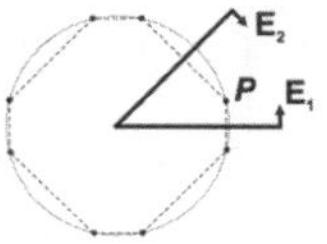

FIGURA 17

<u>*P está na bissetriz de 45°*</u>

Obtém-se um 8-vértice regular, como o da FIG. 18.

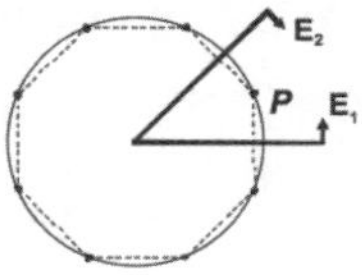

FIGURA 18

Ponto próximo a um dos espelhos

É gerado um quadrivértice, como o que se vê na FIG. 19.

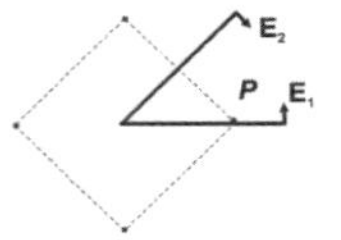

FIGURA 19

D.4 – ESPELHOS ARTICULADOS COM ÂNGULO CUJO DOBRO NÃO DIVIDE 360°: ÂNGULO $\hat{x}$ = 70°

1) Fórmula do número de imagens

Temos que: 2 . 70 = 140, e 140 não divide 360

$n = \frac{(360 - R)}{\hat{x}} + n'$, onde n'= -1, 0, 1, 2, se R for, respectivamente:

$R = 0,\ 0 < R \leq 2\hat{y},\ 2\hat{y} < R \leq 2\hat{z},\ ou\ 2\hat{z} < R < 2\hat{x}$

Resto da divisão de $\frac{360}{2\hat{x}}$ é igual a 80.

2) Localizações dos pontos no interior dos espelhos

Ponto entre os espelhos: $\hat{x} = 70°$; $\hat{y} = 25°$; $\hat{z} = 45°$ e $R = 80°$

Considerando: $2\hat{y} < R \leq 2\hat{z}$ e substituindo, temos:

$2 \cdot 25 = 50 < 80 \leq 2 \cdot 45 = 90$

Aplicando na fórmula de imagens, obtemos n' = 1, e assim, $n = \frac{(360 - 80)}{70} + 1 = 4 + 1 = 5$, isto é, cinco imagens de P nos espelhos, como apresentado na FIG. 20.

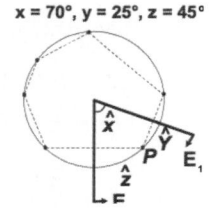

FIGURA 20

Ponto na bissetriz: $\hat{x} = 70°$; $\hat{y} = 35°$; $\hat{z} = 35°$ e **R** = 80°
Respeitando a condição de: $2\hat{z} < R \leq 2\hat{x}$ e substituindo, temos: $2 \cdot 35 = 70 < 80 \leq 2 \cdot 70 = 140$. Consequentemente, teremos n' = 2. Aplicando os valores na fórmula, chega-se à seguinte solução:

$n = \frac{(360 - 80)}{70} + 2 = 4 + 2 = 6$, isto é, seis imagens de P nos espelhos, como se pode ver na FIG. 21.

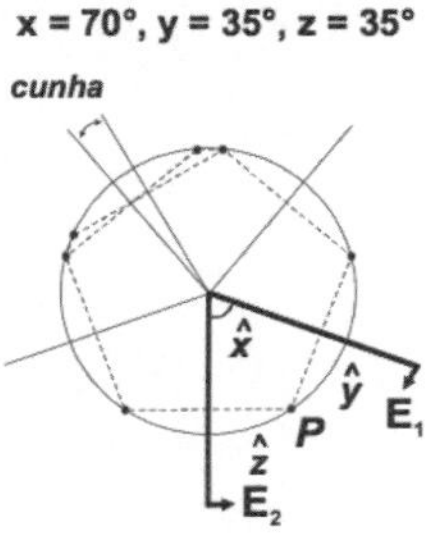

FIGURA 21

Ponto fora da bissetriz: $\hat{x} = 70°$; $\hat{y} = 10°$; $\hat{z} = 60°$ e R = 80°

Observando o pré-requisito $2\hat{y} < R \leq 2\hat{z}$ e substituindo os valores dos ângulos, temos: $2 \,.\, 10 = 20 < 80 \leq 2.60 = 120$. Para aplicação da fórmula consideramos *n'* = 1. Então, $n = \dfrac{(360-80)}{70} + 1 = 4 + 1 = 5$, resultando em cinco imagens de *P*, como mostra a FIG. 22.

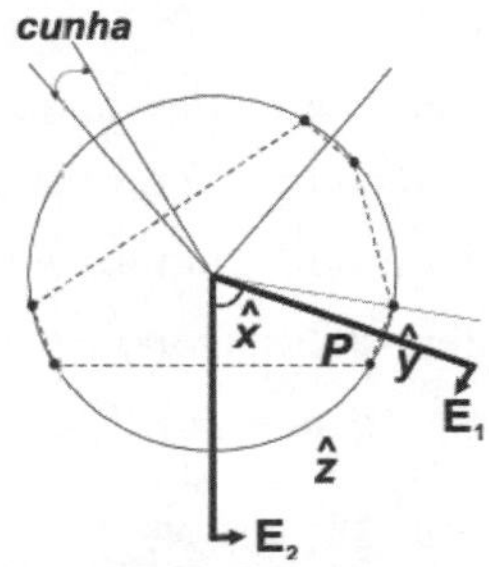

FIGURA 22

Atividades:

1) Determinar o número de imagens e obter polivértices para o ponto *P* nos ângulos dados nas figuras abaixo:

   a) Para ângulos de 30°:

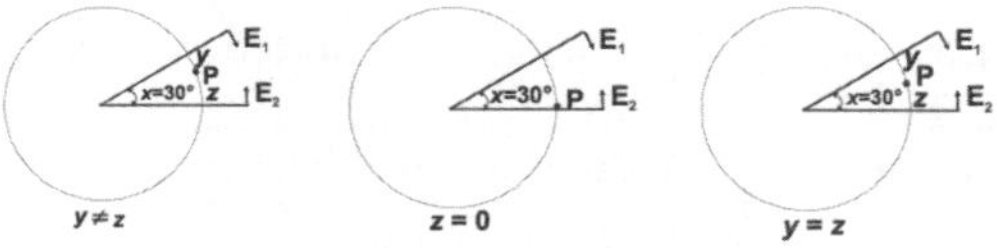

   b) Para ângulos de 56°:

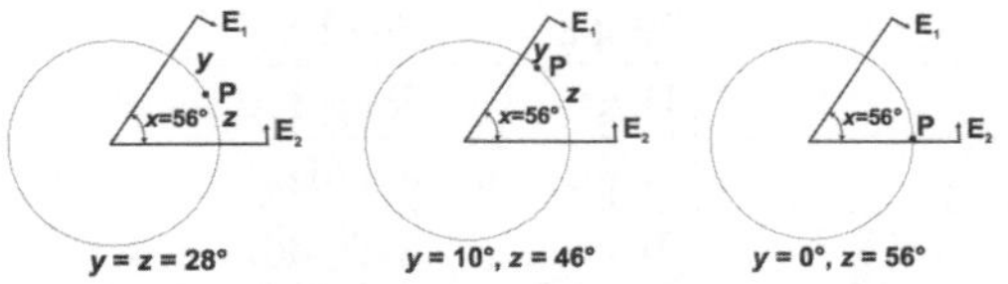

2) Construir um ângulo de 72° (com o transferidor) e fazer o mesmo estudo da questão anterior para as seguintes situações:

   a) x = 72°; y = 36°; z = 36°
   b) x = 72°; y = 10°; z = 62°
   c) x = 72°; z = 0°

E – OBTENÇÃO DE POLÍGONOS

Se um objeto for colocado entre os espelhos (madeira roliça, tira de cartolina, régua, etc.), de maneira que objeto e espelhos formem um triângulo isósceles, observaremos que polígonos regulares podem ser obtidos pelas reflexões, os quais possuirão maior número de lados quanto menor for o ângulo. O inverso também é verdadeiro: maior ângulo, menor número de lados. Entretanto, não é qualquer abertura de ângulo entre os espelhos que vai determinar a obtenção dos polígonos regulares. Esse fato proporciona a abordagem das relações existentes entre os ângulos dos espelhos e os polígonos obtidos pela reflexão neles.

São mostradas a seguir, três possibilidades de obtenção de polígonos, nas quais utilizamos uma tira de papel cartão colorido entre os espelhos:

- abertura igual a 120°, obtém-se triângulos equiláteros (FIG. 23)
- abertura igual a 60°, obtém-se hexágonos regulares (FIG. 24) e
- abertura igual a 90°, tem-se quadrados (FIG. 25).

FIGURA 23

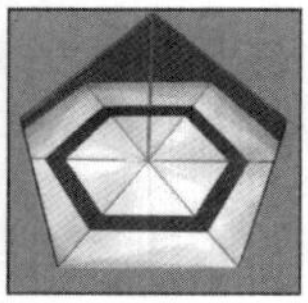

FIGURA 24

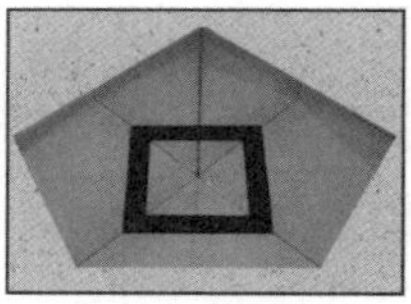

FIGURA 25

A tabela abaixo fornece algumas figuras geométricas que podem ser obtidas em função da variação do ângulo entre os espelhos. Lembramos que o objeto original, à frente dos espelhos, também está incluso no número de imagens da tabela.

Ângulos	I=imagens	Possibilidades de Construção
180°	2	Linhas paralelas, círculos
120°	3	Triângulos, círculos
90°	4	Quadrados, paralelogramos, linhas paralelas, círculos
72°	5	Pentágonos, círculos
60°	6	Hexágonos, triângulos, círculos
51° 3/7°	7	Heptágonos, círculos
45°	8	Octógonos, quadrados, círculos
40°	9	Eneágonos, círculos
36°	10	Dodecágonos, pentágonos, círculos

Fonte: ALSPAUGH, C.A., Kaleidoscope Geometry, Arithmetic Teacher 17 (1976 p.116-117).

Seria interessante preencher uma tabela semelhante a essa com os alunos. Ela poderá ser elaborada de duas maneiras: para ser totalmente completada pelos alunos ou faltando alguns elementos, para que eles busquem a resposta para os dados faltantes.

F – CONSTRUÇÕES GEOMÉTRICAS COM ESPELHOS ARTICULADOS

Na geometria euclidiana, as construções geométricas fundamentais (perpendiculares, paralelas, bissetrizes, etc.) efetuadas com régua não graduada e compasso são de grande importância na apreensão de conceitos geométricos abstratos e na visão espacial do aluno. Ao realizar essas construções através da manipulação de espelhos articulados, queremos oferecer uma alternativa de ensino para professores, em resolução de problemas geométricos conhecidos e de interesse dos alunos.

Considerando o conjunto de espelhos articulados para a formação de ângulos, e cada espelho como uma régua não graduada, pergunta-se:

Quais construções geométricas podem ser realizadas com esse instrumento?

A ação reflexional conjunta de dois espelhos articulados relativamente a pontos e segmentos, vista anteriormente nos habilita à seguinte análise: Dados E_1 e E_2, espelhos articulados, abertos em um ângulo $\hat{a}$ com vértice V, (chamamos de *cunha* a região delimitada pelos espelhos articulados) e o olho de um observador posicionado em O, como na FIG. 26, temos que o ângulo de 360° é dividido em seis cunhas, sendo cinco com ângulos $\hat{a}$ e uma com ângulo diferente de $\hat{a}$. À direita de O, vemos o espelho E_2 e os espelhos virtuais E'_1 e E'_2. Do outro lado, à esquerda, vê-se o espelho E_1 e os espelhos virtuais $'E_2$ e $'E_1$. Assim, temos:

E'_1 é a reflexão de E_1 em E_2

$'E_2$ é a reflexão de E_2 em E_1

E'_2 é a reflexão de $'E_2$ em E_2

$'E_1$ é a reflexão de E'_1 em E_1

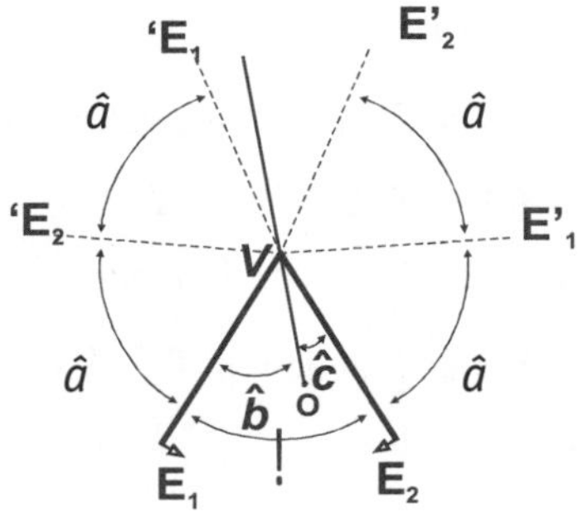

FIGURA 26

Notar que:

$$E_2 \hat{} E'_1 = E'_1 \hat{} E'_2 = E_1 \hat{} 'E_2 = 'E_2 \hat{} 'E_1 = \hat{a}$$

Essa distribuição acontecerá até que a extensão do segmento $\overline{OV}$ seja encontrada, isto é, existem n cunhas do lado direito de O tal que $\pi - \hat{c} - n\hat{a} < \hat{a}$.

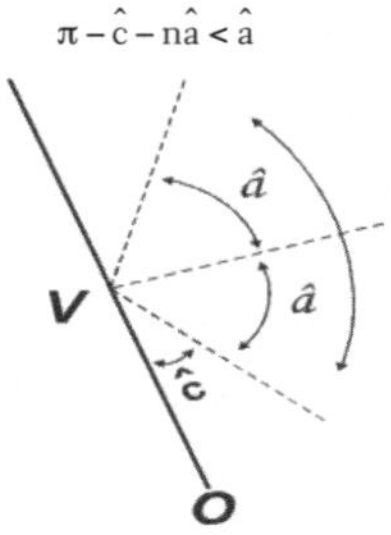

FIGURA 27

Analogamente, à esquerda de O vemos m cunhas, tal que $\pi - \hat{b} - m\hat{a} < \hat{a}$, FIG. 27.

F.1 – DETALHAMENTO DAS CONSTRUÇÕES

F.1.1. CONSTRUÇÃO I: ÂNGULOS DE MEDIDAS $\frac{2\pi}{n}$, N = 3, 4, 5, 6...

Para *n* par:

Construção: pode-se construir de duas maneiras, ilustradas pelas FIG. 28 (a e b) e 29 (a e b):

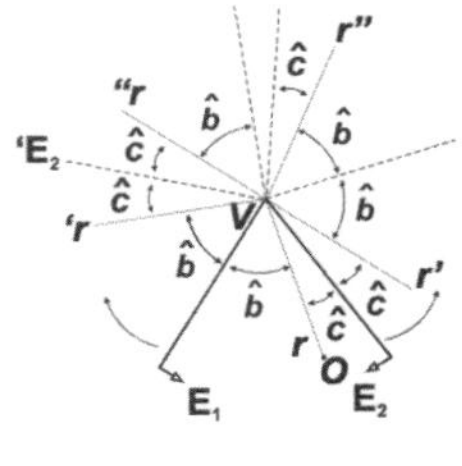

FIGURA 28-a

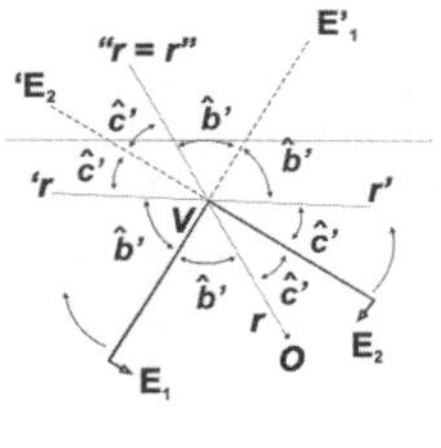

FIGURA 28-b

a) Colocar os espelhos articulados sobre um ponto vértice V e traçar um raio r de V;

b) Colocar um olho em O, sobre r (fechando o outro olho);

c) Articular os espelhos num ângulo menor que $\frac{2\pi}{n}$, onde $\hat{b} + \hat{c} < \frac{2\pi}{n}$. Observe que n ângulos ($\hat{b} + \hat{c}$) não preenchem $\frac{2\pi}{n}$. Ver FIG. 28a. Nesse caso, temos seis cunhas: cinco com ângulos ($\hat{b} + \hat{c}$) e uma com ângulo menor que as outras.

d) Aumentar as medidas de $\hat{b}$ e $\hat{c}$ até que as reflexões "*r* e *r*" coincidam. Então, teremos $n(\hat{b}' + \hat{c}') = 2\pi$ ou $\hat{b}' + \hat{c}' = \frac{2\pi}{n}$. Ver FIG. 28b. Esse é um caso particular, em que $n = 4$ e $\frac{2\pi}{4} = \frac{\pi}{2}$

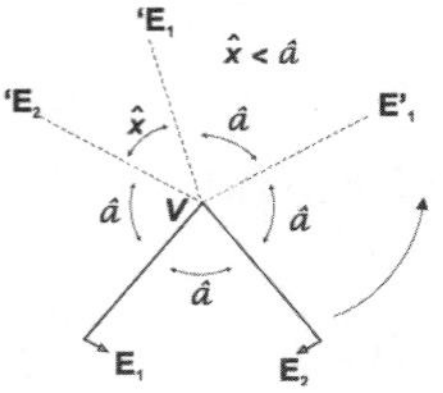

FIGURA 29-a

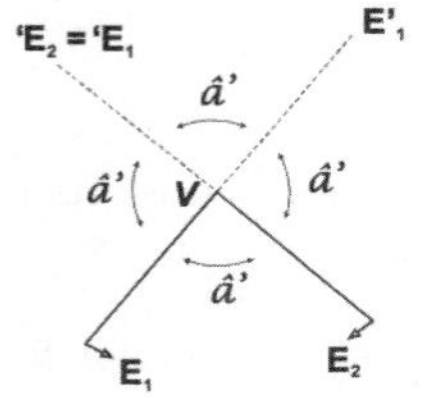

FIGURA 29-b

a) Articular os espelhos num ângulo $\hat{a}$ menor que $\frac{2\pi}{n}$, tal que $(n+1)$ cunhas preencham 2π, sendo uma cunha de ângulo, por exemplo, $\hat{x} < \hat{a}$. É bom ressaltar que o observador deve posicionar-se próximo a E_2 para que essa disposição dos espelhos possa ser vista (FIG. 29-a).

b) Fixar E_1 e mover E_2 de tal maneira que tenhamos n cunhas e $\hat{x} = 0°$, isto é: E_2 e os espelhos virtuais que formam ângulos $\hat{x}$ devem constituir um segmento de reta.Ver FIG. 29-b.

Caso 1: Para *n* ímpar

a) Articular os espelhos de tal maneira que n cunhas mais uma cunha menor, de ângulo $\hat{x}$ preencha 360° em torno do vértice V.

b) Movendo os espelhos segundo as setas indicadas até que $\hat{x} = 0°$, teremos os espelhos E_1 e E_2 formando um ângulo de medida $\frac{2\pi}{n}$. A FIG. 30 mostra construção para $n = 3$.

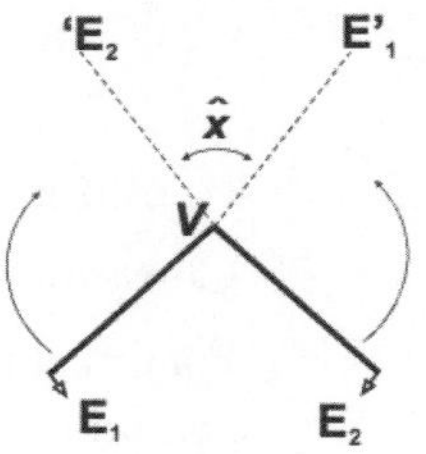

FIGURA 30

F.1.2. CONSTRUÇÃO II: PERPENDICULAR DE UM PONTO P A UMA RETA r

Caso P ∈ r

Construção (FIG. 31-a e 31-b):

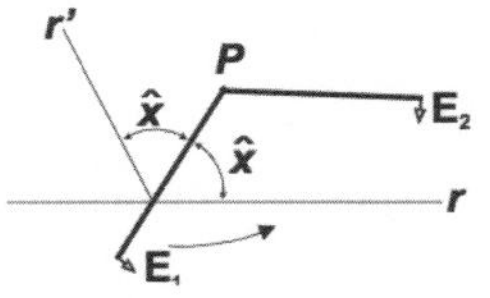

FIGURA 31-a

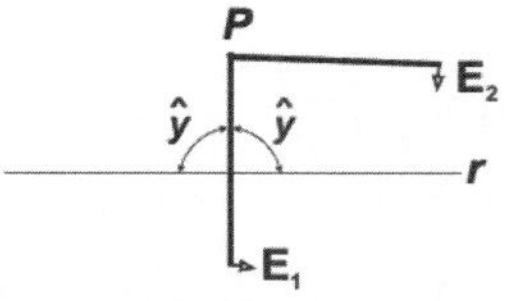

FIGURA31-b

a) Colocar o vértice V dos espelhos articulados em P e um dos espelhos interceptando r.

b) Fixar E_2 e rotacionar E_1 até que a reflexão r' de r em E_1 estenda r como semirreta.

c) Traçar a perpendicular de P até r usando a face do espelho E_1, como mostra a FIG. 31-b, onde $2\hat{y} = 180° \Rightarrow \hat{y} = 90°$.

Caso P* $\in$ *r

Construção (FIG. 32):

a) Colocar o vértice *V* dos espelhos em *P* e fixar E_1 ao longo de *r*.

b) Fazer uma rotação à direita de E_2 (com centro em *P*), até conseguir um ângulo de 90° (construção I).

c) Traçar a perpendicular por *P* usando o espelho E_2.

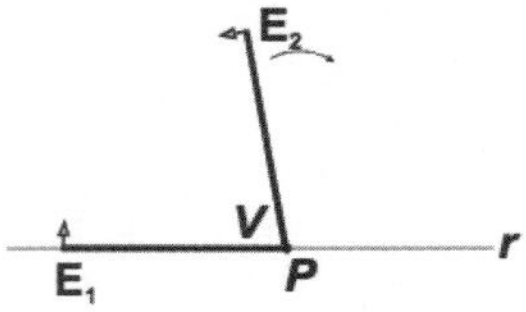

FIGURA 32

F.1.3. CONSTRUÇÃO III: MEDIATRIZ DO SEGMENTO DE RETA $\overline{AB}$

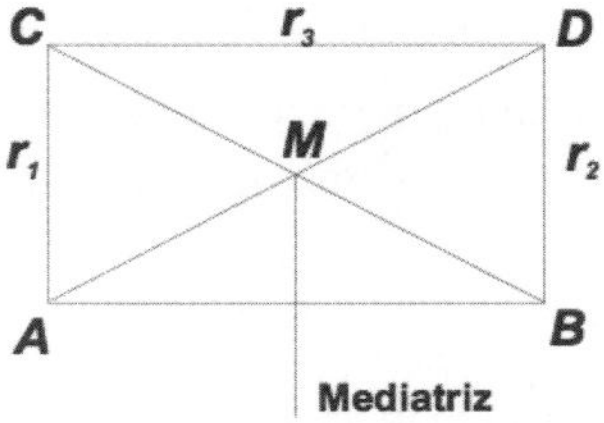

FIGURA 33

1) Construir r_1 perpendicular a $\overline{AB}$ no ponto A (construção II)
2) Construir r_2 perpendicular a $\overline{AB}$ no ponto *B* (construção II)
3) Por um ponto qualquer *C* em r_1 construir r_3 perpendicular a r_1 (construção II), gerando o retângulo *ABCD*.
4) Traçar diagonais (usando como régua um dos espelhos) para obter o ponto *M*.
5) Traçar a perpendicular a $\overline{AB}$ por *M* (construção II).

F.1.4. CONSTRUÇÃO IV: BISSETRIZ DE UM ÂNGULO *ABC*

Dependendo da posição do observador, temos dois casos a considerar:

1° caso:

Construção (FIG. 34):

a) Coloque um espelho ao longo de $\overline{AB}$ e o outro em $\overline{BC}$;

b) Seja O na posição da FIG. 34 e os ângulos $\hat{a}$ e $\hat{b}$, onde $\hat{b} \leq \frac{1}{2}\hat{a}$;

c) Contar o número de cunhas, *k*, preenchendo o ângulo $A\hat{B}D$ (nesse caso, $k = 3$); e

d) Rodar E_2 para a esquerda, deixando E_1 fixo, até que o número de cunhas, preenchendo $A\hat{B}D$ seja $2k$. Esses $2k$ ângulos são de medida $\frac{\hat{a}}{2}$.

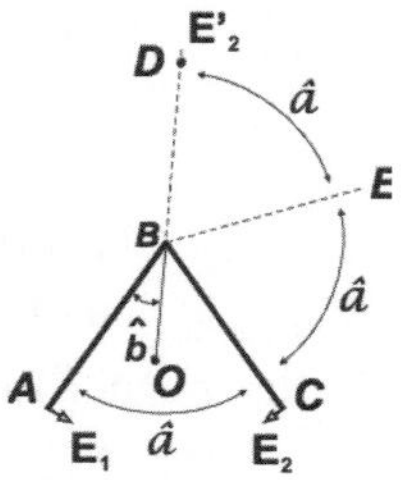

FIGURA 34

2º caso: $\hat{b} \geq \frac{1}{2}\hat{a}$

Construção:

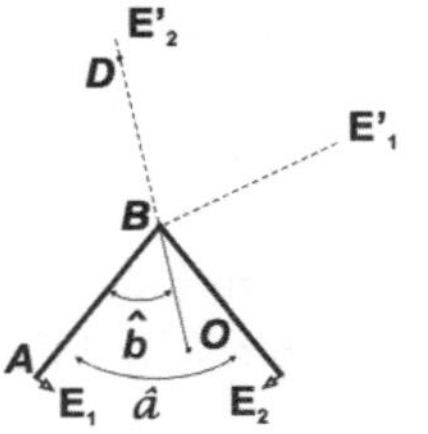

FIGURA 35

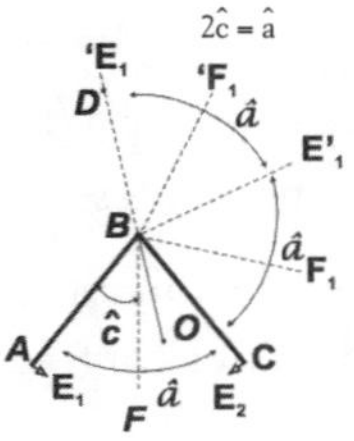

FIGURA 36

Conforme mostra as FIG.35 e 36, fixamos E_2 e rodamos E_1 à direita até encontrar $\overline{FB}$, tal que 2k – 1 cunhas preencham $F\hat{B}D$ ($k = 3$). Observe que as 2k – 1 cunhas tem ângulos de medida $F\hat{B}C = \hat{a} - \hat{c}$.

Se $\hat{c}$ é a medida do $\measuredangle\ A\hat{B}F$, temos $k\hat{a} - \hat{c} = (2k-1)(\hat{a} - \hat{c})$, cuja resolução leva à solução: $2\hat{c}$ $\hat{a}$

F.1.5. CONSTRUÇÃO V: OBTENÇÃO DE POLÍGONOS REGULARES(N-ÁGONO), DADO UM LADO

Construção para n = 5 (pentágono regular):

Seja $\overline{AB}$ o lado do pentágono na FIG. 37.

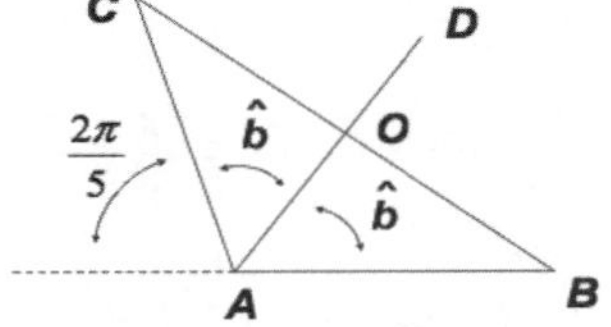

FIGURA 37

1) Como veremos no próximo capítulo sobre pavimentações do plano, cada ângulo-vértice de um polígono regular de n-lados é $\frac{(n-2)\pi}{n} = \pi - \frac{2\pi}{n}$.

   Para $n = 5$, o ângulo-vértice será $\frac{3\pi}{5} = \pi - \frac{2\pi}{5}$.

   Prolongar $\overline{AB}$ na direção do ponto A e construir um ângulo de medida $\frac{2\pi}{5}$ com vértice A e um lado sobre $\overline{AB}$ (<u>construção I</u>).

   Seja c' um ponto do outro lado do ângulo:

2) Traçar a bissetriz de $B\hat{A}C'$ (<u>construção IV</u>) e seja D um ponto sobre a bissetriz.

3) Traçar a perpendicular de B à linha contendo $\overline{AD}$ (construção II) e, estendendo-a, determina-se o ponto C, sobre a reta contendo $\overline{AC'}$.

4) Repetir os passos (1) a (3) para os três lados restantes.

Observar que em (3) temos $2\hat{b} = \pi - \frac{2\pi}{5} = \frac{3\pi}{5}$ e $\overline{AB} = \overline{AC}$, pois os triângulos AOB e AOC são congruentes.

Para o leitor interessado, um estudo bastante aprofundado sobre essas construções com espelhos pode ser encontrado em Robertson (1986, p. 380-386).

Sugestão de atividades:

1) Usando espelhos articulados, construir ângulos de medidas:

a) 180° b) 90° c) 60° d) $\frac{\pi}{4}$ e) $\frac{\pi}{6}$

2) Dadas as figuras, determinar o que se pede:

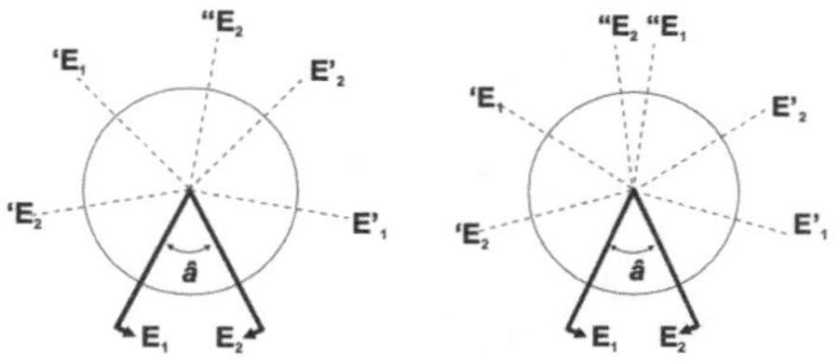

a) Aumentar o ângulo â até que os espelhos virtuais "E_2 e E'_2 coincidam. Qual a medida do ângulo entre E_1 e E_2?

b) Articular E_1 e E_2 até que "E_2 e "E_1 coincidam. Qual o ângulo (aproximado) encontrado entre E_1 e E_2?

c) Para que o ângulo â seja de medida $45° = \frac{2\pi}{8} = \frac{\pi}{4}$, quais as posições de alinhamento de E_1, E_2, "E_1 e "E_2?

3) No traçado da perpendicular a uma reta r por $P \notin r$ é possível usar a construção I? Como?

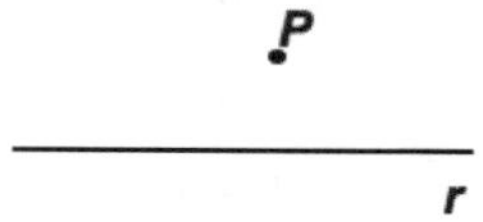

4) Construir o ponto médio M do segmento AB (abaixo), usando espelhos articulados.

5) Construir as bissetrizes dos ângulos 30°, 36°, 45°, 60°, 72° e 90° utilizando espelhos articulados.

6) Construir com espelhos articulados um triângulo equilátero de lado $\overline{AB}$. Dica: ver construção V.

7) Considerando na figura abaixo os procedimentos listados em (i) e (ii), descobrir quais são as alternativas corretas entre as quatro apresentadas em cada item.

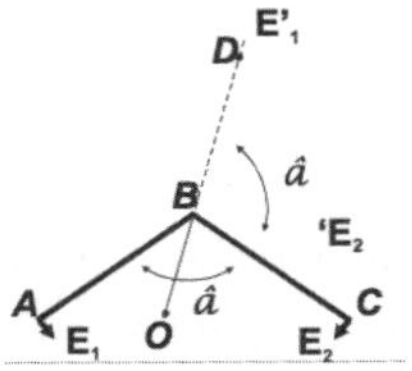

i) Dado o ângulo $A\hat{B}C$, coloque os espelhos articulados E_1 e E_2 em $\overline{AB}$ e $\overline{BC}$, respectivamente. O observador em O conta duas cunhas à direita do ângulo â (k=2). Movendo E_2 à esquerda e mantendo E_1 fixo até que o número de cunhas preenchendo o ângulo $A\hat{B}D$ seja de 3 k, pergunta-se: qual é a nova medida de $A\hat{B}C$?

a) $\hat{a}$ b) $\frac{\hat{a}}{2}$ c) $\frac{\hat{a}}{3}$ d) $\frac{\hat{a}}{4}$

ii) Movendo E_2 à esquerda e mantendo E_1 fixo, até que o número de cunhas (j) preenchendo o ângulo $A\hat{B}D$ satisfaça $2j = 3k$ (k = par). Neste caso, os espelhos determinam um ângulo de qual medida?

a) $\hat{a}$ b) $\frac{\hat{a}}{2}$ c) $2\frac{\hat{a}}{3}$ d) $\frac{3}{2}\hat{a}$

G – ORIENTAÇÃO

É fácil observar que a reflexão de um objeto em um espelho dá uma orientação oposta para a imagem; comprovamos esse fato todos os dias quando nos olhamos no espelho! No caso de espelhos articulados com abertura num ângulo de 60°, por exemplo, se colocarmos um objeto em seu interior, surgirão cinco imagens, sendo três com orientação oposta à figura original e duas com a mesma orientação dela, fato esse que pode ser constatado nas FIG. 38 e 39.

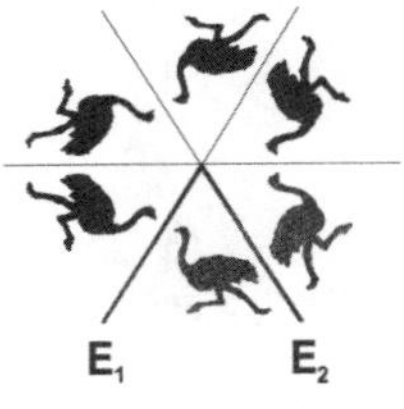

FIGURA 38

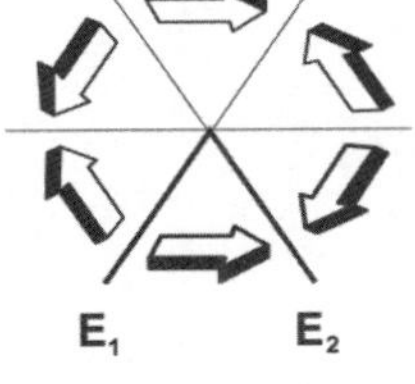

FIGURA 39

H – PADRÕES SIMÉTRICOS

FIGURA 40

Padrões simétricos podem ser obtidos com o uso de dois espelhos. Colocando-se diferentes desenhos entre os ângulos e, dependendo da variação desses ângulos entre os espelhos, obtêm-se várias figuras, entre elas, rosáceas e estrelados, como se vê na FIG. 40.

I – ROTAÇÕES

FIGURA 41

Rotações podem também ser estudadas com os espelhos articulados. Com os espelhos articulados abertos em um ângulo de 60°, pode-se verificar que a segunda e a quarta imagens representam rotações da figura original, enquanto a primeira, a terceira e quinta imagens são reflexões dela; ver FIG. 41.

Atividades:

1) Coloque dois espelhos ao longo das linhas L_1 e L_2, de modo que se encontrem no ponto P e tenham suas reflexões:

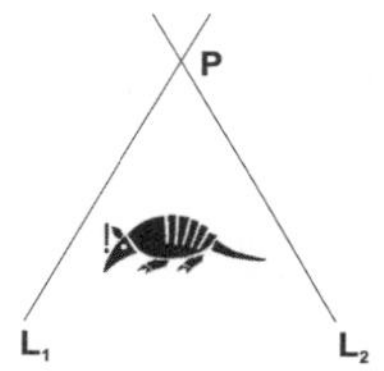

a. Quantos "tatus" você vê, incluindo o original e todas as suas imagens?
b. Quantas dessas imagens são rotações do tatu original?
c. Quantas dessas imagens são reflexões do tatu original?
d. Qual é o ângulo em P?

2) Considerar nas figuras abaixo as linhas pontilhadas como se fossem dois espelhos articulados. Conforme indicado, eles estão abertos em ângulos de 45° e 60° e contêm em seu interior segmentos que fornecerão diferentes figuras. Pergunta-se:

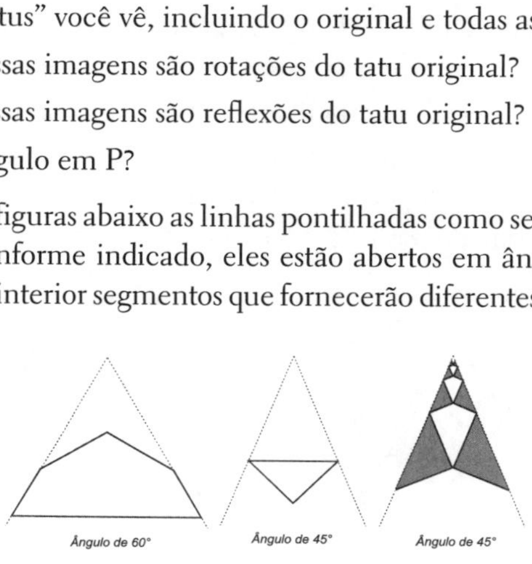

a) Qual o número de "imagens" do objeto original geradas com a abertura dos espelhos nos ângulos especificados?

b) Após ter encontrado a solução de (a):

   i. esboçar ao redor das figuras abaixo os espelhos virtuais, determinados pelas reflexões de um espelho original no outro;

   ii. projetar as reflexões dos segmentos contidos na figura original no interior dos traços esboçados em (i), de maneira que se obtenha a representação do visual que seria fornecido propriamente pelos espelhos.

   iii. colocar os espelhos articulados sobre a figura original a fim de comprovar os resultados.

Uma curiosidade sobre inversão de uma imagem:

É bom lembrar que nas reflexões de um objeto geradas nos espelhos temos apenas a inversão do lado esquerdo e do direito desse objeto, sem alteração na ordem dos elementos de cima e de baixo. Se tomarmos dois espelhos articulados, abertos com ângulo de 90° (dispostos perpendicularmente ao plano), e colocarmos um objeto à sua frente, observaremos que a rotação de 90° de uma imagem não a põe de cabeça para baixo. Para que isso ocorra, há necessidade de os dois espelhos estarem abertos em um ângulo reto, sendo um na horizontal e o outro perpendicular ao plano. Assim, devido à rotação de um ângulo de 90° em relação aos espelhos, a imagem produzida se mostrará invertida. Essa situação é ilustrada na FIG. 42.

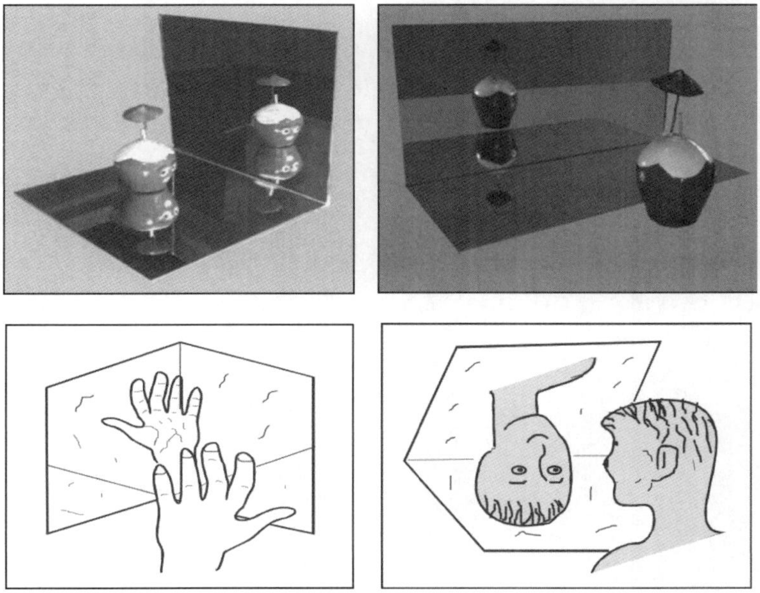

FIGURA 42

*

CAPÍTULO 4

PAVIMENTAÇÕES DO PLANO

A – ENTENDENDO AS PAVIMENTAÇÕES

A.1. CONCEITO:

Um conjunto de polígonos será uma pavimentação do plano se, e somente se, cobri-lo sem superposição ou lacuna. Quando dizemos *cobrir* significa que todo ponto do plano pertence, pelo menos, a um polígono.

Consoante Barbosa (1993), numa pavimentação tem-se *nós* e *arestas*:

- **nós**: vértices dos polígonos (um polígono pode ter mais nós na sua fronteira que o seu próprio número de vértices).
- **arestas**: chamamos de arestas os segmentos de reta que têm por extremos dois nós consecutivos de um mesmo lado do polígono. Assim, existem lados que são arestas e partes de lados que também são arestas. Observe a FIG. 1, na qual, o polígono 1 tem 5 vértices e 7 nós, e partes de lado que são arestas.

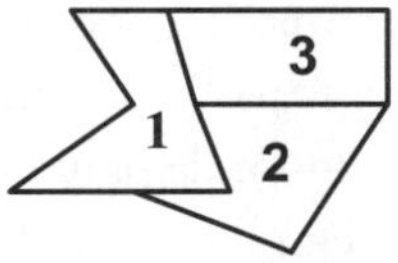

FIGURA 1

Uma pavimentação é *lado-lado* se, e somente se, toda aresta é lado comum a dois polígonos. Isso significa que numa pavimentação lado-lado um novo polígono só poderá ser acrescentado se os lados em contato forem congruentes. Esse tipo de pavimentação pode ser constituído por polígonos regulares de um só tipo ou de vários tipos.

Numa pavimentação lado-lado os ângulos internos (i) dos polígonos que se ajustam ao redor de um nó devem somar 360°. Se considerarmos (k) o número de polígonos congruentes, temos: $k \cdot i = 360°$.

B – POLÍGONOS REGULARES

B.1. CONCEITO

Um polígono regular é uma figura geométrica que tem todos os lados de mesmo comprimento e todos os ângulos-vértices de mesma medida.

Pode-se provar que um polígono com lados iguais, quando inscrito em uma circunferência, terá ângulos-vértices iguais. Exemplos na FIG. 2:

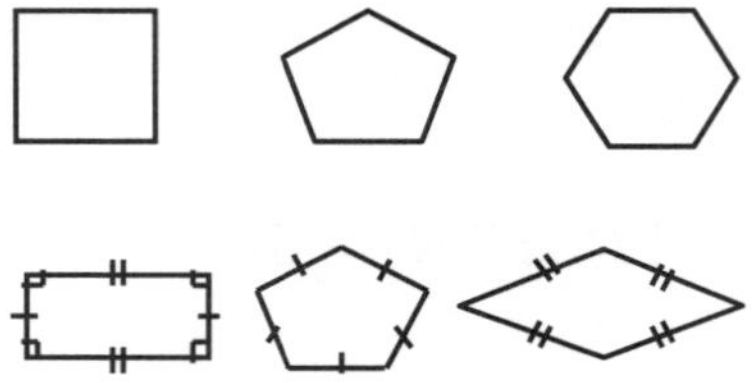

FIGURA 2

Polígonos regulares: *quadrado, pentágono e hexágono com ângulos e lados iguais*
Polígonos não regulares: *retângulo com lados iguais dois a dois e o mesmo ângulo; pentágono e losango com lados iguais e ângulos diferentes.*

Uma questão importante com respeito a polígonos regulares é: *Quantos graus tem cada ângulo vértice de um polígono regular?* É claro que a resposta vai depender do número de lados que forma o polígono. Entretanto, existe uma maneira de chegarmos ao número de graus de um ângulo vértice de um polígono, sem utilizar o transferidor, porém com embasamento matemático.

Para ilustrar nossa afirmação, vamos considerar alguns polígonos regulares: o triângulo equilátero, o quadrado, o pentágono e o hexágono (FIG. 3). Eles têm, respectivamente, 3, 4, 5 e 6 lados. A partir de um dos vértices, traçar as diagonais possíveis de formar triângulos no interior da figura. É claro que no caso do triângulo esse procedimento é impossível, apesar de a metodologia também ser aplicada a ele. Em seguida, analisar em cada figura a quantidade de triângulos obtidos após colocar as diagonais, como mostra a FIG. 3:

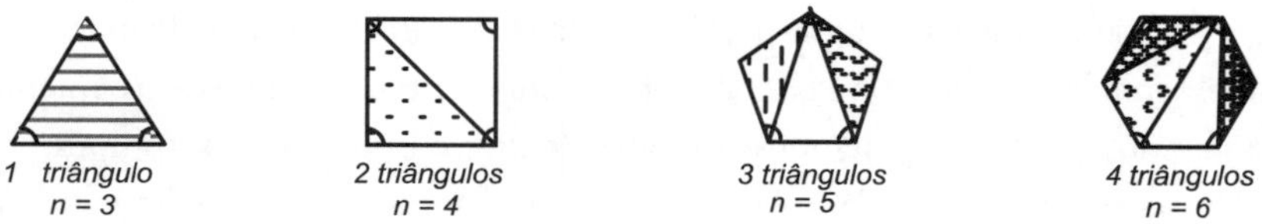

FIGURA 3

Em seguida, considerando que a soma dos ângulos vértices de um triângulo é 180° (número total de graus), devemos aplicar a seguinte equação: $\frac{x(180)}{y} = z$. Os termos referem-se a:

x = triângulos formados pelas diagonais

y = número de lados do polígono

z = número de graus em um ângulo vértice do polígono

180 = número total de graus de um triângulo

Assim, aplicando tal fórmula para os polígonos da FIG. 3, temos:

- triângulo equilátero (nenhuma diagonal → um triângulo): $\frac{1(180)}{3} = 60^0$

- quadrado (uma diagonal → dois triângulos): $\frac{2(180)}{4} = 90^0$

- pentágono regular (duas diagonais → três triângulos): $\frac{3(180)}{5} = 108^0$

- hexágono regular (três diagonais → quatro triângulos): $\frac{4(180)}{6} = 120^0$

Observe na aplicação das equações que existe uma diferença constante de (2) entre o número de lados do polígono e o número de triângulos formados pelas diagonais. Portanto, se n é o número de lados de um polígono, chega-se à seguinte fórmula $\frac{(n-2)180°}{n}$.

C – PAVIMENTAÇÕES DE POLÍGONOS

Vamos estudar, a seguir, padrões no plano, os quais foram construídos usando figuras poligonais que cobrem completamente o plano sem vazios e sem superposições. Tais padrões são denominados pavimentações do plano.

Pergunta: Quais polígonos pavimentam o plano?

A FIG. 4 descreve três pavimentações básicas do plano com polígonos regulares. Note que sob as porções dessas pavimentações estão inscritos alguns números que representam suas notações.

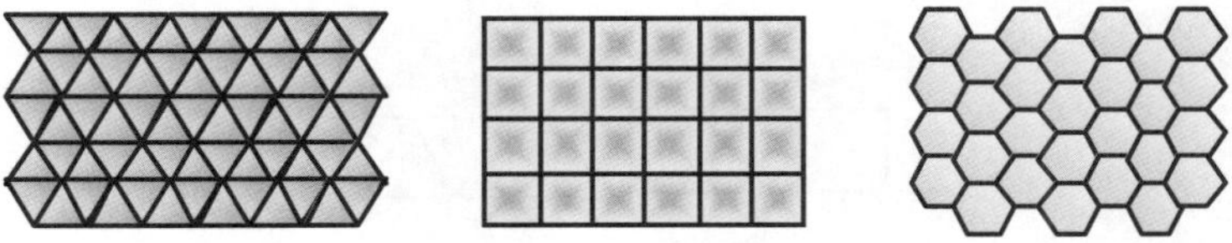

(3, 3, 3, 3, 3, 3) ou 3^6 (4, 4, 4, 4) ou 4^4 (6, 6, 6) ou 6^3

FIGURA 4

É possível confirmar essas notações ao observarmos o número de polígonos que se ajustam ao redor de um vértice para formar a pavimentação.

A FIG. 5 ilustra como os polígonos (seis triângulos equiláteros, quatro quadrados e três hexágonos) se ajustam ao redor de um vértice formando arranjos que, ao se repetirem, vão formando a pavimentação.

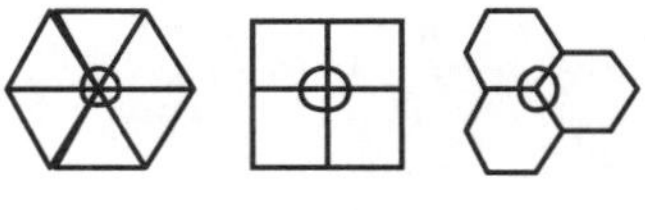

FIGURA 5

As pavimentações por triângulos equiláteros e quadrados na FIG. 4 são diferentes das pavimentações da FIG. 6, na qual os vértices dos triângulos e quadrados coincidem com os pontos médios dos lados dos outros quadrados e triângulos. Essas pavimentações são ditas figuras-vértice.

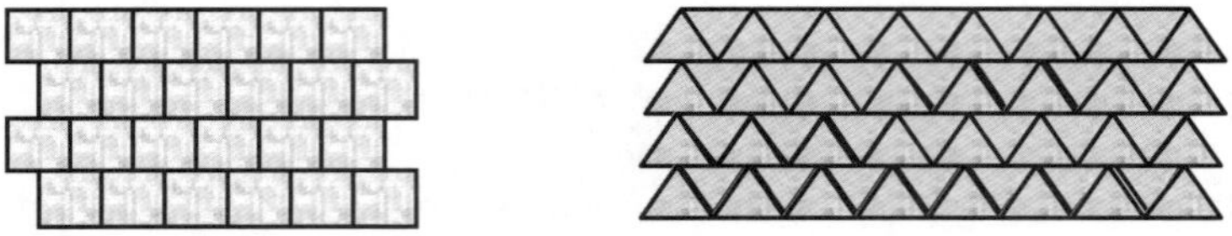

FIGURA 6

Obs.: Uma figura-vértice é um polígono cujos vértices são pontos-médios das arestas que formam um vértice da pavimentação.

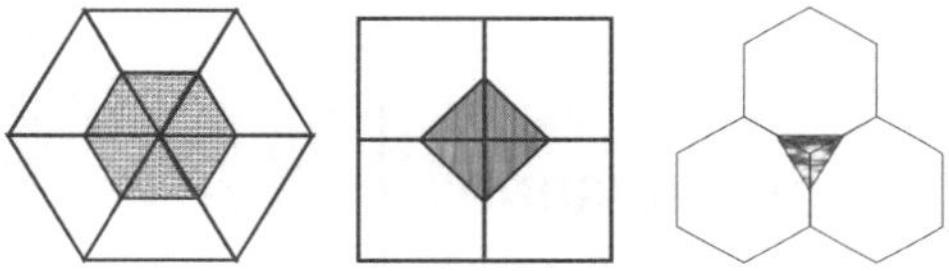

FIGURA 7

D – PAVIMENTAÇÃO UNIFORME (REGULAR)

Conceito: Uma pavimentação é uniforme (regular), se ela é construída de polígonos convexos congruentes, tal que cada figura-vértice é um polígono regular (FIG. 7).

Observar que as figuras vértices das pavimentações da FIG. 6 não são polígonos regulares. Ver FIG. 8.

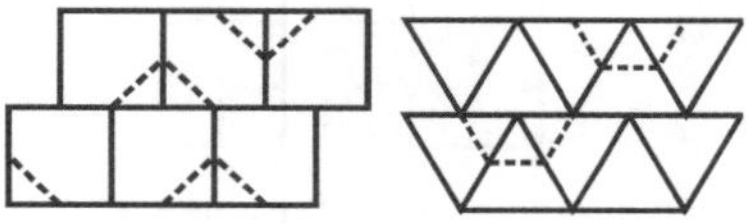

FIGURA 8

Pergunta-se: Existem outras pavimentações regulares além daquelas da FIG. 4?

A FIG. 9 mostra a impossibilidade de termos uma pavimentação por pentágonos regulares.

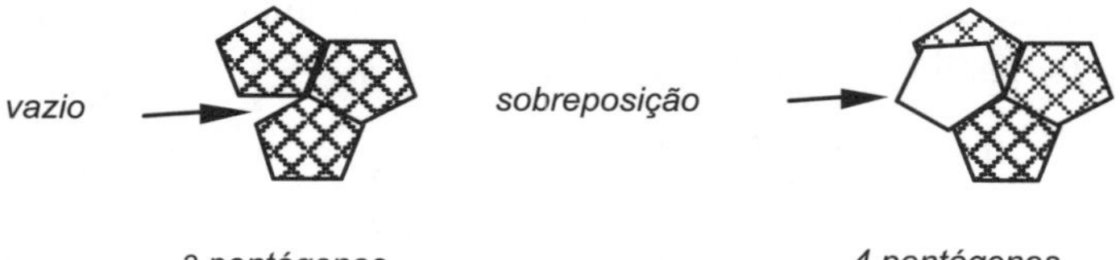

FIGURA 9

Notar que se tivermos uma pavimentação com polígonos de n-lados (n-ágono), o ângulo interno do n-ágono precisará dividir 360º. Mais ainda, há necessidade de se ter pelo menos três polígonos ao redor de cada vértice, e os ângulos internos de cada um desses polígonos não poderão ultrapassar a 120°.

Número de lados de um polígono	*Número de graus em um ângulo interno do polígono*
3	60º
4	90º
5	108°
6	120º
7	128°4/7'
8	135°
...	
n	$\frac{(n-2)180°}{n}$

A tabela acima mostra quais pavimentações são regulares, isto é 3^6, 4^4 e 6^3.

Outra questão sugerida é: Quais triângulos ou quadriláteros irão pavimentar o plano?

a) Na FIG. 10 vemos possibilidades com relação aos triângulos.

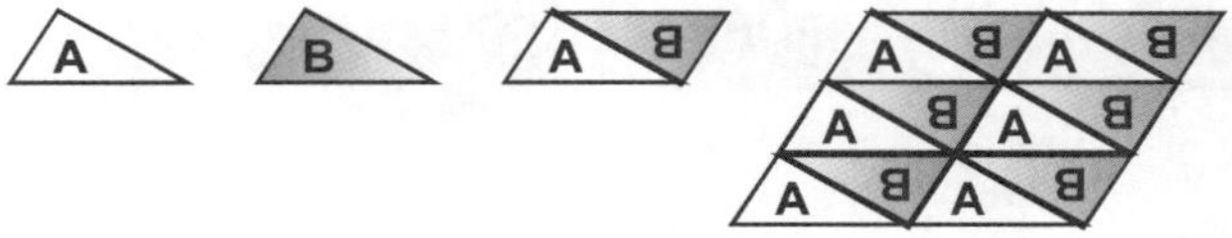

FIGURA 10

Resposta: Todos os triângulos.

b) Sucessivas rotações em torno dos pontos médios A, B, C dos lados dos quadriláteros geram, como mostra a FIG. 11, quatro cópias do quadrilátero em torno de V. Os quatro ângulos distintos têm soma igual a 360º.

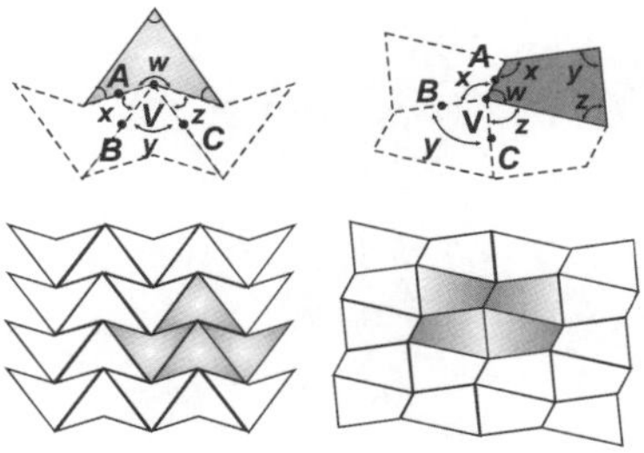

FIGURA 11

Resposta: Qualquer quadrilátero pavimenta o plano.

Exemplos de pavimentações do plano por polígonos irregulares (FIG. 12).

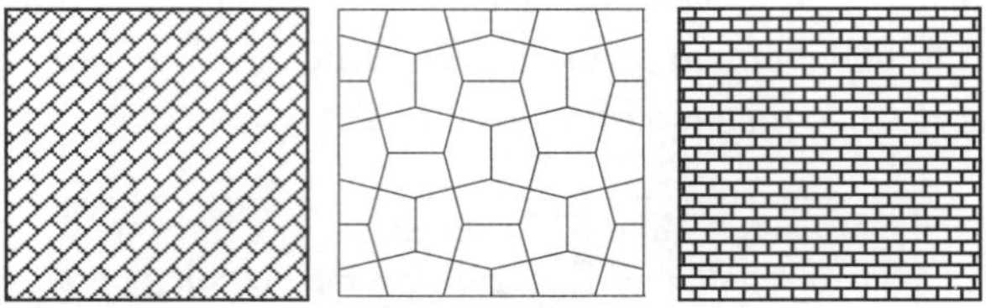

FIGURA 12

Existem muitas pavimentações que são formadas pelas combinações de vários polígonos regulares e são classificadas de acordo com certas propriedades:

E – PAVIMENTAÇÃO UNIFORME (SEMIRREGULAR)

É composta de polígonos regulares de dois ou mais tipos, tal que todas as figuras vértices são idênticas (FIG. 13). Na FIG. 14 ocorrem dois tipos de vértices, o que classifica a pavimentação como não uniforme.

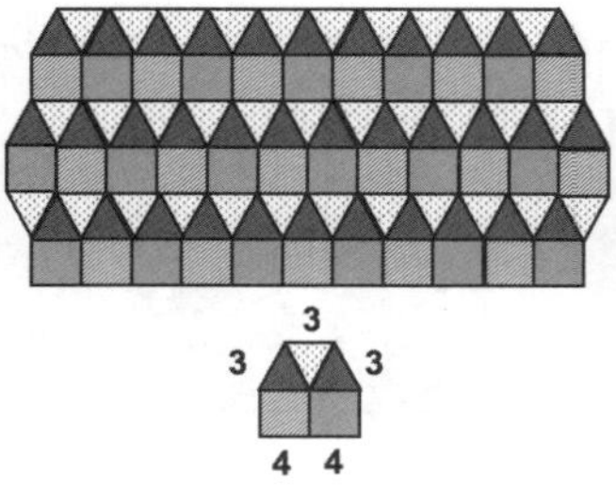

1 tipo de vértice

FIGURA 13

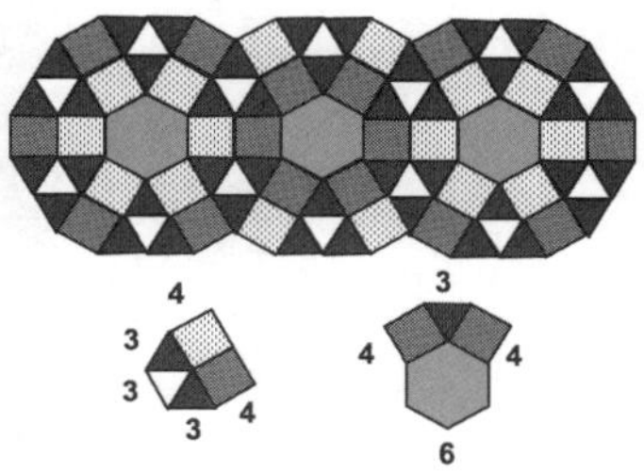

2 tipos de vértices

FIGURA 14

Pergunta: Quantas pavimentações semirregulares existem?
A FIG. 15 mostra alguns arranjos de polígonos regulares em torno de um vértice.

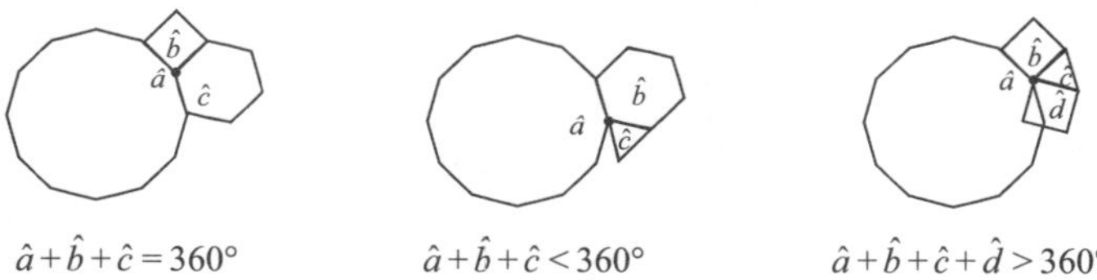

$\hat{a}+\hat{b}+\hat{c}=360°$ **(a)**

$\hat{a}+\hat{b}+\hat{c}<360°$ **(b)**

$\hat{a}+\hat{b}+\hat{c}+\hat{d}>360°$ **(c)**

FIGURA 15

Apesar de termos combinações de polígonos regulares que circundam completamente um vértice (sem vazio ou sobreposição), precisamos verificar se esse arranjo de vértice pode estender-se a uma pavimentação do plano (porque muitas vezes isso não ocorre).

Existem 21 configurações (ou arranjos) de polígonos regulares em torno de um vértice. As configurações (3, 3, 3, 3, 3, 3), (4, 4, 4, 4) e (6, 6, 6) pavimentam o plano. As 18 configurações restantes pavimentam o plano?

Resposta: Nem todas.

Para entender essa resposta, tomemos o seguinte exemplo: Considere a configuração (3, 3, 6, 6) em torno do vértice V. Se estendermos essa configuração tal que o mesmo aconteça no vértice V_1, concluímos que será impossível o mesmo arranjo no vértice V_2. Então, a configuração (3, 3, 6, 6) não pode estender-se para produzir uma pavimentação (vide FIG. 16). Outras configurações também apresentam esse comportamento, restando apenas onze (das vinte e uma citadas) arranjos de polígonos que formam uma pavimentação. No estudo a seguir faremos uma análise detalhada desse assunto que trará uma maior compreensão sobre o tema. Porém, estudo mais minucioso encontramos em Barbosa (1993) e em Daffer e Clemens (1977).

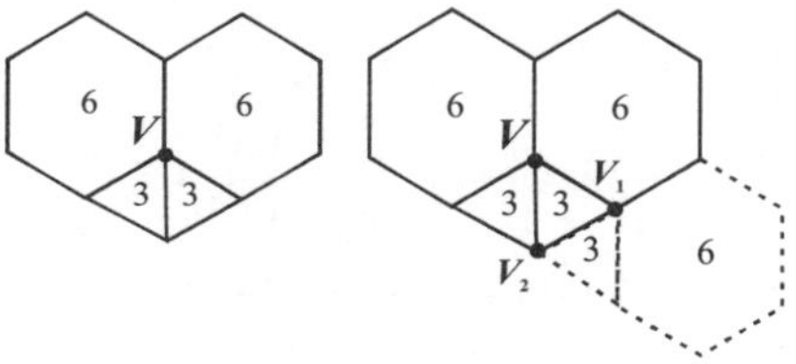

FIGURA 16

E.1. ANÁLISE DAS PAVIMENTAÇÕES SEMIRREGULARES (UNIFORMES)

Vimos que um ângulo vértice de um n-ágono regular mede $\frac{(n-2)180°}{n} = 180°\left(1-\frac{2}{n}\right)$ graus. Se existem três polígonos regulares, um n_1-ágono, um n_2-ágono e um n_3-ágono que circundam completamente um vértice sem sobreposição, então, os três números (n_1, n_2, n_3) precisam satisfazer a equação:

$$180°\left(1-\frac{2}{n_1}\right)+180°\left(1-\frac{2}{n_2}\right)+180°\left(1-\frac{2}{n_3}\right)=360°$$

$$\left(1-\frac{2}{n_1}\right)+\left(1-\frac{2}{n_2}\right)+\left(1-\frac{2}{n_3}\right)=2 \quad \Leftrightarrow \quad 3-\left(\frac{2}{n_1}+\frac{2}{n_2}+\frac{2}{n_3}\right)=2 \quad \Leftrightarrow$$

$$\frac{2}{n_1}+\frac{2}{n_2}+\frac{2}{n_3}=1 \quad \Leftrightarrow \quad \frac{1}{n_1}+\frac{1}{n_2}+\frac{1}{n_3}=\frac{1}{2}$$

Desde que podemos ter também quatro, cinco, ou seis polígonos circundando um vértice sem sobreposição, necessitamos, por outro lado, considerar soluções para essas equações. Assim, rotulando por ***n*** o número de polígonos em torno de um vértice, teremos as seguintes soluções numéricas:

- Para $n = 3$:

$n=3 \Rightarrow 180\left(1-\frac{2}{n_1}\right)+180\left(1-\frac{2}{n_2}\right)+180\left(1-\frac{2}{n_3}\right)=360$ que, simplificando, resulta na equação $\frac{1}{n_1}+\frac{1}{n_2}+\frac{1}{n_3}=\frac{1}{2}$, para a qual temos como soluções as ternas: (6,6,6), (5,5,10), (4,5,20), (4,6,12), (4,8,8), (3,7,42), (3,8,24), (3,9,18), (3,10,15) e (3,12,12).

- Para $n = 4$:

$n=4 \Rightarrow 180\left(1-\frac{2}{n_1}\right)+180\left(1-\frac{2}{n_2}\right)+180\left(1-\frac{2}{n_3}\right)+180\left(1-\frac{2}{n_4}\right)=360$ que, por redução, implica em $\frac{1}{n_1}+\frac{1}{n_2}+\frac{1}{n_3}+\frac{1}{n_4}=1$. Satisfazem essa equação os seguintes conjuntos de polígonos: (4, 4, 4, 4), (3, 3, 4, 12), (3, 3, 6, 6) e (3, 4, 4, 6).

- Para $n = 5$:

$n=5 \Rightarrow 180\left(1-\frac{2}{n_1}\right)+180\left(1-\frac{2}{n_2}\right)+180\left(1-\frac{2}{n_3}\right)+180\left(1-\frac{2}{n_4}\right)+180\left(1-\frac{2}{n_5}\right)=360$

a qual, tornando-a mais simples temos: $\frac{1}{n_1}+\frac{1}{n_2}+\frac{1}{n_3}+\frac{1}{n_4}+\frac{1}{n_5}=\frac{3}{2}$. Para essa equação se aplicam somente dois conjuntos de polígonos: (3, 3, 3, 3, 6) e (3, 3, 3, 4, 4).

- Para $n = 6$:

$$n=6 \Rightarrow 180\left(1-\frac{2}{n_1}\right)+180\left(1-\frac{2}{n_2}\right)+180\left(1-\frac{2}{n_3}\right)+180\left(1-\frac{2}{n_4}\right)+180\left(1-\frac{2}{n_5}\right)+180\left(1-\frac{2}{n_6}\right)=360.$$

Reduzindo os termos dessa equação chegamos à sua equivalente: $\frac{1}{n_1}+\frac{1}{n_2}+\frac{1}{n_3}+\frac{1}{n_4}+\frac{1}{n_5}+\frac{1}{n_6}=2$. Apenas um arranjo de polígonos satisfaz essa equação: (3, 3, 3, 3, 3, 3).

Cada solução descreve um conjunto de polígonos regulares que circundam completamente um vértice sem sobreposição, representando, de início, um arranjo de vértice em uma pavimentação. Porém, uma análise cuidadosa das soluções das equações mencionadas para os valores de **n** mostrará que nem todos os arranjos encontrados estendem-se por todo o plano formando uma pavimentação. Desse modo, temos que apenas onze conjuntos de polígonos se ajustam ao redor de um vértice e formam as pavimentações uniformes do plano, qualificadas por:

- *regulares* (formadas pelo mesmo tipo de polígono, ver FIG. 4): (3, 3, 3, 3, 3, 3), (4, 4, 4, 4) e (6, 6, 6).
- *semirregulares* (ver FIG. 17): (4, 6, 12), (4, 8, 8), (3, 12, 12), (3, 6, 3, 6), (3, 4, 6, 4), (3, 3, 3, 3, 6), (3, 3, 4, 3, 4) e (3, 3, 3, 4, 4).

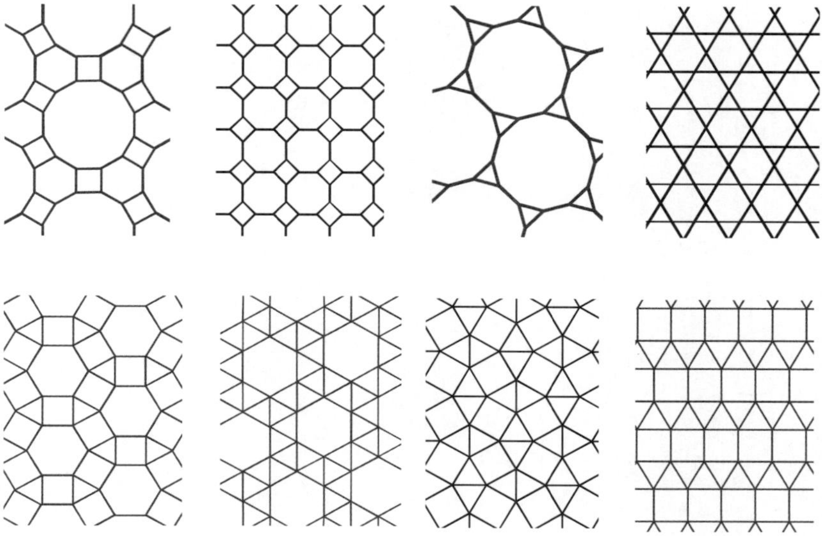

FIGURA 17

Nas FIG. 18 e 19 temos exemplos de pavimentação dual e de figura vértice:

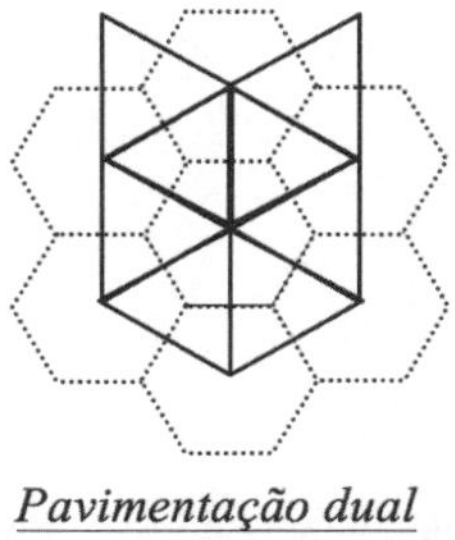

Pavimentação dual
(ligando os centros dos polígonos)

FIGURA 18

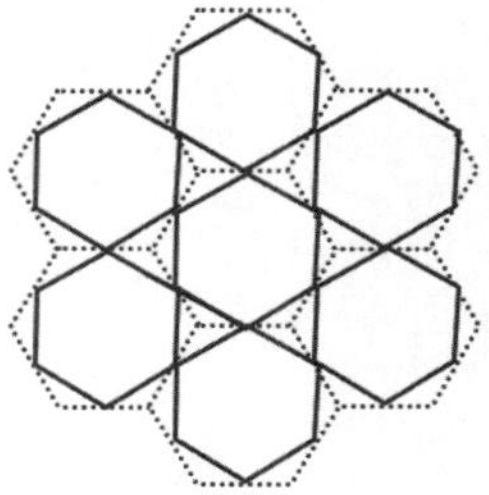

Pavimentação figura-vértice
(traçar todas as figuras vértices)

FIGURA19

Sugestão de atividade:

Esboçar dual e figura-vértice para as pavimentações da FIG. 17.

*

CAPÍTULO 5

CALEIDOSCÓPIOS PLANOS

> "La date de l'année 1823 était pourtant indiquée par les deux objets à la mode alors dans la classe bourgeoise qui étaient sur une table, savoir un kaléidoscope et une lampe de fer-blanc moiré".
>
> Victor Hugo, Les Misérables (I, II, III) - Graf e Hodgson (1990)

A – CONHECENDO A ORIGEM DOS CALEIDOSCÓPIOS

Há muito tempo as reflexões em espelhos planos são conhecidas e estudadas. Usando sua criatividade, o homem começou a associar vários espelhos para reflexão de um mesmo objeto, observando que dessa combinação, além da multiplicação da imagem, por vezes, originava-se uma rede de imagens que resultava em diferentes e complexos padrões.

Diante dessas novas percepções, o emprego combinado dos espelhos passou a ser objeto de interesse de estudiosos. A colocação de dois espelhos articulados para formação de ângulos e obtenção de imagens por reflexões sucessivas motivou estudos relativos à contagem do número de imagens. Por isso mesmo é que nos compêndios de Física ou de outras Ciências relacionadas à ótica geométrica encontramos muitos registros desse assunto.

Um conjunto de três espelhos planos, perpendiculares a um mesmo plano, formando uma superfície prismática triangular e com as faces espelhadas voltadas para o interior, pode fornecer um visual de imagens bastante interessante, e belos padrões podem ser obtidos por reflexões. Os caleidoscópios podem ser formados por diferentes quantidades de espelhos, os quais serão ajustados conforme o estudo que se pretende praticar e os objetos a visualizar. Dessa forma, podemos ter caleidoscópios planos ou caleidoscópios generalizados.

O nome *caleidoscópio*, do ponto de vista etimológico, é originário da composição de três palavras gregas: *kalos* (belas), *eidos* (formas), e *skopein* (ver). Foi introduzido por Sir David Brewster em 1819, em seu livro A *treatise on the Kaleidoscope*, no qual revela que a primeira publicação relativa ao instrumento é devida a Kircher (1646).

O caleidoscópio então desenvolvido, chamado de caleidoscópio *popular*, semelhante ao ilustrado na página 2, era considerado excepcional por suas particularidades e foi muito vendido, pois, segundo Roger (1824), em muitos lugares havia pessoas de todas as idades com os caleidoscópios nas mãos. Esse objeto continuou exercendo o mesmo fascínio da época em que começou a ser produzido e comercializado, resistindo com êxito há quase 200 anos desde sua idealização, e hoje se encontra à venda em várias versões.

O caleidoscópio popular gera imagens imprevisíveis. Apesar de já ter sido apresentado anteriormente, mostramos na FIG. 1 a parte interna desse objeto, que é cilíndrico, e em cujo interior encontram-se espelhos dispostos longitudinalmente, os quais, na maioria das vezes, refletem imagens de partículas de vidro colorido que se movem no fundo do tubo, gerando incontáveis figuras de singular beleza e simetria.

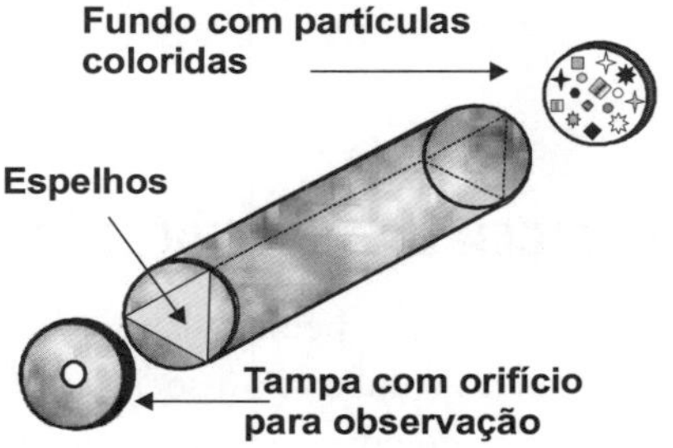

FIGURA 1

O caleidoscópio *educacional*, por outro lado, é um instrumento mais apropriado para o desenvolvimento de atividades de ensino e permite a previsibilidade das imagens geradas. Ele possui uma das extremidades aberta, destinada à colocação de "figuras" deliberadamente construídas (*bases*) para produzirem, através de reflexões nos espelhos, um visual determinado. A outra extremidade possui um orifício, no qual se ajusta o olho do observador.

No Brasil, os caleidoscópios apareceram inicialmente em obras de Física ou Ciências, e especialmente como material didático para Ciências num livro de apenas doze páginas da Profa. Maria Julieta Sebastiani Ormastroni, na coleção Cientistas de Amanhã, do IBECC (Instituto Brasileiro de Educação, Ciências, e Cultura/SP), sem data – possivelmente das décadas de 1950/1960 – com o título *Brincando com espelhos*. Como o próprio título enuncia, essa obra tratava de reflexões de uma maneira recreativa. Lamentavelmente, os livros de Física ou Ciências das últimas décadas deixaram de dar espaço a esse instrutivo e fascinante instrumento, enquanto em outros países (Canadá, E.U.A. e Austrália, por exemplo), o caleidoscópio tem sido o tema de vários textos de Matemática (JACOBS [1974], O'DAFFER e CLEMENS [1977], BALL e COXETER [1987], GRAF; HODGSON [1990]), objetivando, principalmente, a sua utilização em atividades educacionais.

No Brasil, o Prof. Ruy Madsen Barbosa é um dos pesquisadores que se destacaram no estudo de espelhos e caleidoscópios. Em 1957, com a finalidade de auxiliar o ensino de física no ensino secundário, apresenta um interessante estudo sobre o comportamento de imagens em espelhos planos angulares. Em 1993, em sua obra *Descobrindo padrões em mosaicos* destina dois capítulos ao estudo de espelhos e caleidoscópios. Neles, faz um estudo bem detalhado sobre a variação do número de imagens de um ponto-objeto colocado entre os espelhos, principalmente, no que diz respeito à relação existente entre a posição do objeto/ângulo de abertura dos espelhos. Mostra, também, que é possível obterem-se rosáceas e estrelados, conforme o desenho colocado entre os espelhos e a variação de ângulos entre eles.

Quando se fala em caleidoscópio faz-se sempre referência ao vocábulo *base*, ao qual agregamos a palavra *caleidoscópica*. Assim, *bases caleidoscópicas* são desenhos elaborados intencionalmente, cuja construção gráfica pode ser realizada através de régua e compasso ou no computador. São figuras triangulares, quadradas ou retangulares (de acordo com o formato do caleidoscópio), nas quais são construídos os segmentos apropriados, que serão refletidos pelos espelhos (abertos com um ângulo na medida adequada), resultando no visual desejado. Essas bases também são denominadas de bases substituíveis, bases geradoras, bases transformadas e triângulos-base. São, geralmente, utilizadas em caleidoscópios com três ou quatro espelhos.

Os *caleidoscópios planos* são conjuntos formados por dois, três ou quatro espelhos perpendiculares a um plano. Temos também os *caleidoscópios generalizados*, que são constituídos de três espelhos, destinados à visualização de poliedros e de tesselações esféricas. Como já estudamos os caleidoscópios com dois espelhos, estudaremos a seguir alguns tipos de caleidoscópios construídos a partir de três espelhos. Será explicitada sua construção e apresentaremos algumas de suas aplicações.

B – CALEIDOSCÓPIOS PLANOS

Como já vimos, o caleidoscópio de dois espelhos articulados se mostrou bastante interessante no estudo de vários temas e conceitos geométricos, destacando-se os polígonos regulares e suas propriedades, já que estes apresentam linhas de simetria, e o caleidoscópio produz padrões simétricos.

Estudaremos, agora, o caleidoscópio educacional com três espelhos planos formando uma superfície lateral de um prisma triangular, o qual se apresenta especialmente indicado para produzir pavimentações do plano por polígonos regulares.

Como acontece com os dois espelhos, para que tenhamos imagens coincidentes e repetição perfeita das figuras obtidas, cada ângulo deve satisfazer à condição de o dobro ser divisor de 360°; portanto, sendo $\hat{a}$, $\hat{b}$, e $\hat{c}$, os ângulos dos espelhos, devemos ter: $\hat{a}+\hat{b}+\hat{c}=180^{\circ}$ e $\dfrac{360^{\circ}}{2\hat{a}}=\dfrac{180^{\circ}}{\hat{a}}=n_1;\dfrac{180^{\circ}}{\hat{b}}=n_2;\ \dfrac{180^{\circ}}{\hat{c}}=n_3$

Segue que a condição para n_1, n_2, n_3 é $\frac{1}{n_1}+\frac{1}{n_2}+\frac{1}{n_3}=1$

Supondo, sem perda de generalidades, que $n_1 \leq n_2 \leq n_3$ e com $n_1 \geq 2$ (pois se $n_1 = 1$, teríamos um triângulo onde $\hat{a}+\hat{b}+\hat{c}>180°$). Temos, então: $\frac{1}{n_1}+\frac{1}{n_1}+\frac{1}{n_1}\geq 1$ ou $\frac{3}{n_1}\geq 1 \Rightarrow 3 \geq n_1$

De $n_1 \geq 2$, encontramos duas possibilidades: $n_1 = 2$ ou $n_1 = 3$

- Para $\boldsymbol{n_1} = 2$:

Considerando $n_2 \leq n_3$ e colocando $\frac{1}{2}+\frac{1}{n_2}+\frac{1}{n_2}\geq 1 \Rightarrow \frac{2}{n_2} \geq 1-\frac{1}{2}=\frac{1}{2} \Rightarrow n_2 \leq 4$.

Portanto, $n_2 = 3$ ou $n_2 = 4$, (pois se $n_2 = 2$, teríamos $\frac{1}{2}+\frac{1}{2}+\frac{1}{n_3}=1$, $\forall\ n_3 \in \mathbb{N}$ (impossível).

Para $n_1 = 2$ e $n_2 = 3$, então, $n_3 = 6$, e
$n_1 = 2$ e $n_2 = 4$, então, $n_3 = 4$.

- Para $\boldsymbol{n_1} = 3$:

Se $n_2 \leq n_3$, temos $\frac{1}{3}+\frac{1}{n_2}+\frac{1}{n_2}\geq 1 \Rightarrow n_2 \leq 3$. Como $n_1 \leq n_2$, então $n_2 = 3$. De $\frac{1}{3}+\frac{1}{3}+\frac{1}{n_3}=1$ teremos $n_3 = 3$. Isso significa, então, que temos três ternas possíveis para os n_i: (3, 3, 3), (2, 4, 4) e (2, 3, 6), o que corresponde a termos três formas triangulares para os caleidoscópios com ângulos de (60°, 60°, 60°), (90°, 45°, 45°) e (90°, 60°, 30°). Caleidoscópios com tais ângulos recebem os nomes de equilátero, isósceles e escaleno, respectivamente.

Nos caleidoscópios são formadas imagens múltiplas, pois as obtidas num dos espelhos formam novas imagens nos outros dois, e assim sucessivamente, estendendo-se por todo o plano.

B.1. CONSTRUÇÃO DE CALEIDOSCÓPIOS

Vamos mostrar a construção de dois tipos de caleidoscópios: o *caleidoscópio educacional* e o *caleidoscópio educacional modificado.*

B.1.1. Caleidoscópio educacional

A construção destes caleidoscópios é de simples execução tanto por professores como pelos alunos, possibilitando amplo emprego em várias atividades educacionais.

Barbosa (1993) sugere o seguinte caleidoscópio, bem como a sua construção:

"a) superfície prismática com três espelhos e apenas uma das bases triangulares fechada com orifício de observação.

b) a outra base triangular ficará aberta, à qual se ajustarão bases substituíveis. Essas bases são triângulos correspondentes à base do caleidoscópio, geralmente feitas de material transparente (papel vegetal) com construções gráficas de figuras adequadas para que na reflexão múltipla forneça a pavimentação do plano desejada (mosaicos).

c) um vidro plano transparente colocado sobre dois suportes para entrada de luminosidade.

O caleidoscópio se assentaria perpendicularmente ao vidro onde estaria colocada a base substituível (FIG. 2).

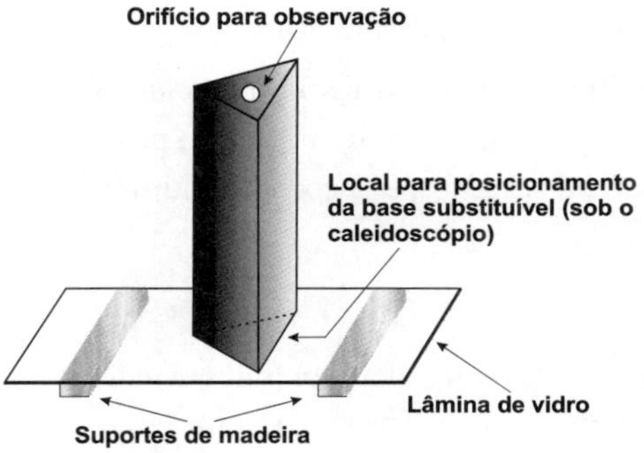

FIGURA 2

Construção:

A construção envolveria 9 lâminas de espelhos retangulares, que poderiam ter as seguintes medidas:

- 5 lâminas de 30 cm por 6 cm
- 1 lâmina de 30 cm por 8,48 cm (8,5 cm)
- 1 lâmina de 30 cm por 8 cm
- 1 lâmina de 30 cm por 4 cm
- 1 lâmina de 30 cm por 6,92 cm (7 cm)

As lâminas deverão ser fixadas com uma fita gomada com a parte espelhada voltada para o interior, cuidando para que fiquem entre as lâminas espaços correspondentes às espessuras dos espelhos e mais um pouco, em vista dos ângulos. Os espelhos, já montados, poderão ser envoltos por papel contact, que evitará a entrada de luminosidade por vãos laterais.

As três bases superiores, construídas com cartolina (por exemplo), devem conter um pequeno orifício. As bases inferiores ficarão abertas para colocação das bases substituíveis conforme a orientação dos estudos do observador."

A FIG. 3 mostra os três tipos de caleidoscópios mencionados acima.

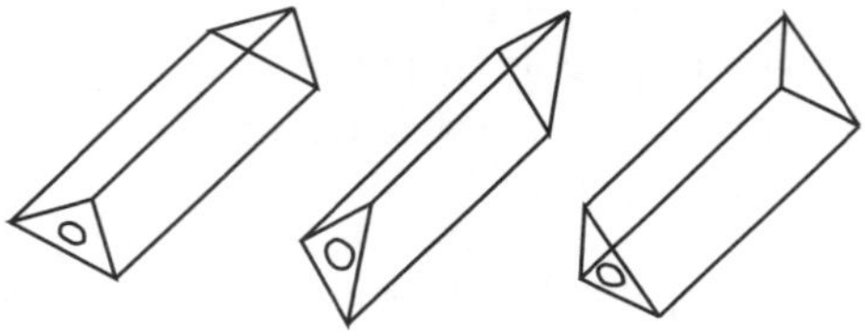

FIGURA 3

Obs: Para o caleidoscópio retângulo isósceles, utilizamos: 2 lâminas retangulares de 6 cm x 30 cm e uma de 8,5 cm x 30 cm.

B.1.2. Caleidoscópio educacional modificado

A seguir, detalhamos a construção do *caleidoscópio educacional modificado,* instrumento por nós proposto em Murari (1995, p. 11-15), que possibilita uma boa visualização por parte dos alunos, e se constitui num instrumento bastante adequado para trabalho em grupo.

Material:

a. 3 espelhos planos retangulares grandes. Medidas sugeridas: dois espelhos de 25 cm x 22 cm e um de 35 cm x 15 cm.

b. 2 pedaços de papelão. Um papelão deverá conter a medida dos dois espelhos iguais mais 2 vezes a espessura dos mesmos (aproximadamente 51 cm x 21 cm), pois o papelão deverá revesti-los como a capa de um livro.

c. ½ folha de cartolina ou papel cartão.

d. Construção: fixar com cola os espelhos nos respectivos papelões (os dois espelhos iguais deverão ser colados nas extremidades do papelão, deixando entre eles uma distância que possibilite sua articulação para obtenção dos ângulos). Desenhar na folha referida em (c) um conjunto de semirretas de mesma origem para vários ângulos de 0° a 180°, como uma folha-transferidor, para ajustamento dos espelhos, como mostra a FIG. 4.

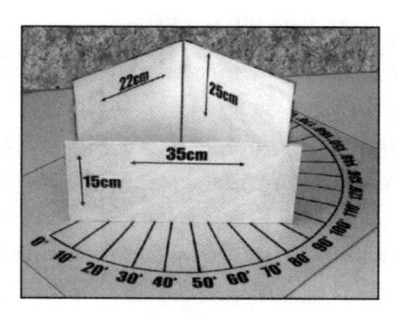

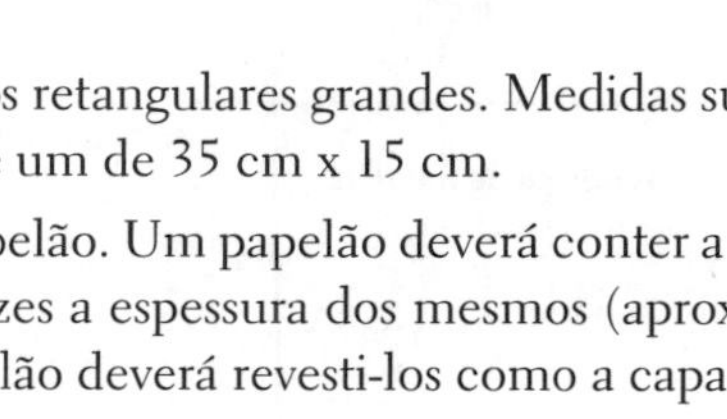

FIGURA 4

B.1.3. Utilização do caleidoscópio educacional modificado

O caleidoscópio modificado pode ser utilizado nas formas equilátero, isósceles-retângulo ou escaleno, dependendo da abertura dos ângulos.

O caleidoscópio equilátero é obtido colocando-se os espelhos articulados sobre a folha-transferidor formando um ângulo de 60°. Encostar o outro espelho conforme indicado na FIG. 5. Notar que o terceiro espelho é mais baixo que o conjunto articulado, possibilitando uma boa visão superior. Para as medidas sugeridas, as bases substituíveis serão triângulos equiláteros de lado 21 cm, que podem ser recortados de cartolina com os desenhos adequados. Tais bases serão colocadas no interior do caleidoscópio obtido, cobrindo a folha-transferidor.

Para a formação do caleidoscópio escaleno (FIG. 6), dispor os espelhos articulados sobre a folha-transferidor formando ângulo de 60°. Encostar o terceiro espelho perpendicularmente a um dos espelhos articulados, ajustando-o de modo a formar com o outro espelho um ângulo de 30°.

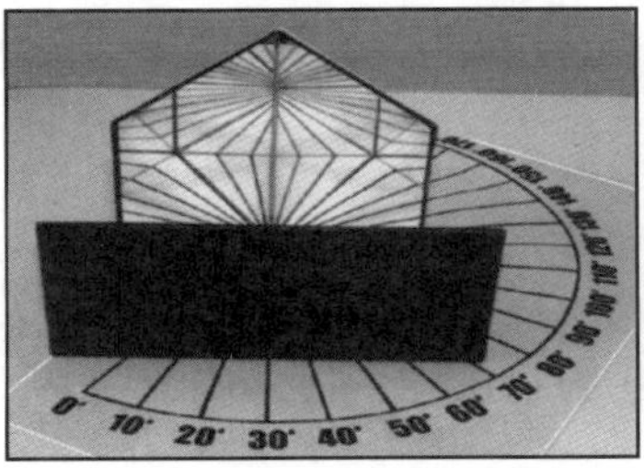

FIGURA 5

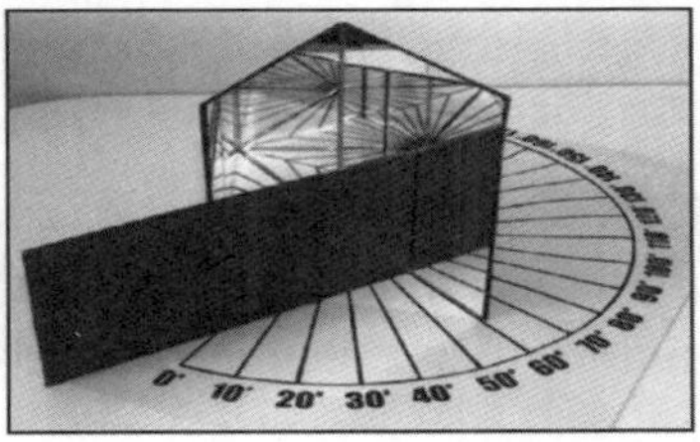

FIGURA 6

O caleidoscópio isósceles-retângulo (mostrado na FIG. 4) tem os espelhos articulados dispostos sobre a folha-transferidor formando um ângulo de 90°. O terceiro espelho é encostado formando dois ângulos de 45°.

Nota: A utilização da folha-transferidor não é obrigatória; ela apenas dá maior exatidão para a abertura dos ângulos. Ela poderá ser dispensada, considerando que já foi estudada a fórmula de obtenção de ângulos $\frac{2\pi}{n}$.

Algumas vantagens podem ser enumeradas com a utilização desse caleidoscópio:

1) Em vista das dimensões razoavelmente grandes desse caleidoscópio modificado, cada um deles pode ser utilizado por um grupo de alunos, simultaneamente, enquanto o outro, em geral, pode ser manuseado apenas por um aluno de cada vez;

2) Os observadores podem variar o seu posicionamento para observação;

3) A confecção de cada base substituível fica também facilitada pelo seu tamanho, podendo ser detalhada, inclusive, no caso de colorações múltiplas, quando colorimos um grande número de regiões, cada uma com uma cor.

4) Não há necessidade de luminosidade por baixo da base substituível, ela provém naturalmente do próprio ambiente, em virtude da grande abertura superior;

5) O acompanhamento das simetrias é bastante facilitado em razão do grande visual que ele proporciona.

B.2. PAVIMENTAÇÕES QUE SE OBTÊM NOS CALEIDOSCÓPIOS

Como já comentado, dos 21 vértices possíveis com polígonos regulares, somente 11 configurações pavimentam o plano. Destas 11, oito podem ser obtidas em caleidoscópios com três espelhos (equilátero, isósceles e escaleno): (3, 3, 3, 3, 3, 3), (4, 4, 4, 4), (6, 6, 6), (3, 4, 6, 4), (4, 6, 12), (3, 12, 12), (3, 6, 3, 6) e (4, 8, 8). Duas pavimentações são visualizadas em caleidoscópios com quatro espelhos: as de configurações (3, 3, 4, 3, 4) e (3, 3, 3, 4, 4). Para completar, temos a pavimentação de configuração (3, 3, 3, 3, 6) que não pode ser gerada em caleidoscópio por não possuir linhas de simetria.

As pavimentações que se podem obter nos diversos tipos de caleidoscópios são:

- No equilátero: (3, 3, 3, 3, 3, 3), (3, 6, 3, 6), e (6, 6, 6)
- No isósceles: (4, 4, 4, 4), e (4, 8, 8)
- No escaleno: (3, 3, 3, 3, 3, 3), (6, 6, 6), (3, 6, 3, 6), (3, 4, 6, 4), (4, 6, 12) e (3, 12, 12)
- No quadrangular: (3, 3, 4, 3, 4), (3, 3, 3, 4, 4).

O Caleidoscópio com quatro espelhos pode ser obtido pela junção de dois conjuntos de espelhos articulados (caleidoscópios com dois espelhos). No item "J" trataremos mais especificamente desse tipo de caleidoscópio.

C – PADRÕES PONTUAIS PLANOS

A *posição* de um ponto entre os espelhos é que vai originar um determinado tipo de padrão. Nesse estudo vamos tratar de diferentes pontos localizados no interior de um caleidoscópio equilátero com três espelhos (ângulos de 60°).

C.1. PONTO NÃO LOCALIZADO NA BISSETRIZ

As reflexões do ponto nesta posição vão originar um padrão pontual com três diferentes hexavértices semirregulares (FIG. 7).

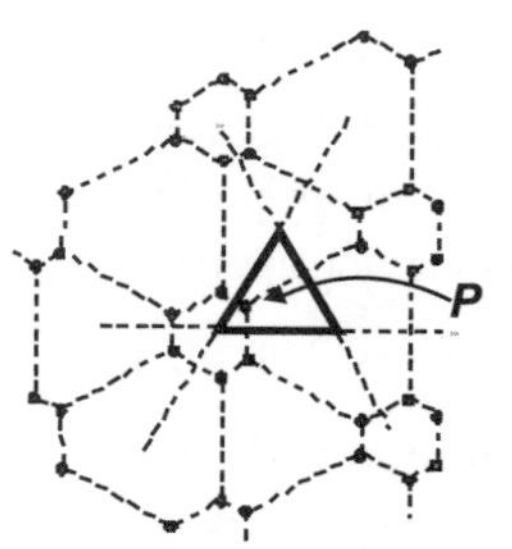

FIGURA 7

C.2. PONTO PERTENCENTE A UMA BISSETRIZ

O visual caleidoscópico é de um padrão pontual com hexavértices regulares, rodeados por hexavértices semirregulares (FIG. 8).

FIGURA 8

C.3. PONTO NO CRUZAMENTO DAS TRÊS BISSETRIZES (INCENTRO)

O ponto nessa posição irá originar uma rede pontual hexagonal regular (FIG. 9).

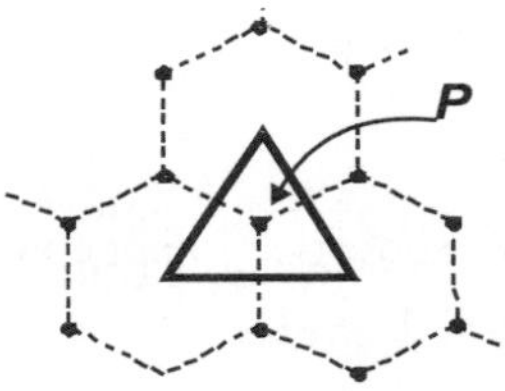

FIGURA 9

C.4. PONTO LOCALIZADO PRÓXIMO A UM LADO, MAS NÃO NO PONTO MÉDIO DESSE LADO

O padrão pontual é de hexavértices semirregulares rodeados por dois trivértices regulares diferentes (FIG. 10).

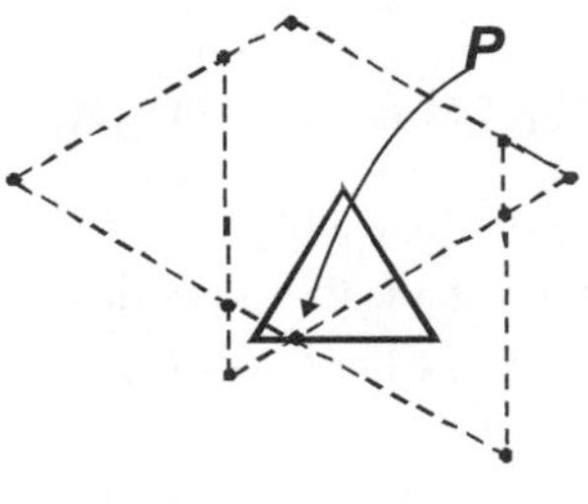

FIGURA 10

Atividade:

Na FIG. 10, se o ponto *P* estivesse localizado no ponto médio de um lado, que rede pontual seria gerada?

C.5. DOIS PONTOS LOCALIZADOS NOS PONTOS MÉDIOS DE DOIS DOS LADOS

Cada ponto gera um trivértice regular, e os dois em conjunto geram um hexavértice regular. Esse hexavértice é refletido no terceiro espelho, gerando outro hexavértice afastado. Temos, também, quadrivértices retangulares alternados. Portanto, visualizamos um padrão pontual com hexavértices regulares afastados, rodeados por trivértices regulares e quadrivértices congruentes (FIG. 11).

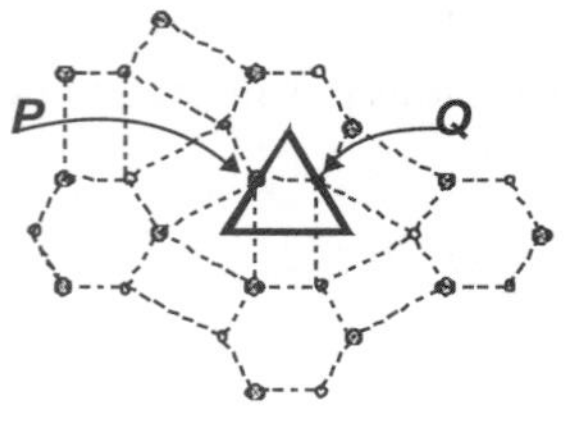

FIGURA 11

C.6. TRÊS PONTOS LOCALIZADOS NOS PONTOS MÉDIOS DOS TRÊS LADOS

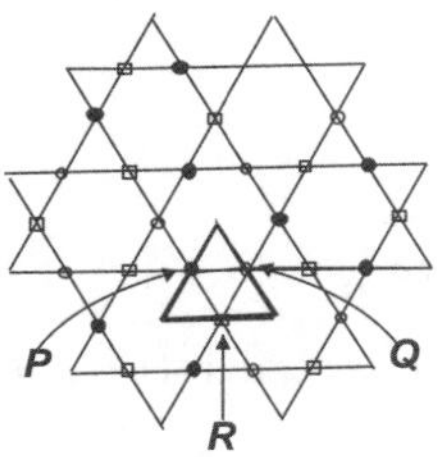

FIGURA 12

Os pontos *P* e *Q*, *Q* e *R* e *R* e *P* geram, simultaneamente, hexavértices regulares nos espelhos correspondentes. Os pontos *P*, *Q* e *R* geram trivértices regulares. O visual caleidoscópico é de trivértices regulares rodeados por hexavértices regulares.

Sugestão de atividade:

A partir das figuras abaixo, esboçar o visual gerado nas seguintes situações:

1) Um ponto *P* próximo de um dos vértices.
2) Dois pontos, *P* e *Q*, próximos a dois vértices.
3) Três pontos, *P*, *Q* e *R*, próximos dos três vértices.

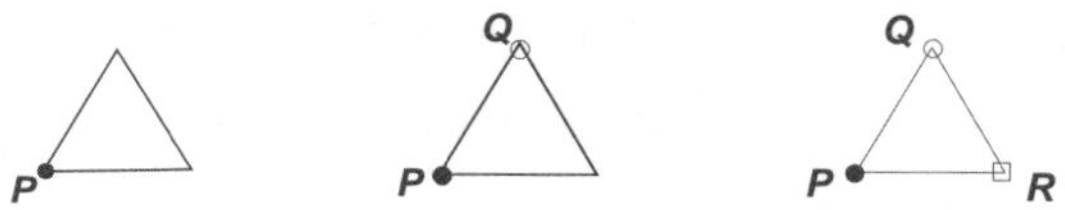

D – PADRÕES DE PAVIMENTAÇÃO UNIFORME DO PLANO

Já foi visto que o posicionamento de um ponto (ou de vários pontos) gera diferentes padrões virtuais. Qual seria o resultado se em vez de pontos, utilizássemos segmentos de reta desenhados na *base*[1] de um caleidoscópio?

Um simples segmento de reta, construído em uma base poderá, como veremos, alterar consideravelmente o padrão de pavimentação do plano.

O resultado será ainda mais extraordinário se colorirmos as regiões formadas por esses segmentos. O assunto em questão oferece muitas oportunidades de estudo

[1] Ver definição de *base*, ou *base substituível* no item "I".

conforme a localização do objeto entre os espelhos: uma ou várias bissetrizes, lados, segmentos dos pontos médios, segmentos das mediatrizes, entre outros. Por isso, abordaremos apenas alguns casos para ilustrar qual pavimentação do plano se obtém, por exemplo, quando traçamos:

D.1. UMA BISSETRIZ

Obtemos uma pavimentação por triângulos equiláteros de configuração (3, 3, 3, 3, 3, 3). Se colorirmos as regiões, teremos triângulos com cores alternadas.

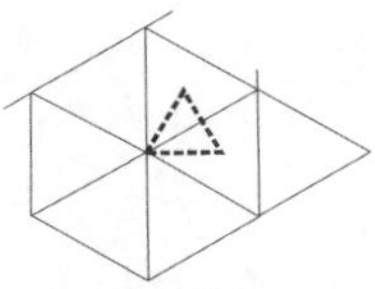

FIGURA 13

D.2. UM LADO

Construindo um segmento como na figura, o visual nos espelhos é de uma pavimentação de configuração (6, 6, 6), isto é, três hexágonos regulares em cada nó da pavimentação.

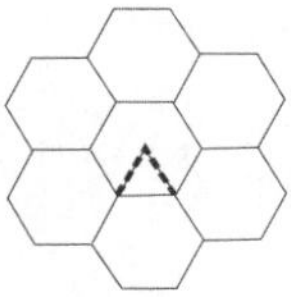

FIGURA 14

D.3. DOIS LADOS

Realçando agora dois lados da base, obteremos uma pavimentação rômbica (aparenta cubos em perspectiva). Colorindo cada região de cor diferente obteremos losangos de três cores.

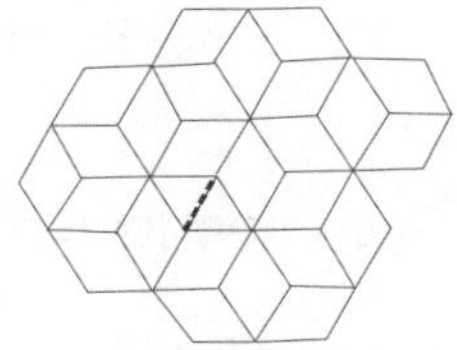

FIGURA 15

Atividade:

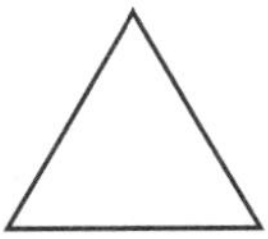

Observe a figura ao lado, na qual foram desenhados três segmentos de retas na base de um caleidoscópio equilátero. Porção de qual pavimentação se obtém?

D.4. TRÊS SEGMENTOS

Traçando segmentos unindo os pontos médios dos três lados de uma base substituível obteremos uma pavimentação do plano com triângulos equiláteros e hexágonos regulares que constituem a configuração (3, 6, 3, 6).

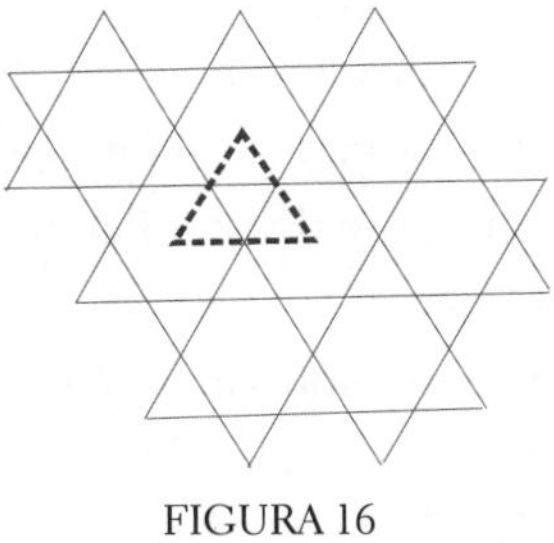

FIGURA 16

Sugestão de atividades:

1) Um segmento unindo dois pontos médios numa base substituível, como na figura, fornecerá como visual caleidoscópico uma pavimentação do plano ou um padrão plano?

2) Ao lado temos as bases caleidoscópicas com segmentos de mediatrizes até o circuncentro.

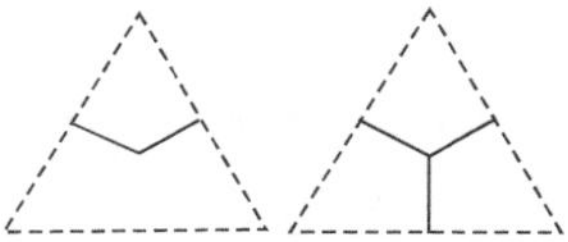

a) Usando a ação reflexional conjunta dos espelhos, verificar quais os visuais gerados.

b) Quais dos visuais gerados é uma porção de pavimentação do plano?

E – PAVIMENTAÇÕES DO PLANO DE CONFIGURAÇÕES (3, 4, 6, 4) E (3, 12, 12)

Para reforçar o estudo da localização de um segmento entre os espelhos de um caleidoscópio, vamos fazer uma execução prática desse conhecimento construindo bases das pavimentações de configurações (3, 4, 6, 4) e (3, 12, 12).

E.1. CONFIGURAÇÃO (3, 4, 6, 4)

Para a obtenção da base substituível, devemos construir segmentos no seu interior, de tal forma que o visual gerado tenha em cada vértice da pavimentação polígonos regulares conforme o arranjo (3, 4, 6, 4). Então, atentando para a base anterior para padrão pontual, obtido com dois pontos médios dos lados (FIG. 11), e considerando o segmento de reta dos dois pontos médios e os segmentos de perpendiculares baixados desses pontos ao terceiro lado da base, teremos uma base que irá gerar uma porção de pavimentação do plano com triângulos equiláteros, retângulos e hexágonos regulares.

Se deslocarmos o segmento dos pontos médios para baixo de tal forma que tenhamos quadrados, obteremos a base desejada, conforme a FIG. 17.

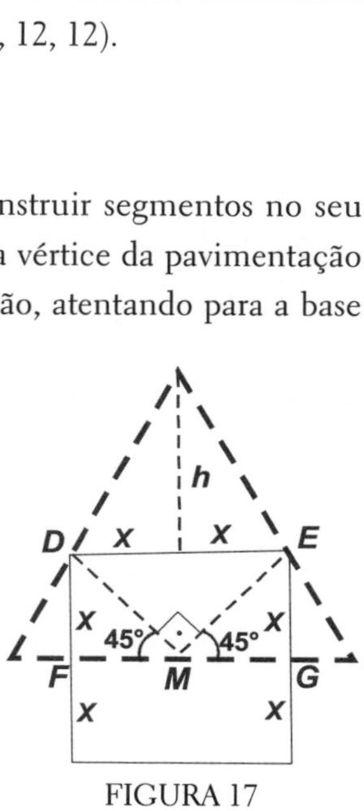

FIGURA 17

Construção gráfica:

1) Traçar a bissetriz h para obter o ponto médio M;

2) Traçar semirretas a 45° para obter os pontos D e E, vértices do quadrado, nos lados da base (as diagonais de um quadrado cruzam-se em ângulo reto, ou seja, de 90°);

3) Traçar $\overline{DE}$

4) Baixar perpendicular ao terceiro lado da base para obter os segmentos $\overline{DF}$ e $\overline{EG}$.

Ao lado, na FIG. 18, temos a base (traços pontilhados) e o visual caleidoscópico obtido quando colocada em caleidoscópio equilátero: uma porção da pavimentação de configuração (3, 4, 6, 4).

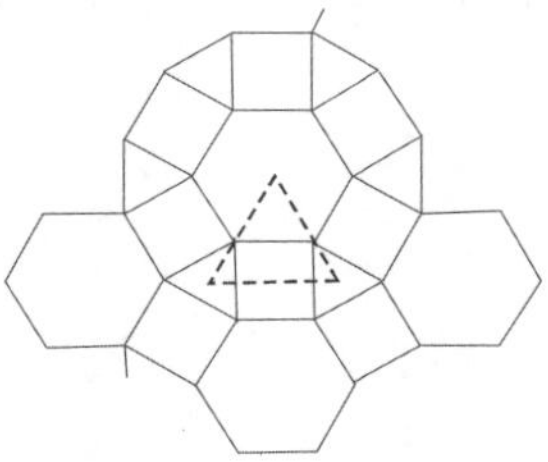

FIGURA 18

E.2. PADRÃO DE CONFIGURAÇÃO (3, 12, 12)

Obtenção da base:

Tendo por referência o padrão pontual da FIG. 10, temos que se traçarmos bissetrizes pelo vértice A da base, primeiro obtendo o ponto M e depois os pontos P e Q, teremos, através de P e Q, trivértices regulares P P' $'P$ e Q Q' $'Q$ em relação aos ângulos B e C, respectivamente, e hexavértices semirregulares em relação ao ângulo de vértice A.

Pela disposição simétrica de P e Q, em relação a M, os hexavértices fornecem um dodecavértice regular (ver FIG. 19).

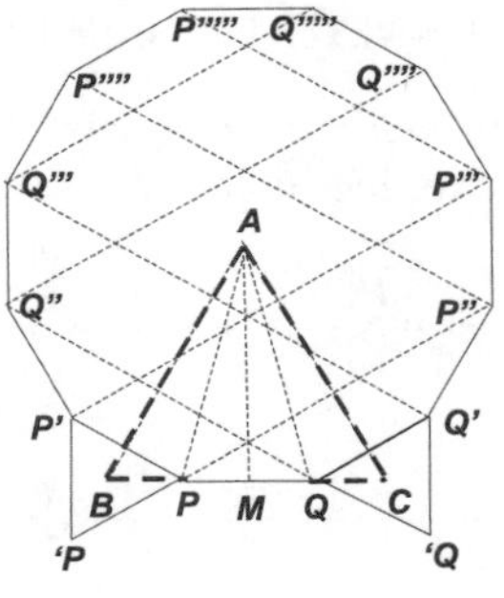

FIGURA 19

Assim, basta considerar o segmento $\overline{PQ}$ e as perpendiculares de P ao lado AB e Q ao lado AC, respectivamente, para obter a base desejada (ver FIG. 20).

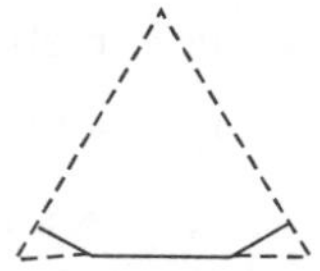

FIGURA 20

F – PADRÕES PONTUAIS NO CALEIDOSCÓPIO ISÓSCELES

O estudo do número de imagens e distribuição de pontos em espelhos articulados com ângulos de 45° e 90° habilita-nos a analisar padrões pontuais no caleidoscópio isósceles, conforme abaixo:

F.1. O PONTO *P* NÃO PERTENCE A NENHUMA BISSETRIZ

O visual é um padrão pontual de dois octovértices semirregulares não congruentes e quadrivértices retangulares.

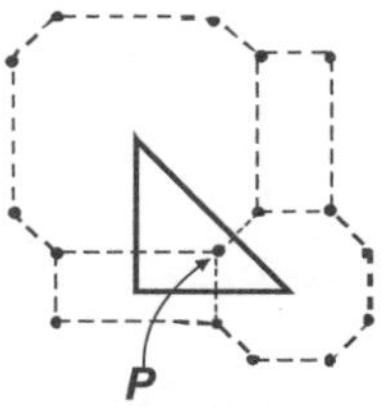

FIGURA 21

F.2. *P* LOCALIZADO NO INCENTRO

O padrão gerado é o de quadrivértices regulares e octovértices regulares congruentes.

FIGURA 22

F.3. O PONTO *P* PRÓXIMO A UM VÉRTICE (EM UM CATETO)

No caso de *P* estar em um cateto, o visual gerado é um padrão pontual de octovértices semirregulares e quadrivértices regulares.

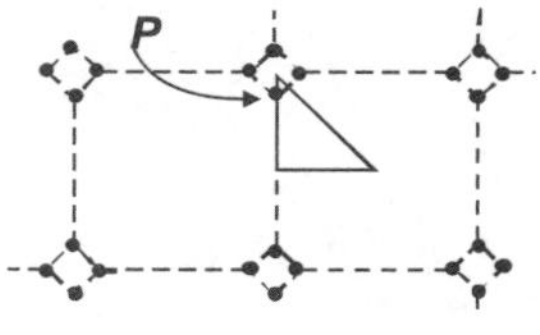

FIGURA 23

G – PADRÕES DE PAVIMENTAÇÃO NO CALEIDOSCÓPIO ISÓSCELES

Mostraremos padrões das pavimentações de configurações (4, 4, 4, 4) e (4, 8, 8), que podem ser visualizadas em caleidoscópio isósceles.

G.1. PADRÕES DA PAVIMENTAÇÃO DE CONFIGURAÇÃO (4, 4, 4, 4)

a) Na FIG. 24 temos exemplos de bases, com as quais se obtêm, no caleidoscópio isósceles, visuais da pavimentação (4, 4, 4, 4).

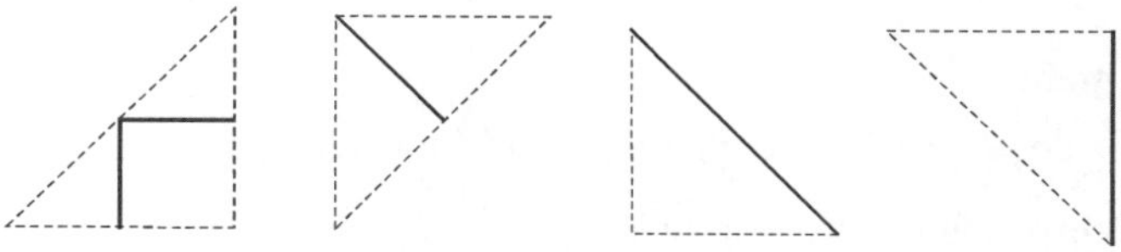

FIGURA 24

G.2. PADRÕES DA PAVIMENTAÇÃO DE CONFIGURAÇÃO (4, 8, 8)

Primeira base (FIGURA 25):

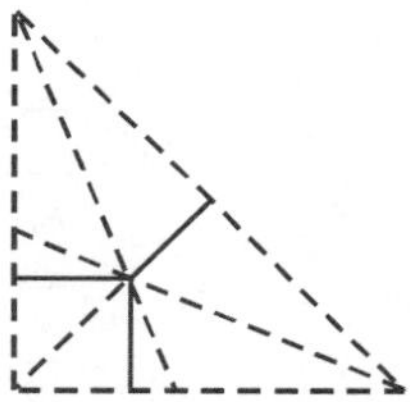

FIGURA 25

Construção gráfica:

1) Traçar bissetrizes dos ângulos para determinar o incentro.
2) A partir do incentro, baixar perpendiculares aos lados do triângulo-base.
3) Apagar as construções auxiliares, deixando apenas os traços contínuos no interior da base, como na FIG. 26.

A base da FIG. 26 fornece uma pavimentação por quadrados e octógonos regulares. A FIG. 27 mostra uma porção do visual obtido.

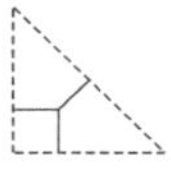

FIGURA 26

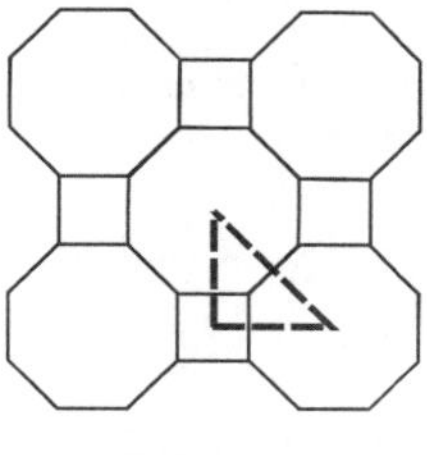

FIGURA 27

Segunda base (FIG. 28):

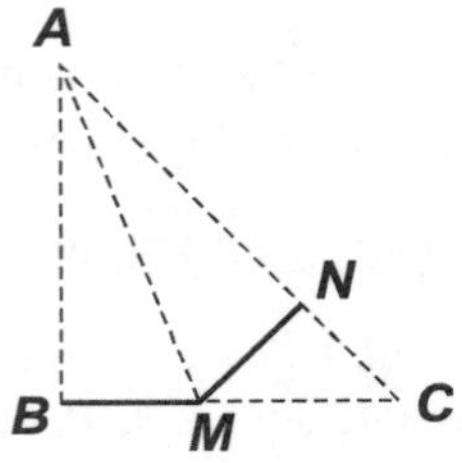

FIGURA 28

Construção gráfica:

1) Bissetriz do vértice A para obter o ponto M no lado oposto.

2) Baixar perpendicular ao lado $\overline{AC}$ para obter N.

3) Obter os segmentos $\overline{BM}$ e $\overline{MN}$.

4) Apagar as construções auxiliares para obter a base conforme a FIG. 29. A FIG. 30 mostra uma porção do visual obtido.

FIGURA 29

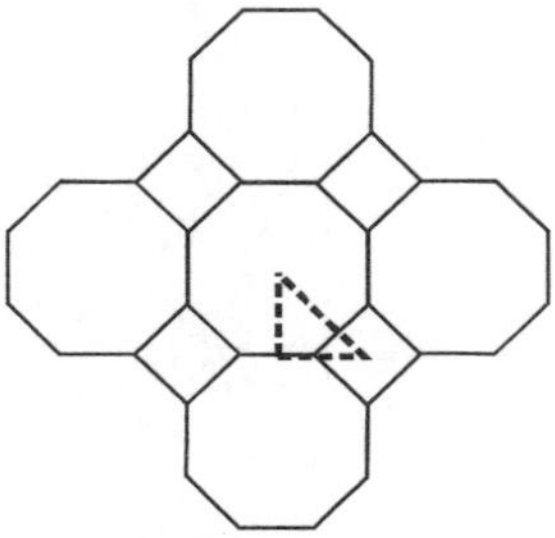

FIGURA 30

Atividades:

1) Dada a base substituível ao lado, na qual P localiza-se na hipotenusa e na bissetriz do ângulo de 90°, esboçar o visual caleidoscópico.

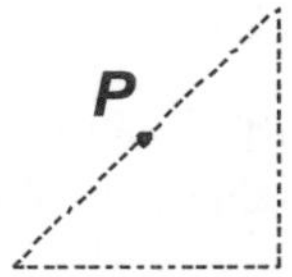

2) A partir das bases abaixo, fazer esboços que representem porções da pavimentação de configuração (4, 4, 4, 4).

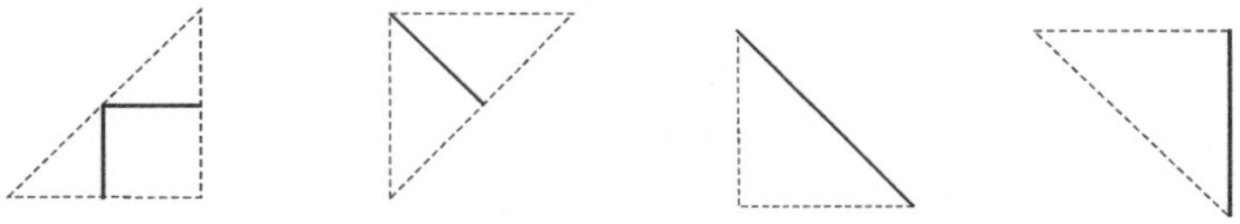

3) Esboçar porções dos visuais caleidoscópicos fornecidos pelas bases ao lado:

a) Observar que em (*a*) foram traçadas perpendiculares aos lados a partir do incentro:

(a)

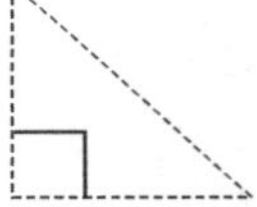

b) Notar que em (*b*) foram traçadas perpendiculares a um dos catetos e a hipotenusa, a partir do incentro.

(b)

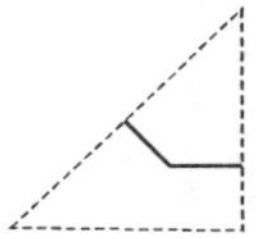

H – COLORAÇÕES MÚLTIPLAS

Os estudantes poderão colorir as bases encontradas para as pavimentações de acordo com as regiões formadas, de maneira que a pavimentação obtida no caleidoscópio ofereça visuais em que os polígonos-imagem dessas regiões tenham essas mesmas cores.

Desta maneira, a busca de bases para uma mesma pavimentação que ofereça um maior número de cores torna-se uma atividade de natureza matemática e de objetivo educacional de grande importância, pois as construções gráficas dessas bases envolvem vários conceitos geométricos.

Na FIG. 31, mostramos dois exemplos da visualização que se obtém quando a base é colocada entre os espelhos originais (caleidoscópios) e a pavimentação dos polígonos obtidos juntamente com os espelhos virtuais.

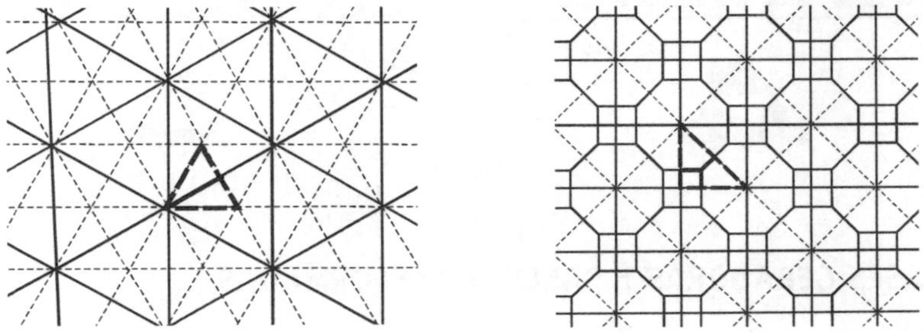

FIGURA 31

Observe que as bases são divididas em regiões, as quais, quando coloridas, fornecerão polígonos com as cores utilizadas. O estudo prosseguiria com o desafio de se procurarem bases com maior número de regiões para pavimentações com polígonos regulares, o que justifica resumidamente a proposta do uso do caleidoscópio como instrumento educacional auxiliar no ensino da Geometria.

Na FIG. 32 apresentamos algumas bases que geram diferentes pavimentações:

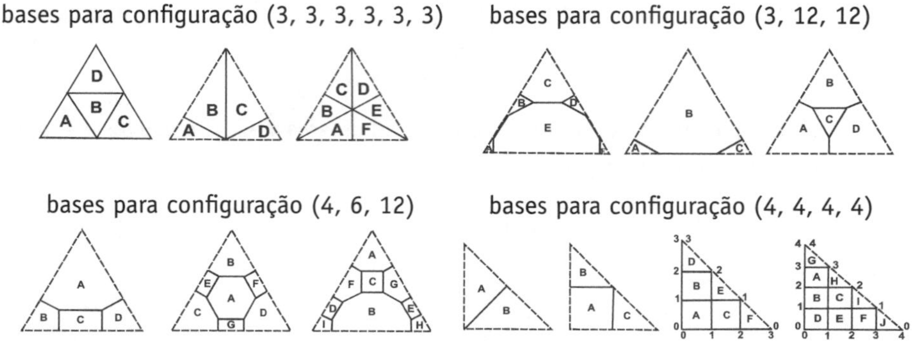

FIGURA 32

Nas regiões das bases da FIG. 32 foram colocadas letras do alfabeto representando as cores dos polígonos que formarão a pavimentação. Apresentamos na FIG. 33 fotos que mostram o visual obtido de bases coloridas colocadas no interior dos caleidoscópios.

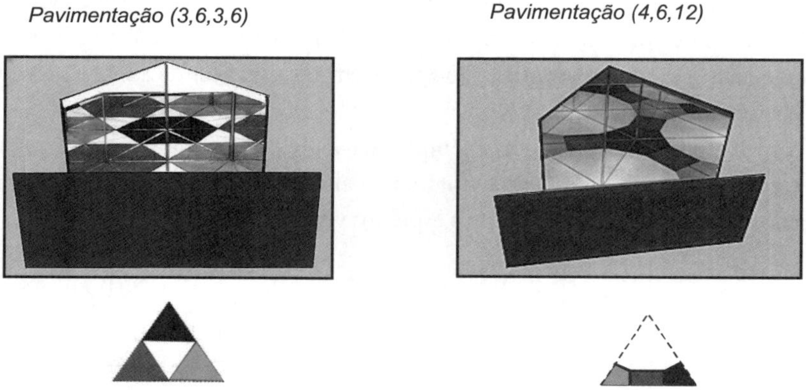

FIGURA 33

I – BASES GERADORAS E BASES TRANSFORMADAS

Para que uma determinada pavimentação possa ser visualizada em caleidoscópio, há necessidade de se elaborarem figuras especialmente construídas, que chamamos de *bases substituíveis*, as quais, pelas reflexões nos espelhos, produzirão as pavimentações.

As bases substituíveis, quando colocadas sob os caleidoscópios, geram padrões planos que não precisam ser, necessariamente, pavimentações do plano por polígonos regulares. Porém, no caso de pavimentações constituídas desses polígonos, as bases são classificadas em *geradoras* e *transformadas*. As bases geradoras são aquelas que não contêm propriamente nenhuma outra base substituível; já a base transformada é aquela que provém de uma base geradora. As bases geradoras e suas transformadas, quando observadas em caleidoscópio, dão o visual da mesma pavimentação, havendo apenas variação no tamanho dos polígonos que a constituem.

As bases substituíveis podem ser extraídas de uma determinada porção de uma pavimentação, analisando-se as linhas de simetria dos polígonos que a formam. Relacionando essas linhas de simetria, obtêm-se as bases geradoras e as bases transformadas. Em Murari (1999) são descritos alguns métodos para essa descoberta:

I.1. MÉTODO I

Conhecendo de antemão o visual a ser gerado por segmentos em relação aos ângulos dos espelhos, podemos construir a base substituível com os segmentos apropriados, para que nas simetrias reflexionais possamos obter, através das regiões delimitadas por esses segmentos, os polígonos regulares desejados. Na utilização desse método, objetiva-se o desenvolvimento da percepção espacial por parte dos alunos, com exploração de simetrias e construções geométricas adequadas na determinação das bases.

I.2. MÉTODO II

Trabalhando com três réguas (ou esquadros) para formação de triângulos sobre o desenho de uma pavimentação, podemos "visualizar" (descobrir) as bases substituíveis que geram essa pavimentação, pois réplicas triangulares das bases são reproduzidas por toda a porção da pavimentação.

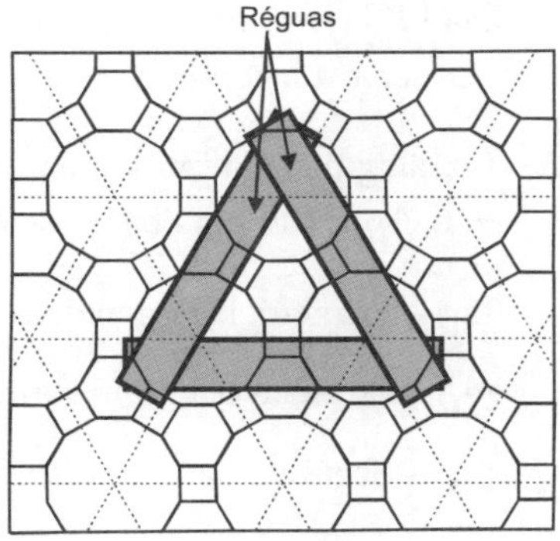

FIGURA 34

As réguas formando os triângulos devem ser posicionadas a partir do centro dos polígonos da pavimentação em estudo (no caso da FIG. 34, foram colocadas nos centros dos dodecágonos). Assim, os vértices do triângulo formado pelas réguas corresponderão ao centro de três polígonos; isso ocorre na maioria das vezes, mas não é uma regra geral (observar que para algumas pavimentações serão utilizadas quatro réguas). Notar que réplicas da figura formada no interior das réguas repetem-se por toda a porção da pavimentação.

I.3. MÉTODO III

Kingston (1957) chama a atenção para o fato de existirem pavimentações que apresentam simetrias reflexionais em relação às mediatrizes dos lados dos polígonos. Por este fato, Murari (1999) propõe um novo meio de obtenção de bases. Para encontrá-las, devemos traçar as linhas de simetria da pavimentação que são linhas de simetria dos polígonos regulares. Ese método tem o nome de "algoritmo", sendo o mais usado em nossos estudos, ver FIG. 35.

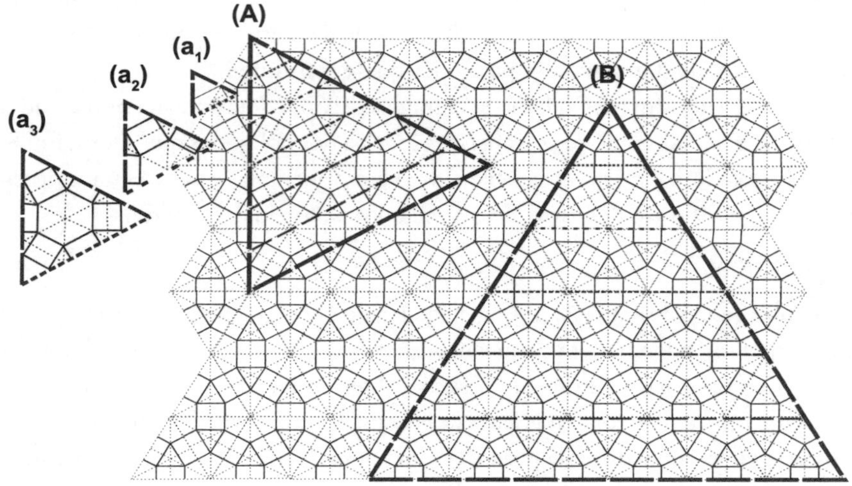

FIGURA 35

Na FIG. 35 temos o algoritmo aplicado na pavimentação de configuração (3, 4, 6, 4). Observe a legenda:

(**A**) - O triângulo (A) representa um tipo de base da pavimentação de configuração (3, 4, 6, 4), sendo uma base geradora e cinco bases transformadas.

($\mathbf{a}_1$) – Primeira base geradora do tipo (**A**);

($\mathbf{a}_2$) – Primeira base transformada do tipo (**A**);

($\mathbf{a}_3$) – Segunda base transformada do tipo (**A**);

(**B**) - O triângulo (**B**) representa outro tipo de base dessa mesma pavimentação, sendo, também, uma base geradora e cinco bases transformadas.

Nota: Observar que ($\mathbf{a}_2$) contém quatro bases geradoras ($\mathbf{a}_1$). A segunda base transformada ($\mathbf{a}_3$) contém nove bases geradoras ($\mathbf{a}_1$). E o processo de constituição de bases transformadas se repete indefinidamente, através de uma progressão geométrica. Em (**B**) verifica-se o mesmo procedimento. As bases geradoras estão circunscritas por linhas tracejadas, e podem ser facilmente identificadas no interior das bases transformadas.

As bases geradoras (duas) e transformadas (dez) destacadas nessa porção de pavimentação através do algoritmo estão especificadas nas figuras 36-A e 36-B.

Nota: O algoritmo usado em uma porção de pavimentação mostra apenas os visuais das bases geradoras e transformadas, e não como construí-las. Essas construções gráficas podem ser efetuadas com régua e compasso ou através de um software da geometria dinâmica (o Cabri-Géomètre II, por exemplo), o que facilita a obtenção de tais bases na dimensão dos caleidoscópios.

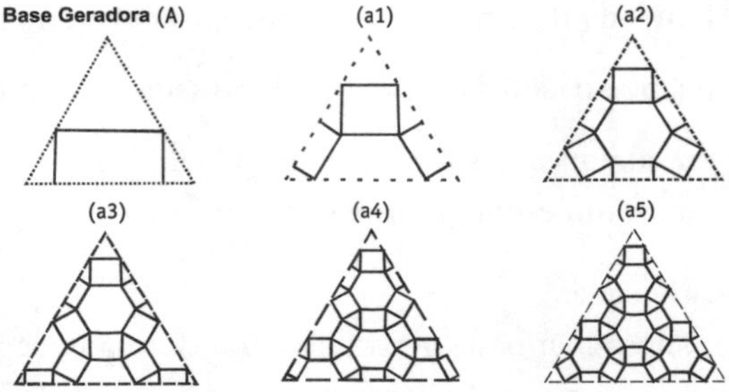

FIGURA 36-A

Como se pode ver, as bases transformadas são compostas por réplicas da base geradora. A primeira base transformada possui 4 bases geradoras; a segunda, 9; a terceira, 16. Observe que, a cada "passo", são acrescentadas 3, 5, 7, 9, 11... réplicas da base geradora ao passo anterior.

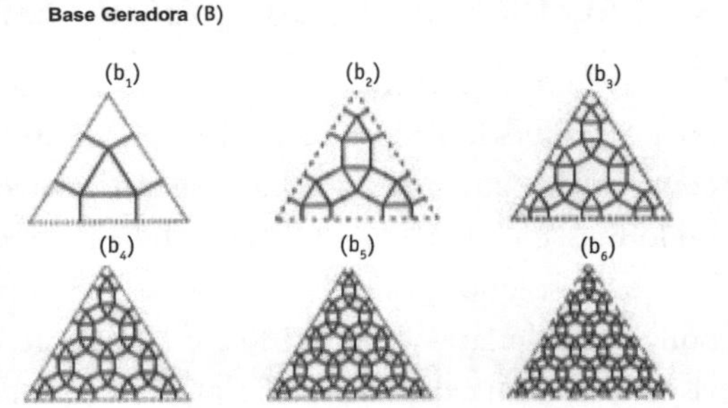

FIGURA 36-B

Na FIG. 37, temos uma pavimentação constituída por triângulos e dodecágonos regulares, que recebe a notação (3, 12, 12). Ao lado, temos as bases geradoras e as bases transformadas que, nos caleidoscópios, fornecem o visual dessa pavimentação. Observe que o número anotado embaixo de cada base significa o número de regiões (ou cores) que ela possui.

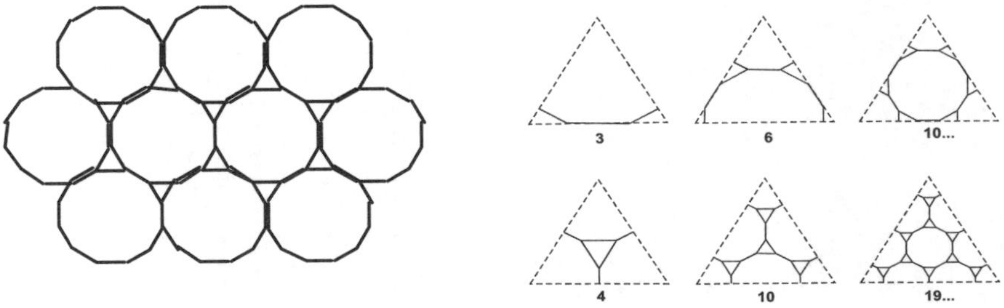

FIGURA 37

Observar que o tamanho das bases geradoras e transformadas deve ser igual para produzirem o mesmo visual no caleidoscópio. Assim, temos que se l é a medida do lado da base geradora, então, a primeira base transformada conterá quatro bases geradoras, cujos lados medem $\frac{l}{2}$; a segunda base transformada terá nove bases geradoras, as quais têm lado de tamanho $\frac{l}{3}$; e assim, sucessivamente, até a n-ésima base transformada, quando o lado das bases geradoras será de tamanho $\frac{l}{n}$. Quanto ao número de regiões, em alguns casos é possível ser calculado. Em Simionato, Murari e Barbosa (2004) temos um estudo pormenorizado do assunto.

Atividade:

Determinar bases geradoras e transformadas, aplicando o algoritmo, nas porções das pavimentações de configurações (3, 3, 3, 3, 3, 3), (4, 4, 4, 4) e (6, 6, 6), ilustradas na FIG. 4, página 61.

J – CALEIDOSCÓPIOS COM QUATRO ESPELHOS

Assim como os caleidoscópios de dois e de três espelhos, os caleidoscópios com quatro espelhos fornecem material aos professores para o trabalho em sala de aula, dando continuidade ao estudo de obtenção em caleidoscópios de pavimentações lado-lado, uniformes, com polígonos regulares, buscando bases para colorações múltiplas.

Sabe-se que existem mosaicos de onze tipos de configurações uniformes com polígonos regulares. Como visto anteriormente, oito dessas pavimentações podem ser visualizadas em caleidoscópios equiláteros e isósceles retângulo. Restam três configurações que não são visualizadas em caleidoscópios com três espelhos.

Usando o algoritmo para obtenção de bases nas pavimentações de configurações (3, 3, 4, 3, 4) e (3, 3, 3, 4, 4), concluímos que os espelhos precisam estar dispostos nas formas quadrangular e retangular, respectivamente. As FIG. 38 e 39 mostram bases geradoras (linhas pontilhadas mais espessas) dessas pavimentações.

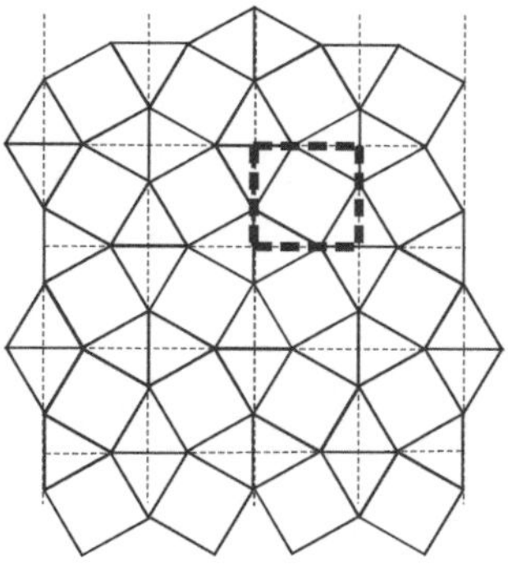

FIGURA 38

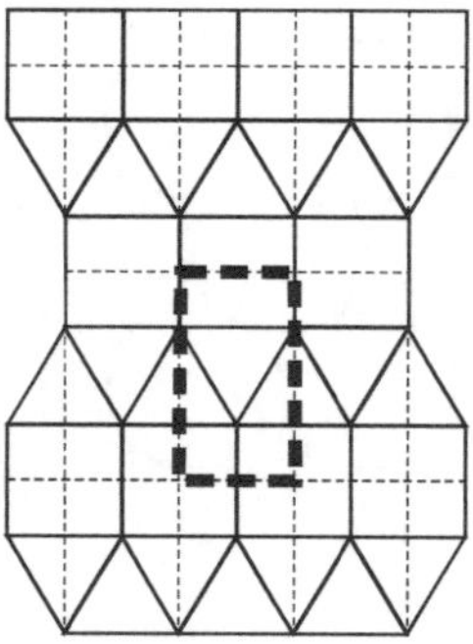

FIGURA 39

Para a construção dos caleidoscópios com quatro espelhos podemos usar dois pares de espelhos articulados do caleidoscópio modificado ou quatro espelhos individuais, formando superfícies prismáticas retangulares, como na FIG. 40.

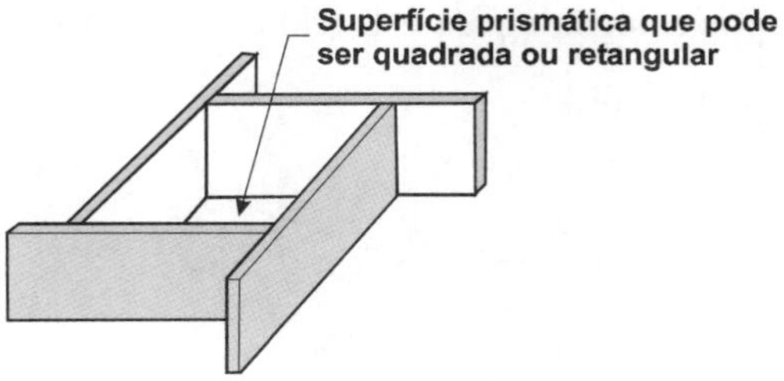

FIGURA 40

J.1. ANÁLISE TEÓRICA

Para que haja coincidência de imagens em cada ângulo formado pelo par de espelhos, há necessidade de o seu dobro ser divisor de 360°. Significa que cada ângulo do quadrilátero precisa ser divisor de 180°. Assim, temos que $\frac{180}{a_i} = n_i$ (inteiro positivo), $i = 1, 2, 3, 4$, com $n_i \geq 2$). Em $a_1 + a_2 + a_3 + a_4 = 360°$, encontramos

$$\frac{l}{n_1} + \frac{l}{n_2} + \frac{l}{n_3} + \frac{l}{n_4} = 2 \qquad (1)$$

Supondo, sem perda de generalidade, que $n_1 \leq n_2 \leq n_3 \leq n_4$ teremos, substituindo em (1) todos por n_1, que $n_1 \leq 2$, de onde $n_1 = 2$.

Substituindo em (1), encontra-se que

$$\frac{l}{n_2} + \frac{l}{n_3} + \frac{l}{n_4} = \frac{3}{2} \qquad (2)$$

Novamente, trocando todos por n_2 encontramos $n_2 \leq 2$, então, necessariamente também $n_2 = 2$. Com argumentação análoga encontramos sucessivamente $n_3 = n_4 = 2$. Esse resultado leva à conclusão de que os quatro ângulos do caleidoscópio devem ser retos e dispostos de modo a formar uma superfície prismática com base quadrada ou retangular.

Nota: Estudo análogo conduz para k espelhos à desigualdade $\frac{k}{n_1} \geq k - 2$ e como $n_1 \geq 2$ ($i = 1, 2, 3, ..., k$) resulta ser $k \leq 4$.

Isto é, não é possível obterem-se coincidências de imagens em caleidoscópios com mais que quatro espelhos planos.

J.2. PAVIMENTAÇÃO (3, 3, 4, 3, 4) EM CALEIDOSCÓPIO COM QUATRO ESPELHOS

Construção gráfica da base com cinco cores

A base para se obter a pavimentação uniforme com polígonos regulares de configuração (3, 3, 4, 3, 4) deve ser quadrada, e pode ser obtida por dois métodos, descritos abaixo.

I. <u>Graficamente</u>, procedimento que foi dividido em duas fases:

a) *Fase preliminar* (com lápis):

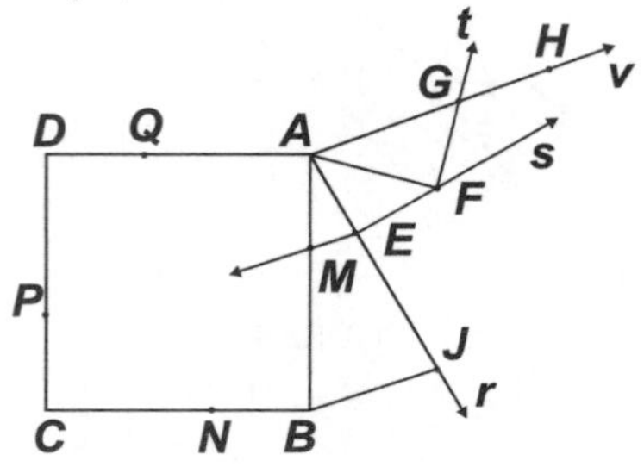

FIGURA 41

1) Construir um quadrado *ABCD* de lado "*a*";
2) Construir uma semirreta *r* de origem A;
3) Marcar um ponto *E* arbitrário em *r*;
4) Levantar em *E* a perpendicular *s* à reta *r*;
5) Marcar *F* em *s* (com o compasso), tal que *AE* = *EF*;
6) Levantar em *F* a perpendicular *t* a *AF*;
7) Marcar G em *t* (com compasso), tal que *FG* = *EF*;
8) Construir *v* de A e G; marcar *H* em *v* (com o compasso) tal que *GH* = *GF*;
9) Marcar *J* em *r* (com o compasso) tal que *AJ* = *AH*;
10) Construir por *E* paralela a *JB*, determinando *M* em *AB*;
11) Marcar (com o compasso), sucessivamente, nos lados do quadrado, os pontos *N*, *P* e *Q*, tais que *BN*, *CP* e *DQ* tenham a mesma medida que *AM*.

b) *Fase da figura-base* (com caneta ou hidrográfica preta):

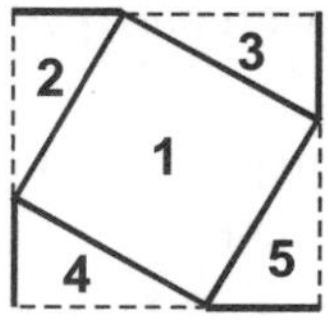

FIGURA 42

1) Construir com traços contínuos: o quadrado MNPQ (traço mais fino), e os segmentos $\overline{AM}$, $\overline{BN}$, $\overline{CP}$ e $\overline{DQ}$;
2) Apagar os segmentos $\overline{MB}$, $\overline{NC}$, $\overline{PD}$ e $\overline{QA}$, os quais devem estar ainda a lápis (em nossa figura estão com tracejados), e
3) Apagar toda a construção auxiliar, permanecendo apenas os mostrados na FIG. 42.

II. Calculando:

Não é difícil de verificar, através de relações métricas, que $\overline{AM} = a\left(\frac{\sqrt{3}-1}{2}\right)$. Assim, a medida de AM na base $ABCD$ é obtida multiplicando-se a medida de a (lado da base) por 0,366. Após isso, proceder como na construção gráfica.

Na base quadrada construída para o caleidoscópio ficam formadas cinco regiões, as quais podem ser coloridas com diferentes cores.

O mosaico obtido no caleidoscópio com quatro espelhos apresentará o aspecto da FIG. 43, onde se nota que os quadrados terão todos a mesma cor (usada em 1), e os triângulos equiláteros aparecerão com as cores usadas, respectivamente, em 2, 3, 4 e 5, mas aos pares de triângulos justapostos (daí a necessidade do traço com maior espessura em $\overline{AM}$, $\overline{BN}$, $\overline{CP}$ e $\overline{DQ}$, para a divisão perfeita dos triângulos, com a finalidade de não aparentarem simples losangos). É aconselhável não usar cores escuras para os triângulos.

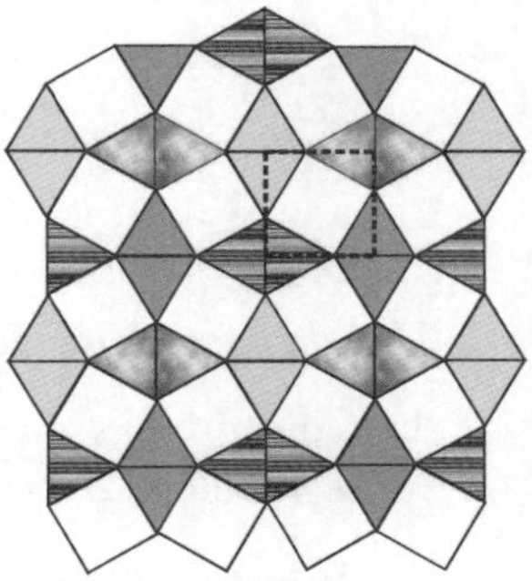

FIGURA 43

J.3. PAVIMENTAÇÃO (3, 3, 3, 4, 4) EM CALEIDOSCÓPIO COM QUATRO ESPELHOS

Construção gráfica da base com seis cores

A base para essa pavimentação deverá ser retangular. Porém, nesse caso, as medidas do retângulo-base podem ser obtidas posteriormente, ficando na dependência da figura construída, o que facilita bastante o processo.

a) *Fase preliminar* (com lápis):

1) Marcar um ponto A arbitrário;

2) Construir r e s, perpendiculares por A;

3) Marcar B arbitrário em r;

4) Marcar (com o compasso) C em s, tal que $\overline{AC} = 2.\overline{AB}$;

5) Construir t por C, perpendicular a s;

6) Marcar (com o compasso) D em t, tal que $\overline{CD} = \overline{AB}$;

7) Construir o triângulo equilátero ΔBDE;

8) Construir por E perpendicular a r determinando F em r e G em t;

9) Marcar (com o compasso) H em r e J em t, tais que $\overline{FH}$ e $\overline{GJ}$ sejam iguais a $\overline{AB}$.

10) Construir o segmento $\overline{HJ}$ e marcar (com o compasso) K em $\overline{HJ}$ tal que $\overline{HK} = \overline{AB}$, obtendo, finalmente, a FIG. 44.

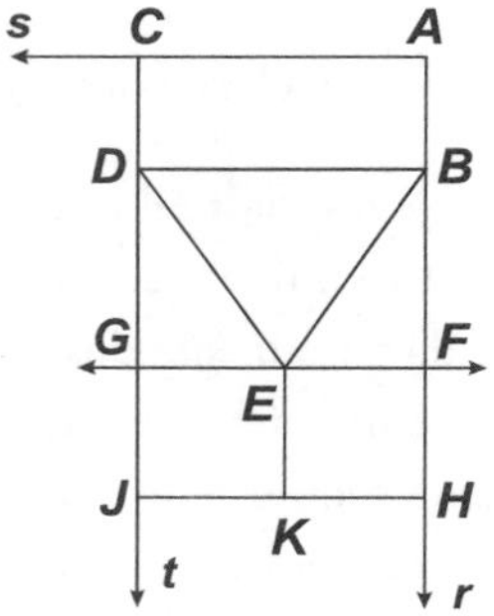

FIGURA 44

b) *Fase da figura-base* (com caneta ou hidrográfica preta):

1) Construir os segmentos $\overline{BD}$, $\overline{DE}$, $\overline{EB}$, $\overline{GE}$, $\overline{EF}$ e $\overline{EK}$ com traço contínuo e os segmentos $\overline{AB}$ e $\overline{CD}$ com traço contínuo mais espesso.

2) Apagar os segmentos restantes.

A figura-base divide o retângulo-base em seis regiões que podem ser coloridas (como na FIG. 45) com seis cores: 1, 2, 3, 4, 5 e 6, sendo as cores 1, 5 e 6 para quadrados. Não usar cor escura em 1.

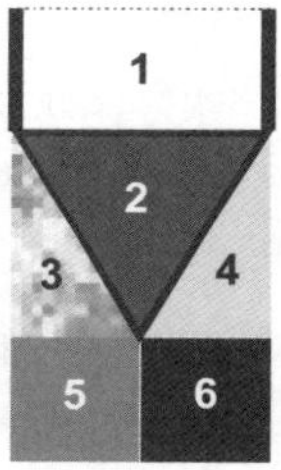

FIGURA 45

No visual caleidoscópico observamos uma faixa de quadrados com a cor de número 1, uma faixa de triângulos com a cor de número 2, intercalada com outra faixa de triângulos com as cores alternadas, de números 3 e 4. Apresenta ainda outra faixa de quadrados com as cores de números 5 e 6 alternando-se, como mostra a FIG. 46.

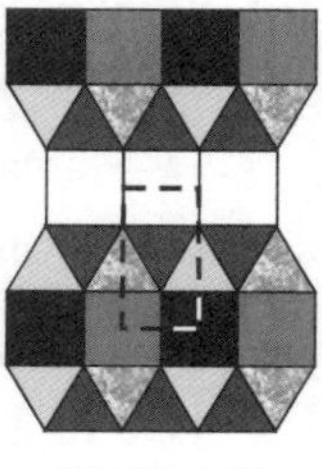

FIGURA 46

K – PAVIMENTAÇÃO COM PENTÁGONOS

Não existe pavimentação do plano com pentágonos regulares congruentes, conforme já citamos anteriormente. Porém, paradoxalmente a essa afirmação, encontramos nos pentágonos irregulares congruentes diversas maneiras de se pavimentar o plano sem deixar lacunas ou sobreposição.

Entre essas pavimentações com pentágonos irregulares congruentes, uma delas pode ser facilmente obtida no caleidoscópio com quatro espelhos aproveitando-se a base para configuração (3, 3, 4, 3, 4).

K.1. CONSTRUÇÃO GRÁFICA DA BASE

Vamos partir da base quadrada *ABCD*, já construída, conforme FIG. 42.

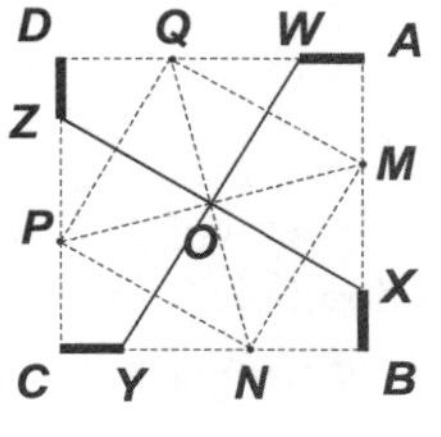

FIGURA 47

FIGURA 48

1) Construir os segmentos $\overline{MP}$ e $\overline{NQ}$ (que devem ser perpendiculares entre si), determinando o centro *O*;

2) Pelo centro *O*, construímos (com traço contínuo) as perpendiculares aos lados do quadrado *MNPQ*, até encontrarem os lados da base-quadrada nos pontos X, Y, Z e W.

3) Fazer com traço contínuo espesso os segmentos $\overline{AW}$, $\overline{WY}$, $\overline{ZX}$, $\overline{BX}$, $\overline{CY}$ e $\overline{DZ}$. Apagar as linhas que na FIG. 47 estão com traço interrompido, obtendo a FIG. 48.

Visual caleidoscópico:

A figura-base forma quatro regiões que podem ser coloridas com quatro cores. Colocada no caleidoscópio, essa base fornece a pavimentação dual da pavimentação (3, 3, 4, 3, 4). O mosaico gerado possui todos os pentágonos congruentes com quatro lados congruentes; três ângulos de 120° e dois de 90°; contudo, aparecem dois a dois, justapostos com a mesma cor, conforme a FIG. 49.

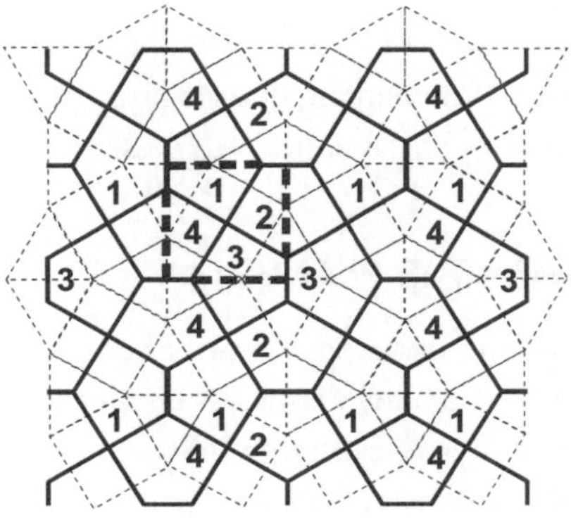

FIGURA 49

K.2. OUTRA BASE

Construção:

Se na construção anterior marcarmos apenas os pontos M, N, P e Q, e depois construirmos com traço contínuo os segmentos $\overline{MP}$ e $\overline{NQ}$ (perpendiculares entre si), obteremos outra figura-base para pavimentação com pentágonos irregulares congruentes, novamente com quatro lados congruentes, porém, agora com dois ângulos de 90°, um de 150°, e dois de 105°.

K.3. UMA BASE ESPECIAL

Após o conhecimento das bases anteriores o leitor já deve ter concluído que é fácil obter uma base que forneça, em caleidoscópio, uma pavimentação com pentágonos irregulares congruentes, com quatro lados congruentes. Bastará traçarmos dois segmentos perpendiculares entre si, a partir do centro do quadrado-base, desde que determinem o ponto M no lado $\overline{AB}$, tal que $0 < \overline{AM} < \frac{\overline{AB}}{2}$. Entretanto, em particular, pode-se provar que se $\overline{AM} = \overline{AB}\left(\frac{\sqrt{7}-1}{6}\right) \cong 0,274\ .\ \overline{AB}$, os pentágonos serão equiláteros (ver FIG. 50).

Pavimentação pentagonal equilátera em caleidoscópio: dois ângulos de 114°18', um de 131°24' e dois retos.

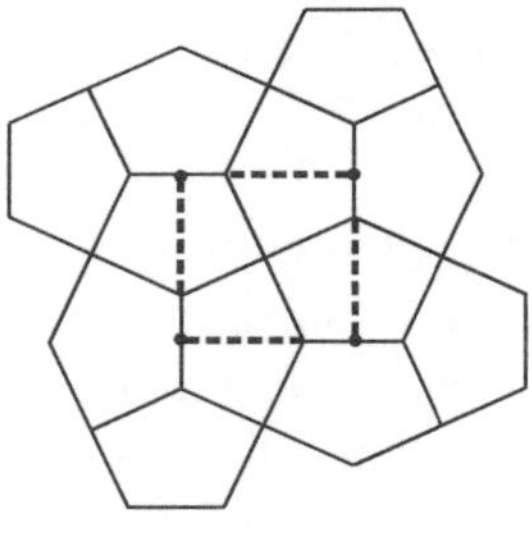

FIGURA 50

Através dos caleidoscópios com quatro espelhos podemos obter ainda muitos outros mosaicos, inclusive os ornamentais, que são nosso próximo assunto. Em Murari e Barbosa (1998) encontramos outras aplicações desses caleidoscópios.

L – PADRÕES ORNAMENTAIS PLANOS

O tema dessa seção é padrões ornamentais. Existe alguma relação entre Matemática e Arte? Temos tratado das pavimentações do plano e temos visto que elas, por si só, geram lindos mosaicos que encantam os nossos olhos.

A percepção da beleza e da vitalidade das formas naturais estimulou os artesãos e artistas decorativos a fabricarem ornamentos a partir da observação da natureza, aplicando sobre os objetos cotidianos tais padrões. Muitos dos padrões tiveram sua origem nas culturas gregas, romanas, bizantinas, persas, entre outras. No entanto, em virtude da complexidade simétrica de muitos padrões, os antigos artesãos apresentavam dificuldades nessas construções em razão da exatidão requerida. Isso motivou alguns geômetras a se associarem aos artesãos, desenvolvendo técnicas geométricas úteis para auxiliá-los na criação dos padrões geométricos. No decorrer da história o processo de criação desses ornamentos foi aprimorado pela matemática contemporânea e até mesmo por programas computacionais.

Ao analisarmos os padrões geométricos, apesar de muitos serem extremamente complexos, observamos que são estruturados em uma malha, basicamente quadrada, retangular ou triangular e seguem uma ordem. Muitos deles repetem-se em arranjos retilíneos ou circulares. Porém, para isso, são necessários conhecimentos sobre translação, rotação, reflexão ou, ainda, a combinação dessas transformações geométricas. Isso é o que torna esse tema tão interessante, pois constitui uma rica oportunidade de interdisciplinaridade, abarcando diversos conhecimentos, como arte, arquitetura, história, matemática, geometria e desenho pertencentes a diversas culturas. Além disso, atividades com padrões ornamentais auxiliam na criatividade, no desenvolvimento do senso estético e na utilização harmoniosa das cores.

Os caleidoscópios com dois, três ou quatro espelhos também podem ser utilizados para obtenção de padrões ornamentais. Basta efetuar-se algumas modificações ou complementações adequadas em uma base caleidoscópica para obtermos belos mosaicos em caleidoscópios. Existem outros trabalhos famosos que são largamente difundidos como os de M. C. Escher, artista gráfico holandês, muito conhecido por suas obras de ilusões espaciais, do qual apresentamos um mosaico. Além dele, mostraremos algumas bases geradoras de padrões ornamentais que estão relacionadas a trabalhos realizados por pesquisadores próximos a nós. Essas bases são para utilização em caleidoscópios com três espelhos isósceles e equiláteros. Quando houver traços pontilhados na base, eles devem ser apagados.

L.1. PADRÃO SALA DE LOS REYES

Alhambra/Granada, obtido por Barbosa e Murari (1996). Essa construção fundamenta-se em uma base geradora para a pavimentação de configuração (4, 4, 4, 4), para quatro cores. Na base que gera o mosaico os ângulos agudos do losango e dos semilosangos medem, aproximadamente, 30°. Esses losangos gerarão estrelados de quatro pontas. Nos cantos dos losangos de 45° da base isósceles temos segmentos de retas com os extremos equidistantes dos vértices; eles gerarão octógonos regulares interiores aos estrelados, enquanto no ângulo reto da base isósceles temos um arco que dará origem a pequena cruz de quatro pontas curvas.

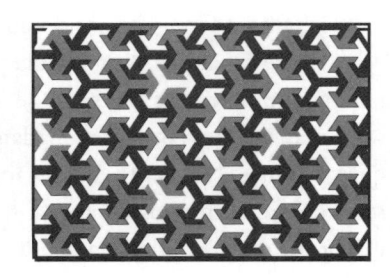

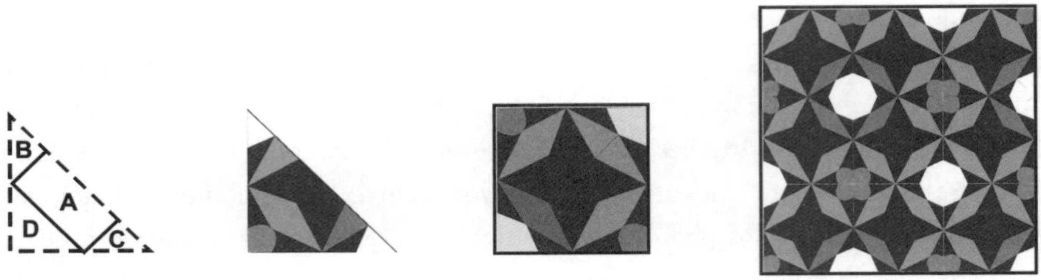

FIGURA 51

L.2. PÉTALAS E PONTAS

Obtido por Martins (2003), de modificações de um padrão que gera pavimentação do plano por quadrados. É visualizado em caleidoscópios de três espelhos.

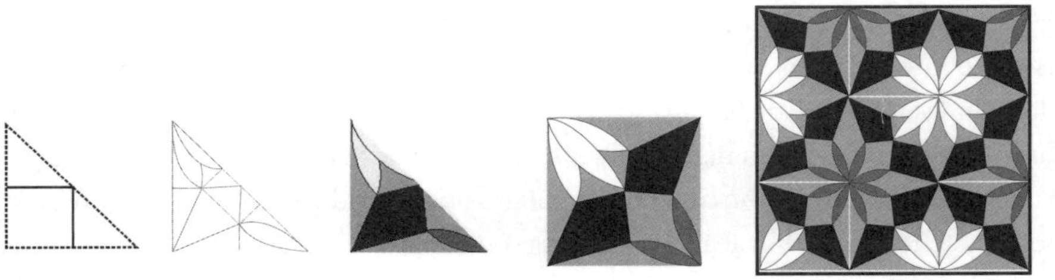

FIGURA 52

L.3. PADRÃO "PUERTA DEL VINO"

Alhambra/Granada, que no original apresenta-se como faixa. Esse padrão é exterior da "Puerta Del Vino", notável por sua decoração de azulejos. Ela é do tempo de Yussuf I, retocada por seu filho Mohamed V, filho de Yussuf, comprovado pela inscrição "*Somente Deus é vencedor*", tema da dinastia. Foi obtido por Barbosa em caleidoscópio equilátero, e publicada em Barbosa e Murari (1995). Fundamentou-se na base geradora da pavimentação de configuração (3, 3, 3, 3, 3, 3) para quatro cores empregada por Murari (1995). Nessa base os baricentros representam papel primordial. Ela pode ser colorida com seis cores. Porém, nesse trabalho, usamos apenas três cores.

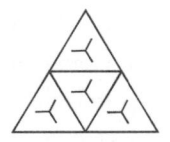

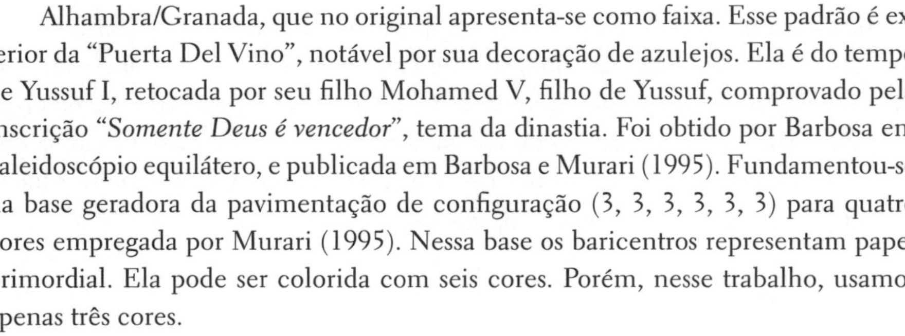

FIGURA 53

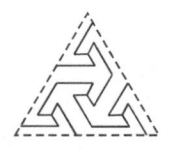

L.4. PADRÃO "FLATFISH"

Trabalho de Maurits Cornelis Escher, fornecido por Jacobs (1974). Escher dedicou toda a sua vida às artes gráficas; era fascinado pela arte da gravura e efetuava divisões regulares do plano em figuras geométricas que se transfiguravam, se repetiam e refletiam gerando as pavimentações. Em suas diversas figuras emblemáticas, frequentemente utilizava pássaros, peixes, pessoas, répteis, etc. Esse padrão foi construído sobre a base geradora da pavimentação de configuração (3, 3, 3, 3, 3, 3) para uma cor.

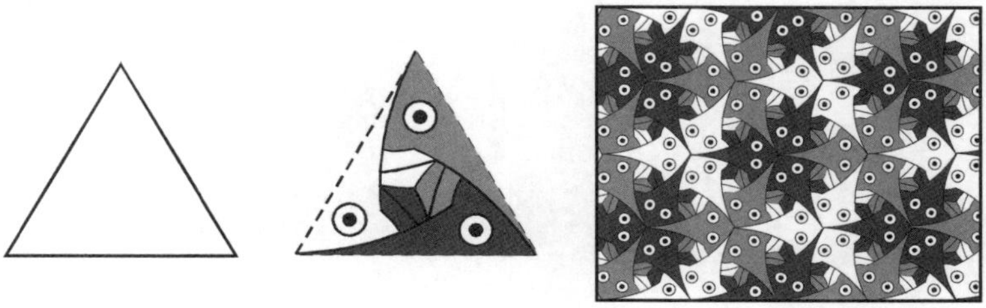

FIGURA 54

*

CAPÍTULO 6

CALEIDOSCÓPIOS GENERALIZADOS

A – CALEIDOSCÓPIO GENERALIZADO: TRIEDRO DE ESPELHOS

O *caleidoscópio generalizado* (como o da FIG. 1) é um instrumento formado por um conjunto de três espelhos articulados, na forma de uma pirâmide invertida, que possibilita a visualização de pontos sobre uma esfera. Ele foi assim denominado pelos pesquisadores Ball e Coxeter (1987). Considerando que esse caleidoscópio fornece a possibilidade de visualizações esféricas, torna-se necessário abordarmos alguns conceitos da geometria esférica, que na sua essência diferem da geometria plana.

FIGURA 1

B – CONCEITOS BÁSICOS DA GEOMETRIA ESFÉRICA

Algumas propriedades e conceitos básicos e conhecidos na geometria euclidiana assumem, na geometria esférica, um significado diferente. Em Lima (2000) e Coutinho (2001) encontramos um estudo pormenorizado desses conceitos.

Ponto: na esfera, tem o mesmo significado de ponto no plano euclidiano.

Reta: obtém-se uma reta na esfera quando um plano corta-a passando pelo seu centro. Assim, uma "reta" sobre uma esfera é um círculo máximo. Exemplos são os meridianos e a linha do Equador (FIG. 2).

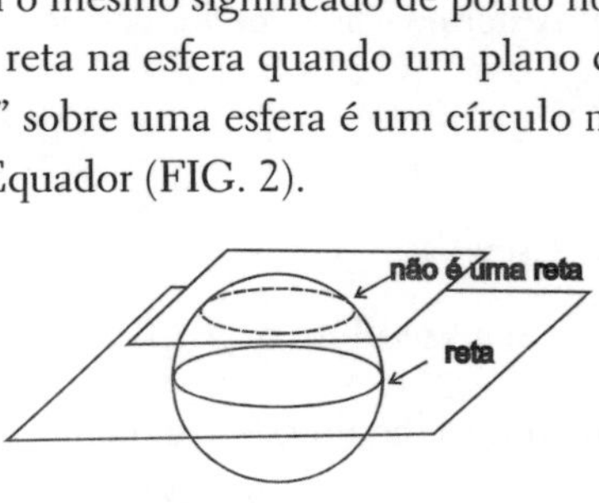

FIGURA 2

Ângulo: o ângulo esférico é formado pela interseção de dois círculos máximos. A sua medida é a mesma do ângulo formado pelas tangentes do ponto de interseção (FIG. 3).

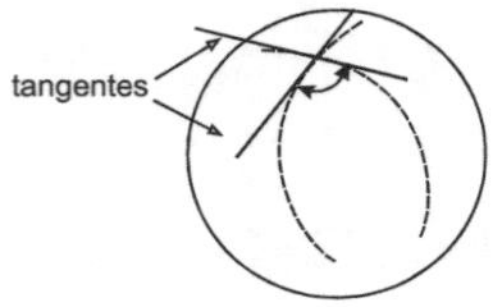

FIGURA 3

Distância: considerando dois pontos *R* e *S* sobre uma esfera, a distância entre eles será o comprimento do arco menor do círculo máximo que contém esses pontos (FIG. 4).

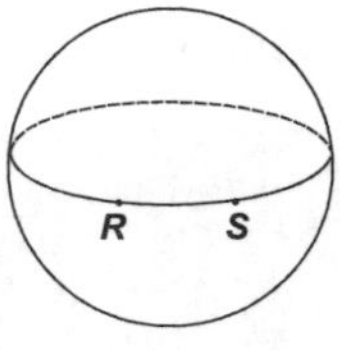

FIGURA 4

Triângulo esférico: Considere A, *B*, *C* pontos distintos sobre uma esfera e não pertencentes a um mesmo círculo máximo. Unindo esses pontos, dois a dois, teremos um triângulo esférico *ABC*.

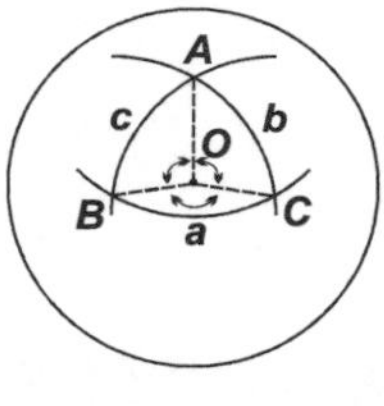

FIGURA 5

AB, *BC* e *AC* são os lados do triângulo, no qual *BC* = *a*, *AB* = *c* e AC = *b*. Ver FIG. 5.

Os ângulos esféricos $\hat{A}, \hat{B}$ *e* $\hat{C}$ são, também, medidos pelos ângulos diedrais. Por exemplo, $\hat{A}$ é medido pelo ângulo diedral *B-OA-C*.

As medidas dos lados *a*, *b* e *c* são dadas pelos ângulos subentendidos por eles no centro da esfera. Por exemplo, $a = B\hat{O}C$; $b = A\hat{O}C$; $c = A\hat{O}B$

Em qualquer triângulo esférico vale a lei dos cossenos para os lados. Conforme Nielsen (1966), temos:

- $\cos\hat{A} = -\cos\hat{B}\cos\hat{C} + \operatorname{sen}\hat{B}\operatorname{sen}\hat{C}\cos a$
- $\cos\hat{B} = -\cos\hat{A}\cos\hat{C} + \operatorname{sen}\hat{A}\operatorname{sen}\hat{C}\cos b$
- $\cos\hat{C} = -\cos\hat{A}\cos\hat{B} + \operatorname{sen}\hat{A}\operatorname{sen}\hat{B}\cos c$

Com relação à área de um triângulo esférico, conforme Lima (2000) temos: se $\hat{A}$, $\hat{B}$ e $\hat{C}$ são os ângulos internos de um triângulo esférico, medidos em radianos, então $\hat{A} + \hat{B} + \hat{C} = \pi + \dfrac{a}{R^2}$, onde *a* é a área desse triângulo.

C – ESPECIFICAÇÕES DE UM CALEIDOSCÓPIO GENERALIZADO

Conforme já estudado, um conjunto de espelhos planos articulados é considerado um caleidoscópio quando fornecer repetição perfeita de imagens. Nesse sentido, também recordando, dois espelhos planos verticais articulados se constituirão num caleidoscópio quando o ângulo entre eles se apresentar na forma $\frac{\pi}{n}$, sendo n inteiro. Analogamente, para três espelhos planos verticais, articulados, os ângulos devem ser $\frac{\pi}{l}$, $\frac{\pi}{m}$ e $\frac{\pi}{n}$, (onde l, m e n são inteiros).

Como $\left(\frac{\pi}{l}\right)+\left(\frac{\pi}{m}\right)+\left(\frac{\pi}{n}\right)-\pi \Rightarrow \frac{1}{l}+\frac{1}{m}+\frac{1}{n}=1$ **(I).**

O conjunto solução de **(I)** nos dá três tipos de caleidoscópios (equilátero, isósceles-retângulo e escaleno).

Se um dos espelhos for colocado horizontalmente, em vez de verticalmente, temos formado um triedro de espelhos, no qual dois ângulos diedrais entre os pares dos três espelhos são, agora, ângulos retos.

Uma generalização natural é o caso em que esses três ângulos diedrais são $\frac{\pi}{l}$, $\frac{\pi}{m}$ e $\frac{\pi}{n}$. Uma vez que, para espelhos planos, um objeto e imagem são equidistantes do plano do espelho, é fácil imaginar que todas as imagens de um ponto no caleidoscópio generalizado pertencem a uma esfera, cujo centro é o ponto de interseção dos planos dos três espelhos. Sobre a esfera, esses planos cortam-se formando um triângulo esférico de ângulos $\frac{\pi}{l}$, $\frac{\pi}{m}$ e $\frac{\pi}{n}$.

O resultado das reflexões desses espelhos do triângulo esférico é a divisão da esfera toda em uma rede de tais triângulos, contendo imagens de qualquer objeto colocado dentro do primeiro triângulo. Tomando o raio da esfera como unitário, a área da esfera é 4π, enquanto a área de cada triângulo é $\left(\frac{\pi}{l}\right)+\left(\frac{\pi}{m}\right)+\left(\frac{\pi}{n}\right)-\pi$. Dessa forma,

$$\frac{4\pi}{\pi\left(\frac{1}{l}+\frac{1}{m}+\frac{1}{n}-1\right)} > 0 \Rightarrow \frac{1}{l}+\frac{1}{m}+\frac{1}{n}-1 > 0 \qquad \textbf{(II)},$$

cujo conjunto solução são as ternas (2, 2, n), (2, 3, 3), (2, 3, 4) e (2, 3, 5).

Neste caso, temos quatro tipos de caleidoscópios. Suas construções devem ser feitas observando-se que os ângulos são as medidas dos lados do triângulo esférico de ângulos $\frac{\pi}{l}$, $\frac{\pi}{m}$ e $\frac{\pi}{n}$. Não considerando o primeiro caso (2, 2, n), temos, então, os ângulos respectivos $\hat{a}, \hat{b}, \hat{c}$, os quais irão determinar a maneira como os espelhos deverão ser cortados para formação dos caleidoscópios generalizados que, no nosso caso, são: (54° 44´, 54° 44´, 70° 32´); (35° 16´, 45°, 54° 44´) e (20° 54´, 31° 43´, 37° 23´). Tais soluções são encontradas aplicando-se a lei dos cossenos, conforme abaixo:

- para a terna $(l, m, n) = (2, 3, 3)$, cujos ângulos externos (diedrais) correspondem a $\hat{A} = 90°$; $\hat{B} = 60°$ e $\hat{C} = 60°$, temos:

cos 90° = - cos² 60° + sen² 60° . cos a

$0 = -\left(\frac{1}{2}\right)^2 + \left(\frac{\sqrt{3}}{2}\right)^2 . cos\ a$, e $cos\ a = \frac{1}{3}$; portanto, $a \cong 70°\ 53'$ ou $a \cong 70°\ 32'$

cos 60° = - cos 90° . cos 60° + sen 90° . sen 60° . cos b

$\frac{1}{2} = -0 . \left(\frac{1}{2}\right) = 1 . \frac{\sqrt{3}}{2} . cos\ b$, e $cos\ b = \frac{\sqrt{3}}{3}$;

Portanto, $b \cong 54°\ 73'$ ou $b \cong 54°\ 44'$; $c \cong 54°\ 73'$ ou $c \cong 54°\ 44'$

- para a terna (l, m, n) = (2, 3, 4), com ângulos externos (diedrais) correspondentes a $\hat{A} = 90°$; $\hat{B} = 60°$ e $\hat{C} = 45°$, temos:

cos 90° = - cos 45° . cos 60° + sen 45° . sen 60° . cos *a*

$0 = -\left(\frac{\sqrt{2}}{2}\right).\left(\frac{1}{2}\right) + \left(\frac{\sqrt{2}}{2}\right).\left(\frac{\sqrt{3}}{2}\right). cos\ a$; e $cos\ a = \frac{\sqrt{3}}{3}$;

Portanto, $a \cong 54°\ 73'$ ou $a \cong 54°\ 44'$

cos 60° = - cos 45° . cos 90° + sen 45° . sen 90° . cos b

$\frac{1}{2} = -\left(\frac{\sqrt{2}}{2}\right). 0 + \left(\frac{\sqrt{3}}{2}\right).1 . cos\ b$; e $cos\ b = \left(\frac{\sqrt{2}}{2}\right)$; portanto, $b = 45°$

cos 45° = - cos 60° . cos 90° + sen 60° . sen 90° . cos c

$\frac{\sqrt{2}}{2} = \frac{1}{2} . 0 + \left(\frac{\sqrt{3}}{2}\right).1 . cos\ c$; e $cos\ c = \frac{\sqrt{6}}{3}$; portanto, $c \cong 35°\ 26'$ ou $c \cong 35°\ 16'$

- para a terna (l, m, n) = (2, 3, 5), cujos ângulos externos (diedrais) correspondem a $\hat{A} = 90°$; $\hat{B} = 60°$ e $\hat{C} = 36°$, temos:

cos 90° = - cos 36° . cos 60° + sen 36° . sen 60° . cos *a*

$0 = -cos\ 36° . \left(\frac{1}{2}\right) + sen\ 36° . \left(\frac{\sqrt{3}}{2}\right). cos\ a$; e $cos\ a = \left(\frac{\sqrt{3}}{3}\right) . \frac{cos\ 36°}{sen\ 36°}$

Portanto, $a \cong 37°\ 38'$ ou $a \cong 37°\ 23'$

cos 60° = - cos 36° . cos 90° + sen 36° . sen 90° . cos b

$\frac{1}{2} = -\ cos\ 36° . 0 + sen\ 36° . 1 . cos\ b$; e $cos\ b = \frac{1}{(2 . sen\ 36°)}$;

Portanto, $b \cong 31°\ 72'$ ou $b \cong 31°43'$

cos 36° = - cos 60° . cos 90° + sen 60° . sen 90° . cos c

$cos\ 36° = -\left(\frac{1}{2}\right). 0 + \left(\frac{\sqrt{3}}{2}\right). 1 . cos\ c$; e $cos\ c = \left(2 . \frac{\sqrt{3}}{3}\right). cos\ 36°$

Portanto, $c \cong 20°\ 90'$ ou $c \cong 20°\ 54'$

D – CONSTRUÇÃO DO CALEIDOSCÓPIO GENERALIZADO

Em Batistela (2005), encontramos a construção pormenorizada dos caleidoscópios generalizados, com todos os seus aspectos teóricos e práticos. Porém, a seguir, de forma sintetizada, apresentamos o material necessário e como construir esses caleidoscópios.

O primeiro passo é confeccionar moldes dos espelhos em papel resistente (cartolina, por exemplo) na forma de setores circulares, como mostram as figuras 6, 7 e 8 de acordo com as medidas e ângulos abaixo determinados. Após isso, solicitar ao fornecedor dos espelhos (uma vidraçaria, por exemplo) que todos sejam cortados conforme o molde. Sugerimos que os setores circulares sejam cortados com medida de raio aproximado de 17 cm, com os centros extraídos como mostra a FIG. 8, apenas para facilitar o manuseio.

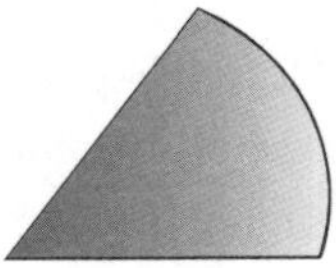

FIGURA6

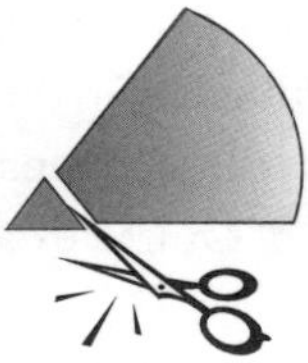

FIGURA7

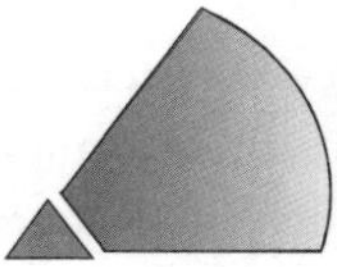

FIGURA 8

a) 3 espelhos com ângulos centrais de medida 54° 44´,
b) 1 espelho com ângulo central de 70° 32';
c) 1 espelho com ângulo central de 35° 16';
d) 1 espelho com ângulo central de 31° 43';
e) 1 espelho com ângulo central de 37° 23';
f) 1 espelho com ângulo central de 20° 54';
g) 1 espelho com ângulo central de 45°;

Além dos espelhos, utilizamos: material emborrachado, papelão ou madeira, para encapar esses instrumentos de modo que proteja sua estrutura; cola de contato resistente e um pincel para espalhá-la; estilete ou tesoura e fita adesiva.

A fita adesiva deverá ser usada para a fixação do trio de espelhos, atentando para que se formem devidamente os ângulos de (70° 32', 54° 44', 54° 44'); (54° 44', 35° 16', 45°) e (20° 54', 31° 43', 37° 23') entre eles. Os setores circulares deverão ser articulados de modo a ficarem da forma de uma pirâmide triangular, com as faces espelhadas voltadas para o interior, e com os lados bem ajustados entre eles.

Após esse procedimento, apoiar num plano os trios de espelhos para encapá-los, fixando cada capa com a cola de contato. É conveniente cortar a capa numa área um pouco maior à que corresponde ao instrumento, recortando-a somente depois da secagem completa da cola. O resultado deverá ser um objeto com a forma de um funil triangular, tendo uma abertura maior no lado oposto ao ponto de interseção dos três espelhos.

E – TESSELAÇÕES ESFÉRICAS

Quando tratamos de tesselações esféricas, estamos nos referindo ao recobrimento da superfície de uma esfera, de raio *R*, por polígonos esféricos, sem deixar vazios ou sobreposição. O nosso estudo compreende as tesselações esféricas constituídas por polígonos esféricos regulares.

Assim, numa tesselação, os polígonos de um mesmo tipo ou de tipos diferentes são justapostos para formar a tesselação. Porém, em cada vértice eles deverão estar sempre combinados da mesma forma e na mesma ordem. Em decorrência disso, atribuímos às tesselações uma "notação", cujos números significam a quantidade de lados dos polígonos, bem como a ordem em que eles aparecem em cada vértice da tesselação.

Desse modo, a notação (5, 6, 6) significa a configuração de uma tesselação por polígonos esféricos constituída de um pentágono, um hexágono e outro hexágono em cada vértice. A tesselação de configuração (4, 6, 8) é formada por um quadrado, um hexágono e um octógono, cujos polígonos aparecerão sempre combinados, nessa ordem, em todo vértice da tesselação. Outros exemplos de notações são: (3, 3, 3, 3), (4, 4, 4), (3, 6, 6), (3, 4, 5, 4), etc.

O procedimento básico para se obter bases caleidoscópicas que possibilitem a visualização das tesselações nos caleidoscópios que serão abordados a seguir, é encontrar, quando houver, as linhas de simetria de um ou mais *polígonos* que formam a tesselação que são, também, linhas de simetria dessa *tesselação*. Se essas linhas existirem, quando traçadas, elas formarão uma rede de triângulos esféricos congruentes tesselando, também, toda a esfera. Se os ângulos desses triângulos corresponderem aos ângulos dos caleidoscópios generalizados, será possível visualizar (em caleidoscópio) essa tesselação, pois os lados de tais triângulos são partes das linhas de simetria, e os espelhos, nas reflexões, dão padrões simétricos. Os segmentos existentes no interior desses triângulos (que são partes ou lados dos polígonos), por reflexões, gerarão os polígonos e fornecerão a tesselação.

E.1. BASES CALEIDOSCÓPICAS DAS TESSELAÇÕES ESFÉRICAS (4, 6, 8) E (5, 6, 6)

Mostraremos a construção das bases caleidoscópicas das tesselações esféricas de configurações (4, 6, 8) e (5, 6, 6). Este estudo se estende na investigação de outras tesselações esféricas em cujos polígonos encontramos linhas de simetria comuns (nas tesselações e nos polígonos). No presente trabalho discutiremos somente a construção das bases acima mencionadas.

Na busca de um material apropriado para a construção de bases caleidoscópicas que possibilitassem visualizar tesselações esféricas, encontramos nas esferas de isopor o material adequado, por serem de fácil aquisição e baixo custo, o que viabiliza sua utilização. Além da esfera de isopor, temos utilizado réguas flexíveis, compassos, fitas coloridas, barbantes, alfinetes coloridos e instrumentos de pintura.

E.1.1. BASE CALEIDOSCÓPICA DA TESSELAÇÃO (4, 6, 8)

1) Tomar uma esfera de isopor de raio *R* qualquer.

2) As esferas que temos utilizado são comercializadas na forma de duas semiesferas que, unidas, compõem a esfera. Na união das semiesferas temos, automaticamente, formado um círculo máximo que, pela sua localização, podemos denominar Equador.

3) Considerar os pontos *A* e *B* (na FIG. 9) como sendo os Polos Norte e Sul. Com o auxílio de uma fita colorida (ou barbante), traçar um círculo máximo passando pelos dois pontos.

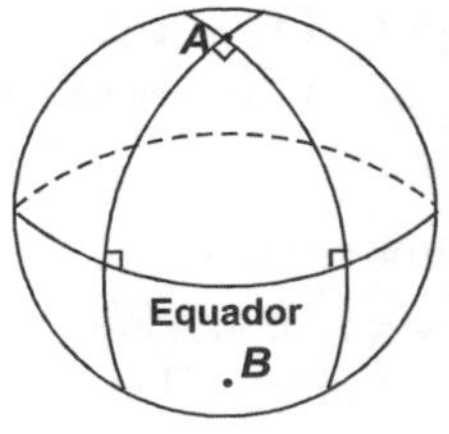

FIGURA 9

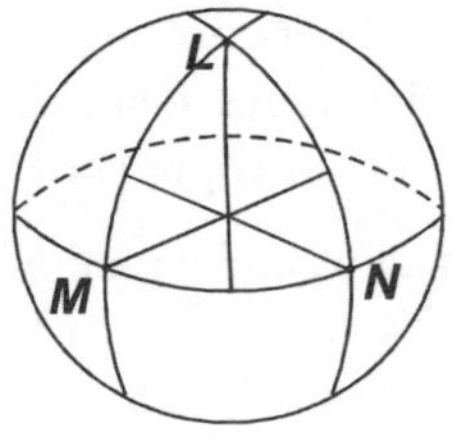

FIGURA 10

4) Com o compasso e a fita colorida (ou barbante), construir um círculo máximo perpendicular ao segundo, passando também por *A* e *B*. Neste momento, temos formados três círculos máximos, sendo cada um deles perpendicular aos outros dois, conforme a FIG. 9. Observe que a construção desses três círculos máximos forneceu oito triângulos esféricos equiláteros, com ângulos de 90°, que tesselam a esfera.

5) Tomar um desses triângulos, por exemplo, o ΔLMN,e traçar suas bissetrizes, utilizando o compasso e a régua flexível. Dessa construção obtêm-se seis triângulos retângulos esféricos.

6) Achar o incentro de cada um desses triângulos retângulos esféricos usando, para isso, a régua flexível e o compasso.

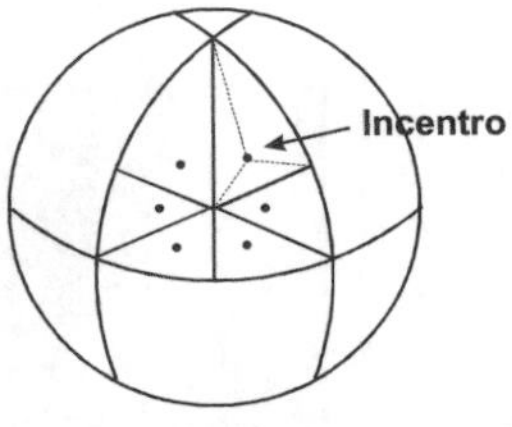

FIGURA 11

7) Repetir os passos (5) e (6) nos outros sete triângulos equiláteros esféricos.

8) Conecte cada incentro com outros três incentros adjacentes. Esse procedimento irá formar os lados dos polígonos regulares esféricos (quadrado, hexágono e octógono), resultando na esfera toda recoberta por esses polígonos.

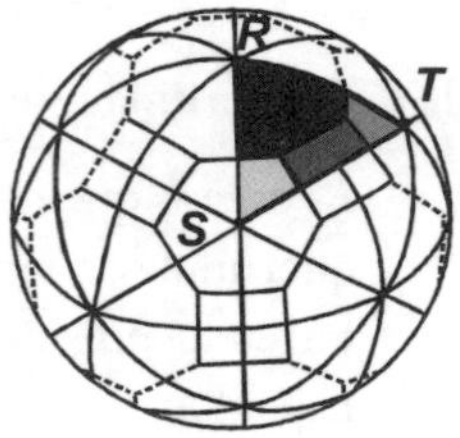

FIGURA 12

Observar na FIG. 12 que as linhas de simetria já foram desenhadas nas construções efetuadas para tesselar a esfera. Essas linhas formam uma rede de triângulos congruentes. Então, basta procurar triângulos, que se repetem em toda esfera, com ângulos de (90°, 60°, 60°), que são as medidas dos ângulos do nosso caleidoscópio. Por isso, os triângulos procurados são congruentes ao ΔRSR, no interior dos quais temos os segmentos, que são partes dos polígonos que vão gerar, nos caleidoscópios, a tesselação (4, 6, 8). Portanto, nesses triângulos temos a base procurada, a qual deverá ser recortada, para ser colocada no caleidoscópio generalizado.

Entretanto, para o caleidoscópio com ângulos (90°, 60°, 45°), a base procurada seria a do ΔPQR, mostrada na FIG. 13. Nesse caso, teríamos um visual caleidoscópico da tesselação (4, 6, 8) com um maior número de cores.

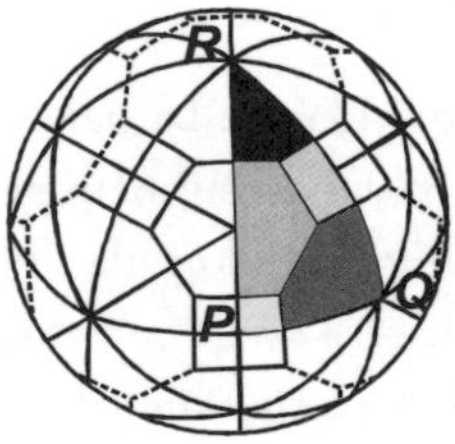

FIGURA 13

9) Recortar (com um estilete, por exemplo) um desses triângulos, colorir cada parte dos polígonos (quadrado, hexágono e octógono) contidos na base e colocá-la no caleidoscópio para obter a visualização da tesselação esférica de configuração (4, 6, 8).

As FIG. 14 e 15 mostram a base da FIG. 12 que foi recortada e colocada na interior do caleidoscópio gerando a visualização da tesselação esférica de configuração (4, 6, 8).

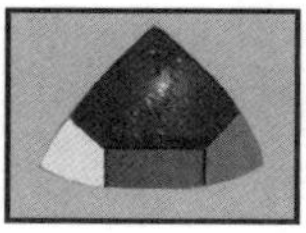
FIGURA 14

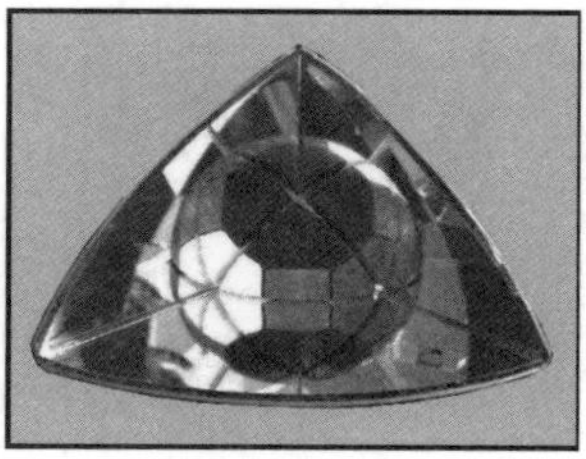
FIGURA 15

E.1.2. BASE CALEIDOSCÓPICA DA TESSELAÇÃO (5, 6, 6)

Considere a figura de um icosaedro. Supondo o processo de truncamento desse icosaedro e, posteriormente, por sua insuflação teríamos a tesselação (5, 6, 6). Representando graficamente esse raciocínio fazem-se, inicialmente, triângulos equiláteros recobrindo toda a esfera, isto é, a tesselação (3, 3, 3, 3, 3), na qual têm-se cinco triângulos (com ângulos medindo 72°) em cada vértice. Porém, cada triângulo da tesselação (3, 3, 3, 3, 3) deverá conter um hexágono regular inscrito, como na FIG. 17. Para tanto, é essencial encontrar o comprimento dos lados desses triângulos, construí-los na esfera de isopor para, depois, inscrever um hexágono em cada um deles.

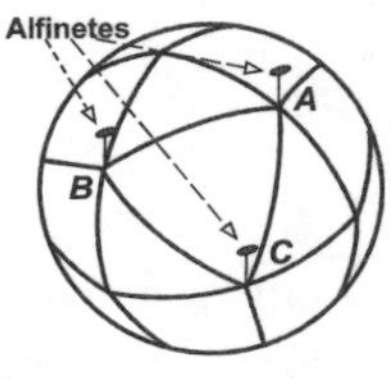

FIGURA 16

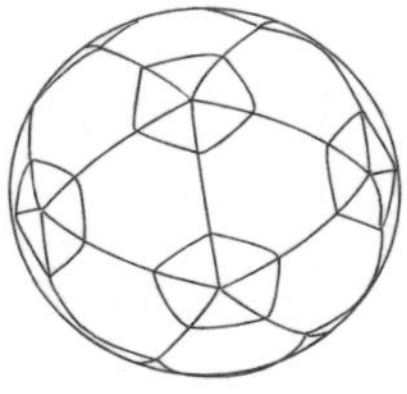

FIGURA 17

Para encontrar a medida do lado do triângulo esférico, consideremos a validade da lei dos cossenos na geometria esférica, e como $\hat{A} = \hat{B} = \hat{C} = 72°$, temos:

Cos 72° = -cos72° cos72° + sen72°. sen72° cos a , obtendo-se a = 63,4°

Sabendo que o comprimento de um arco de circunferência de raio R é $R.\theta$, onde θ é ângulo de setor circular, então, fica fácil obter o lado do triângulo equilátero esférico de uma esfera de isopor de raio R quando se sabe que θ = 63,4°.

Toda construção gráfica da tesselação sobre a esfera pode ser feita com o uso de régua flexível, compasso, alfinetes e barbante.

Inscrevendo em cada triângulo um hexágono regular (como na FIG. 17), teremos obtido a tesselação (5,6,6), a bola de futebol. Determinando as linhas de simetria comuns à tesselação e aos polígonos que a formam, obtemos, como mostra a FIG. 18, réplicas de triângulos esféricos (como o ΔAMN) tesselando a esfera. Considerando que os espelhos dão padrões simétricos, podemos concluir que se fizermos a figura do ΔAMN e a colocarmos no interior de um caleidoscópio generalizado, tal figura será replicada, de modo a formar uma tesselação esférica.

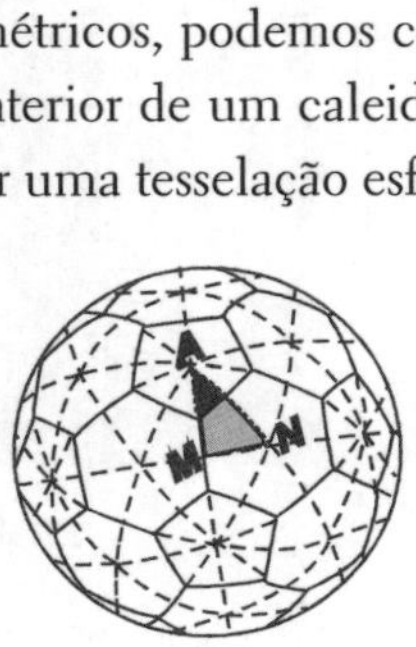

FIGURA 18

A base caleidoscópica (FIG. 19) deverá ser recortada, como na FIG. 20 e, quando colocada no interior de um caleidoscópio generalizado com ângulos diedrais entre os espelhos de (36º, 60º, 90º), fornecerá a visualização da tesselação (5, 6, 6), a bola de futebol. Observar que o triângulo que contém a base é formado por traços contínuos e pontilhados (FIG. 19). Mais detalhes da construção dessa base caleidoscópica podem ser encontrados em Murari (2004).

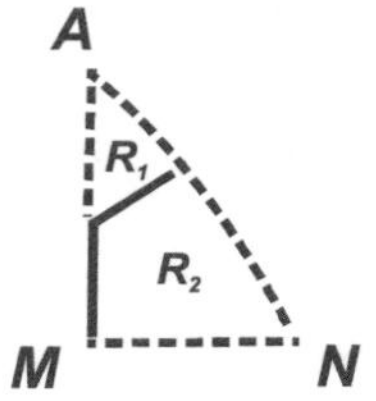

FIGURA 19

Esta base, cujas regiões (R_1 e R_2) foram coloridas de cinza e preto (FIG. 20), quando colocada no caleidoscópio generalizado, fornecerá o visual de uma bola com hexágonos cinzas e pentágonos pretos (FIG. 21).

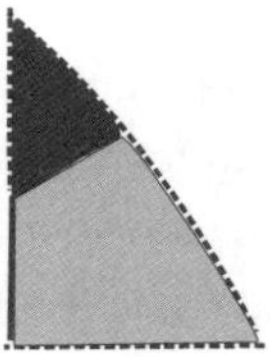

FIGURA 20

FIGURA 21

A seguir, na FIG. 22, mostramos outro exemplo de base caleidoscópica, a qual fornece, como mostra a FIG. 23, a visualização da tesselação esférica de configuração (3, 6, 6), em caleidoscópio generalizado com ângulos (60º, 60º, 90º).

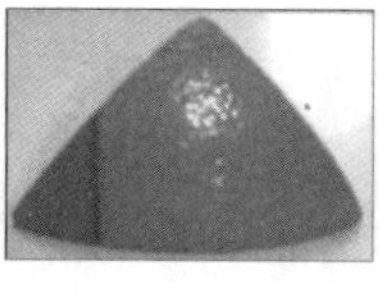

FIGURA 22

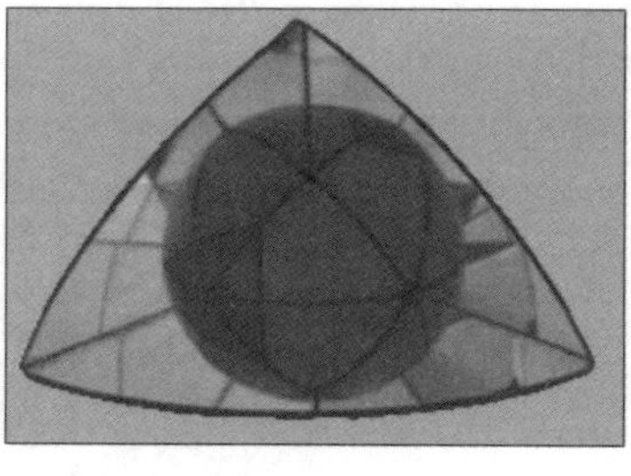

FIGURA 23

Sugestão de atividade: Obter bases caleidoscópicas para visualização das tesselações esféricas de configurações: (3, 8, 8), (4, 6, 6) e (3, 10, 10).

F – POLIEDROS: VISUALIZAÇÃO E CONSTRUÇÃO DE BASES

O estudo dos poliedros, por sua importância, especialmente na formação da visão espacial do aluno, faz parte das grades curriculares dos diversos níveis de ensino. É um assunto que, geralmente, fascina os estudantes. Os poliedros são comumente obtidos através de planificação, recorte e dobradura.

Os poliedros de Arquimedes são treze, mas nem todos podem ser visualizados em caleidoscópios. Se forem inflados, os poliedros gerarão tesselações esféricas em suas superfícies. Somente quando essas tesselações apresentam linhas de simetria é que poderemos construir as bases caleidoscópicas para que os poliedros sejam vistos nos espelhos. Dos poliedros aqui tratados, apenas nove satisfazem essa condição.

Os vértices de um poliedro (FIG. 24) estão inscritos na superfície de uma esfera. Imaginando este poliedro inflado, ele se tornará esférico (FIG. 25), bem como os polígonos que o formam. Considerando, agora, no plano esférico, podemos dizer que o poliedro é "tesselado" pelos polígonos que o constituem. Os polígonos possuem linhas de simetria (partes de círculos máximos) que podem ou não ser as mesmas da tesselação do poliedro esférico.

FIGURA 24

FIGURA 25

A existência de linhas de simetria comuns é que vai permitir que os poliedros sejam vistos nos espelhos. As linhas de simetria, quando traçadas, formarão uma rede de triângulos esféricos congruentes que cobrirá toda a superfície da esfera (FIG. 26).

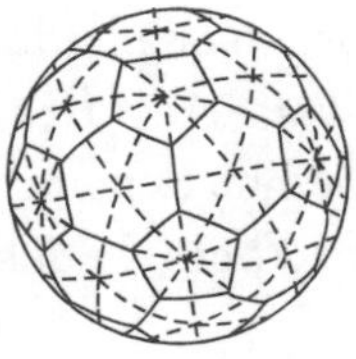

FIGURA 26

Os ângulos dos triângulos esféricos corresponderão aos mesmos dos caleidoscópios. Encontradas essas linhas de simetria, poder-se-á construir uma base adequada (que será um dos triângulos esféricos, o qual será *planificado*), que permitirá a visualização dos poliedros em caleidoscópios generalizados, pois estes dão padrões simétricos.

É importante esclarecer que a mudança de procedimentos para o plano esférico quando do traçado das linhas de simetria é importante porque, assim, temos apenas um plano operacional (esférico) e obtemos um maior rigor matemático nos resultados. Entretanto, essas mesmas linhas podem, também, ser traçadas no próprio poliedro, observando as linhas de simetrias de cada polígono.

As bases para visualização dos poliedros são construídas, apropriadamente, para que apenas os pontos vértices dos poliedros estejam sobre a esfera. Assim, na sua construção, há necessidade de atentar para os polígonos que formam o poliedro. Tais polígonos, quando desenhados, farão parte da base planificada. Esta passará por dobras e recortes para um ajuste perpendicular dos seus lados aos espelhos, e, consequentemente, gerar o visual perfeito do poliedro.

Para referenciar cada poliedro, utilizaremos uma notação numérica que corresponderá ao número de lados de cada polígono que forma o poliedro e que se ajusta ao redor de um vértice. Todos os vértices do poliedro conterão sempre os mesmos polígonos, combinados na mesma ordem. Assim, a notação (4, 6, 8) significa que em cada vértice do poliedro encontraremos um quadrado, um hexágono e um octógono (todos regulares), sempre nessa ordem. Mostraremos, a seguir, a construção gráfica de uma base com régua e compasso.

F.1. CONSTRUÇÃO DA BASE PARA O SÓLIDO (4, 6, 8) USANDO RÉGUA E COMPASSO

Para construirmos a base para o sólido (4, 6, 8) mostrada na FIG. 27 os seguintes passos devem ser seguidos:

1. Com o compasso, fazer uma circunferência qualquer de centro **Q**. Dividi-la em oito partes iguais, traçando dois diâmetros perpendiculares e, a seguir, as bissetrizes de dois ângulos retos adjacentes. Unir, através de segmentos, os pontos que determinam essa divisão para obter o octógono regular **ABCDEFGH**.

2. A partir do lado **AB**, construir um quadrado. Traçando as retas **s** e **t** perpendiculares a **AB** por **A** e por **B**. Para isso, fazer duas circunferências de raio **AB**, com centros em **A** e em **B**, obtendo os pontos **I** e **J** sobre **s** e **t**, respectivamente. Os pontos **A**, **B**, **J** e **I** são os vértices do quadrado, o qual deverá ser traçado com régua.

3. Construir um hexágono (de centro **P**) a partir do lado **BJ** do quadrado. O centro **P** do hexágono encontra-se na interseção das circunferências com raio **BJ** de centro em **B** e depois em **J**. A medida dos lados do hexágono será igual ao raio da circunferência. Ligar os pontos encontrados para obter o hexágono, como na FIG. 27. Proceder analogamente em relação ao lado **AI**, para obter o hexágono de centro **O**.

4. Traçar o segmento **OP** (centros dos hexágonos). Baixar perpendiculares dos centros dos polígonos cujos lados contêm **A** ou **B**, para obter **M, N, K,** e **L**. A figura poligonal formada pelos pontos **MOPNBAM** e **KOLBAK** é a base procurada. Aplicar cores às regiões que são partes dos polígonos para obter a base colorida.

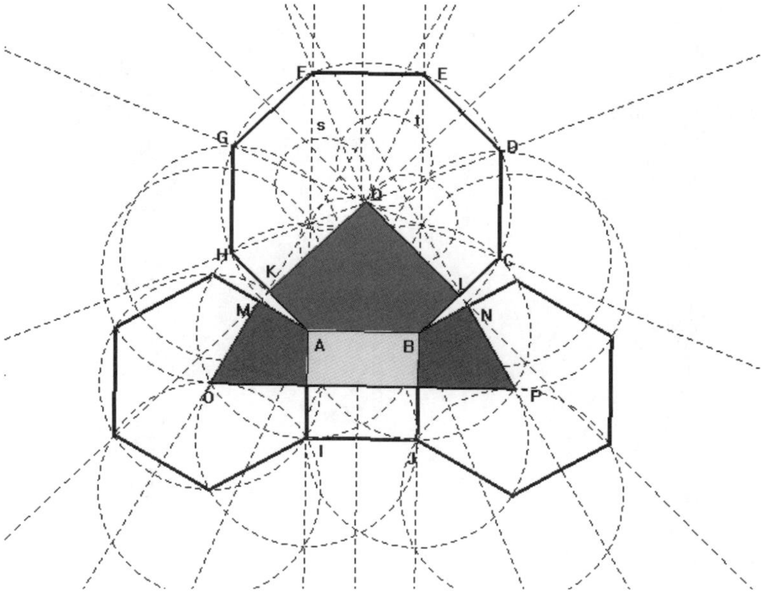

FIGURA 27

Na FIG. 28 temos a seguinte representação:

(1) base planificada (recortada); (2) base colada (ajustada para encaixe no caleidoscópio); (3) visual caleidoscópico e (4) poliedro.

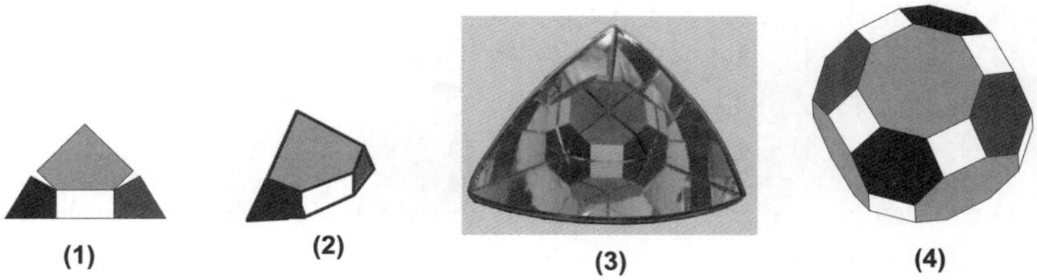

FIGURA 28

A seguir, na FIG. 29, mostramos bases caleidoscópicas que permitem a visualização de alguns poliedros de Arquimedes em caleidoscópios generalizados de ângulos (90°, 60°, 60°) e (90°, 60°, 36°).

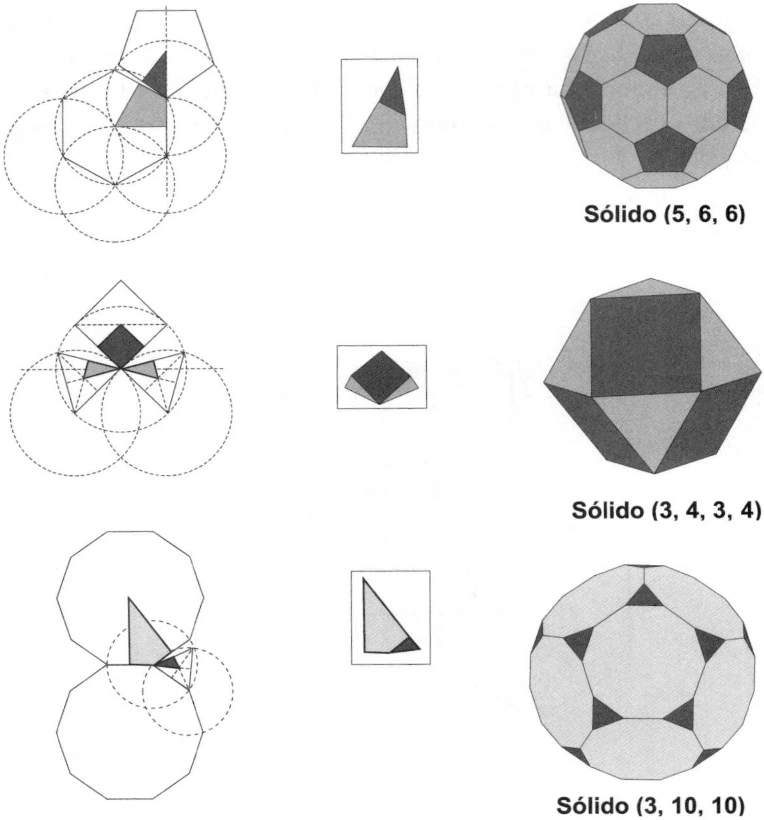

FIGURA 29

Atividade:

Examine os poliedros arquemidianos listados abaixo e encontre a alternativa em que todos os poliedros mencionados podem ser visualizados em caleidoscópios generalizados.

(3, 3, 3, 3, 4), (3, 4, 5, 4), (3, 6, 6), (4, 6, 10)
(3, 3, 3, 3, 5), (3, 5, 3, 5), (3, 4, 5, 4), (4, 6, 6)
(3, 4, 4, 4), (3, 6, 6), (4, 6, 6), (4, 6, 10)
(3, 4, 4, 4), (3, 4, 5, 4), (3, 5, 3, 5), (3, 6, 6)

Dica: Seguir o raciocínio apresentado no item **F – Poliedros: Visualização e construção de bases** para encontrar as linhas de simetria e verificar se algum padrão se repete por todo o poliedro. Em seguida, encontre os ângulos-vértice do padrão (ou base) encontrado e investigue se existe um caleidoscópio generalizado que propicie a sua visualização.

O estudo sobre poliedros foi desenvolvido sobre os sólidos de Arquimedes. Para bases de poliedros de Platão verificar em Buske (2007).

CONCLUSÃO

O trabalho com espelhos e caleidoscópios proporciona interessantes atividades educacionais de natureza matemática concernentes às propriedades de polígonos, simetrias e construções gráficas.

Além da motivação intrínseca que o material oferece, pois um novo mundo se descortina ante os olhos dos alunos, as experiências os permitem familiarizar-se com o uso de compasso e transferidor, ao mesmo tempo em que grande número de conceitos matemáticos é introduzido quando se muda o ângulo dos espelhos.

Concluindo, muitos objetivos podem ser alcançados através do uso de espelhos, como a integração multidisciplinar, o desenvolvimento da percepção espacial, do senso estético (relativamente a contrastes e harmonia de cores), desenvolvimento e estímulo de habilidades gráficas e criatividade. Criando e coordenando as relações e os pontos de vista entre si, os alunos estarão construindo seu conhecimento e sendo encorajados a pensar de maneira autônoma, o que deve ser uma das finalidades da educação.

G – INDICAÇÕES BIBLIOGRÁFICAS COMPLEMENTARES

ALMEIDA, S. T. *Um estudo de pavimentações do plano utilizando caleidoscópios e o software Cabri-Géomètre II*. 2003. Dissertação (Mestrado em Educação Matemática) – Instituto de Geociências e Ciências Exatas, Universidade Estadual Paulista, Rio Claro, 2003.

GOUVEA. F. R. *Um estudo de fractais geométricos através de caleidoscópios e softwares de geometria dinâmica*. 2005. Dissertação (Mestrado em Educação Matemática) – Instituto de Geociências e Ciências Exatas, Universidade Estadual Paulista, Rio Claro, 2005.

MARTINS, R. A. *Ensino-aprendizagem de geometria: uma proposta fazendo uso de caleidoscópios, sólidos geométricos e softwares educacionais*. 2003. Dissertação (Mestrado em Educação Matemática) – Instituto de Geociências e Ciências Exatas, Universidade Estadual Paulista, Rio Claro, 2003.

MURARI, C.; PEREZ, G. A geometria na ótica do caleidoscópio. *Revista de Educação Matemática*, São Paulo, v. 6, n. 5, p. 43-50, 1999.

MURARI, C.; PEREZ, G.; BARBOSA, R. M. Caleidoscopios Educacionales: Coloraciones Múltiples. *Uno: Revista de Didáctica de las Matemáticas*, Graó, Barcelona, v. 8, n. 27, p. 7-20, 2001.

REIS, J. D. S. *Geometria esférica por meio de materiais manipuláveis*. Dissertação (Mestrado em Educação Matemática) – Instituto de Geociências e Ciências Exatas, Universidade Estadual Paulista, Rio Claro, 2006.

SANTOS, M. R. *Pavimentações do plano: um estudo com professores de Matemática e Arte*. 2006. Dissertação (Mestrado em Educação Matemática) – Instituto de Geociências e Ciências Exatas, Universidade Estadual Paulista, Rio Claro, 2006.

SEGUNDA PARTE

CALEIDOSCICLOS

CLAUDEMIR MURARI

> A segunda parte será dedicada aos caleidosciclos, instrumentos educacionais constituídos de, no mínimo, seis tetraedros que, apesar de se assemelharem-se a brinquedos, ensejam várias possibilidade, de estudo de conceitos geométricos importantes.

Os caleidosciclos, assim como os caleidoscópios, constituem um interessante recurso pedagógico. Ambos têm uma relação mútua em sua essencialidade.

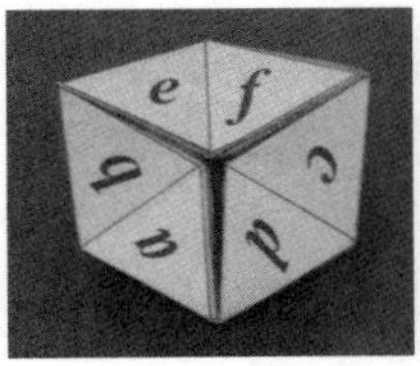

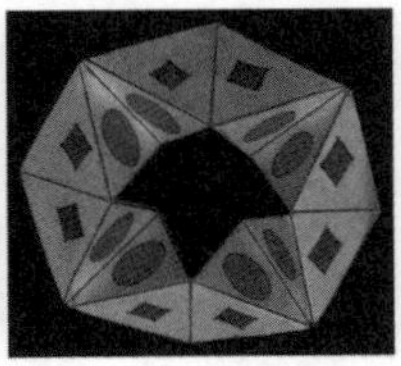

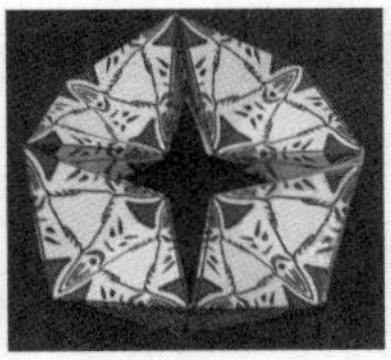

Cap. 1: A *origem dos caleidosciclos e alguns argumentos para utilizá-los;*
Cap. 2: A *construção dos caleidosciclos;*
Cap. 3: *Quantos e quais são os caleidosciclos?*

*

CAPÍTULO 1

A ORIGEM DOS CALEIDOSCICLOS E ALGUNS ARGUMENTOS PARA UTILIZÁ-LOS

A – CALEIDOSCICLOS

O tema de estudo desse capítulo insere-se em um de nossos objetivos, que é tornar mais aprazível o ensino de geometria através de material que se pode manipular, em acordo com muitos educadores, como Reys (1971 *apud* NACARATO, 2004, p. 3), que sugere a utilização de "objetos ou coisas que o aluno é capaz de sentir, tocar, manipular e movimentar".

Ainda em consonância com Nacarato (2004, p. 4), o desenvolvimento da habilidade de representar um objeto abstrato, que está fora da realidade sensível do indivíduo, no momento de sua ação sobre esse objeto, "depende da exploração de modelos ou materiais que possibilitem a construção de imagens mentais".

Em Pais (1996), temos que há quatro elementos fundamentais que intervêm neste processo: o objeto, o conceito, o desenho e a imagem mental.

O objeto, associado aos modelos ou materiais, permite a manipulação física de modelos geométricos, apesar de representar a forma mais elementar do conceito. Representarem-se conceitos geométricos por desenhos é um meio bastante utilizado. Porém, é importante lembrar que tanto os objetos quanto os desenhos são apenas representação dos conceitos geométricos. Apesar disso, o recurso gráfico é bastante utilizado para reproduzir noções elementares e mesmo complexas, como teoremas.

Além desse embasamento teórico, vale lembrar que, ao trabalhar com caleidosciclos, exercita-se construções gráficas relacionadas a desenho geométrico. A despeito de na atualidade muito se utilizar o computador para realizarem-se as construções, estimulamos o uso de lápis, papel, régua, compasso, esquadro e transferidor, que pela nossa experiência, contribuem para uma melhor percepção dos conceitos. No caso dos caleidosciclos, as construções gráficas podem ser realizadas tanto manualmente como através de *softwares*. Acrescente-se a aplicação de noções geométricas como simetria e rotação de poliedros, temas importantes cuja compreensão pode ser reforçada com o estudo de caleidosciclos.

A etimologia da palavra *caleidosciclos* remete-nos, pelo radical *calei*, coisas belas, como já vimos na tradução do grego para a palavra *caleidoscópio*. De fato, o mesmo se aplica ao *caleidosciclo*, que do grego temos: *kalos* (belo) *eidos* (forma) e *kyklos* (ciclo). Além disso, encontramos outra similaridade entre estes dois objetos: possibilitam a *repetição perfeita*. Nos caleidoscópios temos a repetição perfeita de imagens, e nos caleidosciclos encontramos a repetição perfeita de padrões.

Conceito: Um caleidosciclo é um conjunto de tetraedros unidos pelas suas extremidades formando um círculo (ou anel) tridimensional.

O tipo mais simples de caleidosciclo é um anel formado por seis tetraedros conectados por arestas ortogonais. As arestas articuladas são bases de triângulos isósceles. Ver FIG. 1.

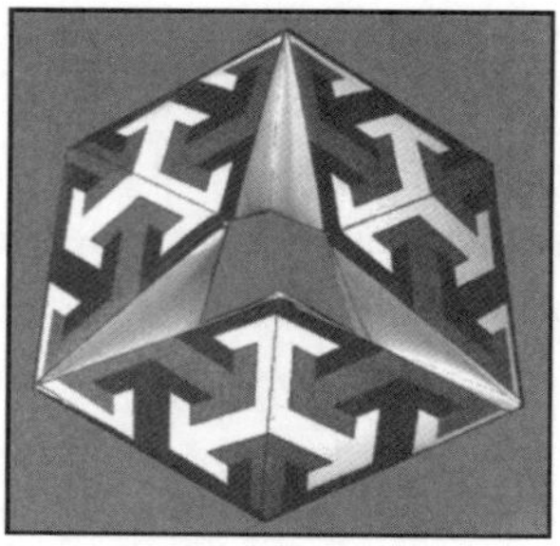

FIGURA 1

B – COMO SURGIRAM OS CALEIDOSCICLOS?

Em 1958, Wallace Walker (designer de Artes Gráficas), ainda estudante na Cranbrook Academy of Art (Michigan), trabalhando num projeto para formas estruturais de papel, idealizou o IsoAxis®, que consistia numa rede de 60 triângulos isósceles retângulos. Ele pode ser dobrado de diversas formas. Na FIG. 2, o resultado de suas dobras assemelha-se a uma flor.

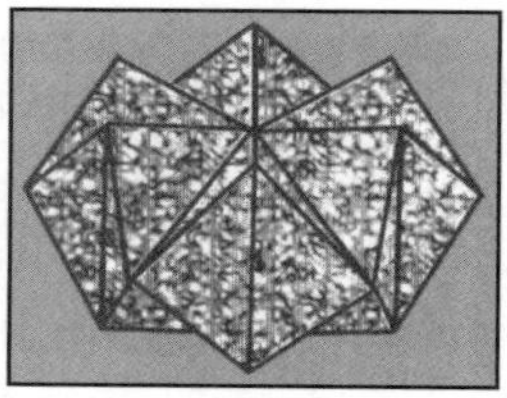

FIGURA 2

As dobraduras devem ser feitas segundo suas linhas para que se obtenham doze tetraedros irregulares, os quais, unidos pelas suas extremidades, formam o IsoAxis®. Realizando-se movimentos de rotação através do centro, temos mudanças das formações simétricas dos tetraedros conectados, que se repetem a cada ciclo de cinco rotações.

A planificação do IsoAxis® (FIG. 3) é bastante flexível, podendo suas linhas serem comprimidas ou distendidas, resultando em diferentes padrões, cujos triângulos formam anéis de tetraedros, com movimentos giratórios volvidos para o centro. Assim, aos objetos que facultam a repetição de ciclos através de rotações pelos centros de figuras simétricas dá-se o nome de caleidosciclos.

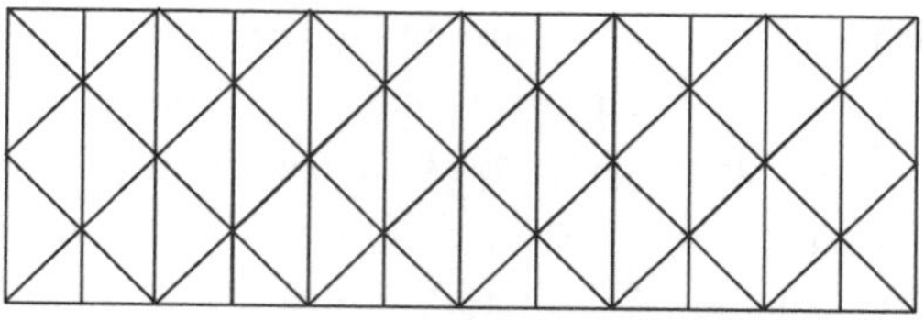

FIGURA 3

No presente trabalho não vamos considerar a rede contraída do IsoAxis®, pois gera caleidosciclos com rotações dificultadas pelo grande numero de pequenas faces. O nosso enfoque está dirigido para os caleidosciclos obtidos pelo estiramento da rede de triângulos do IsoAxis®, quando se tem triângulos equiláteros ou isósceles ou retângulos para formação dos tetraedros.

Considerando que os tetraedros são formados por dobraduras de quatro triângulos e conectados dois a dois por arestas ortogonais, temos que é preciso juntar seis tetraedros para se ter um anel ajustado. No entanto, o anel não é totalmente fechado, pois origina-se um diminuto buraco no centro do caleidosciclo, que pela sua pequena dimensão pode se reduzir a um ponto.

Ao traçarmos uma seção transversal do modelo da FIG.1, temos um hexágono regular, que seria o produto de seis triângulos equiláteros ao redor de um ponto para perfazer os 360° (FIG. 4). Isso justifica por que *seis* é o número mínimo de tetraedros que devem ser conectados para a formação do circulo tridimensional que dá origem ao caleidosciclo.

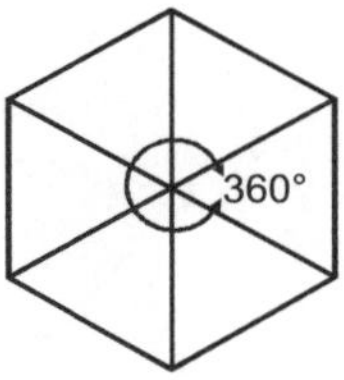

FIGURA 4

*

CAPÍTULO 2

CONSTRUÇÃO DOS CALEIDOSCICLOS

A – CALEIDOSCICLOS FECHADOS

A.1. PARA $n = 6, 8, 10$

Para a posição em que vértices dos tetraedros coincidem na origem, temos que metade das arestas de medida *a* está sobre um plano π (horizontal) e a outra metade, de mesma medida, estará na posição vertical (perpendiculares a π). As arestas nas quais os tetraedros são ligados são ortogonais. Através de um corte transversal obtemos, conforme FIG. 5:

- para $n = 6$ e 8, polígonos regulares convexos;
- para $n \geq 10$, polígonos regulares estrelados.

(I)

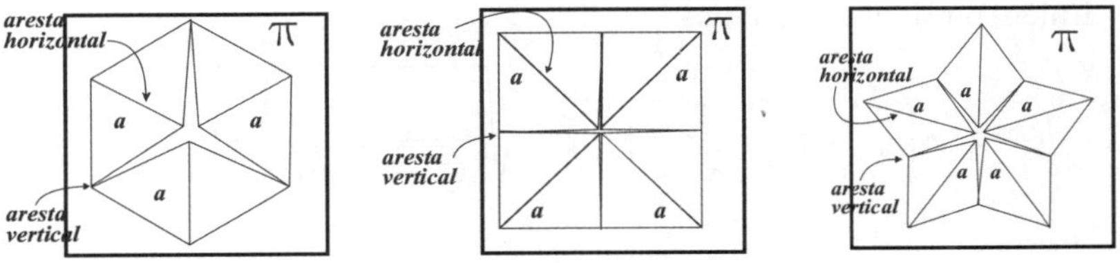

FIGURA 5

A.1.1. CÁLCULO DAS ALTURAS DOS TRIÂNGULOS DOS TETRAEDROS

Na FIG. 6 vemos a interseção do plano π com um tetraedro *ABCD* onde *x* é a altura dos triângulos *ACD* e *ABD* é *a* aresta de *ABCD*. Para um maior entendimento, ver no capítulo 3 o tópico "A - Análise matemática", onde se poderá comprovar que $\overline{BC}$ é ortogonal a $\overline{AD}$ e $\overline{AD} = \overline{BC} = a$.

O triângulo *BFC* é isósceles.

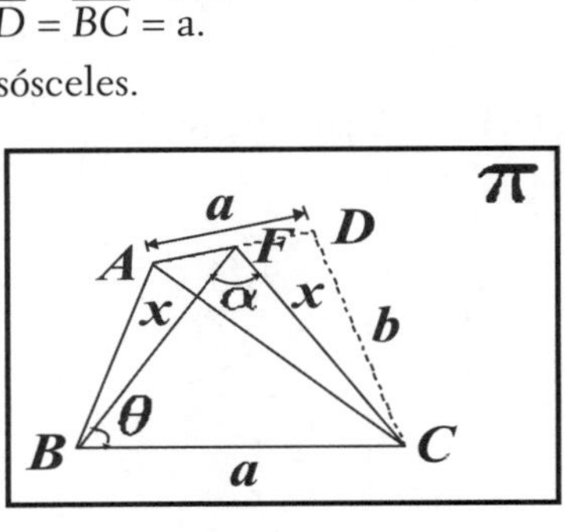

FIGURA 6

Como n é par, n é de forma $n = 2r$; onde $r = 3, 4, 5,...$

(II) Então, $\theta = \frac{360°}{2r} = \frac{180°}{r}$ e $\hat{\alpha} = 180° - 2\hat{\theta} = 180° - \frac{360°}{r}$. Pela lei dos cossenos, no triângulo BFC temos: $a^2 = x^2 + x^2 - 2xx\cos\alpha$, o que dá $a = x\sqrt{2-2\cos\alpha} = x\sqrt{2(1-\cos\alpha)}$.

A.1.2. CÁLCULO DAS ARESTAS DOS TRIÂNGULOS DOS TETRAEDROS

Na FIG. 6 o triângulo ACD possui: $\overline{FC} = x$ (altura) e $\overline{BC} = \overline{AD} = a$ (ortogonais), e $\overline{AF} = \overline{FD} = \frac{a}{2}$ (F é ponto médio de $\overline{AD}$).

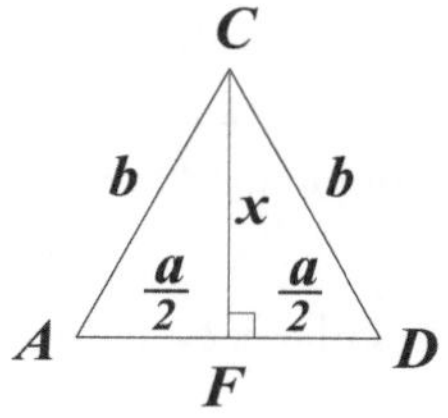

FIGURA 7

Então, por Pitágoras, temos:

$$\text{(III)} \quad b^2 = x^2 + \left(\frac{a}{2}\right)^2 \Rightarrow b = \sqrt{x^2 + \left(\frac{a}{2}\right)^2} = \sqrt{\left(\frac{a}{\sqrt{2-2\cos\alpha}}\right)^2 + \left(\frac{a}{2}\right)^2}$$

A.2. CALEIDOSCICLO FECHADO DE SEIS TETRAEDROS

Para a construção dos caleidosciclos utiliza-se o seguinte material: régua, esquadro, tesoura, lápis, borracha, cola e papel resistente (como, por exemplo, a cartolina). Nas construções gráficas pode ser utilizado algum *software* de geometria.

Análise matemática: Se as arestas ortogonais (lugar em que dois tetraedros são unidos) dos tetraedros têm medida a, então $a = x\sqrt{2(1-\cos\alpha)}$. De $n = 6 = 2r$ temos $r = 3$, por **(II)** $\theta = 60°$, $\alpha = 60°$ e $a = x$.

O triângulo isósceles terá dois lados iguais: $b = \sqrt{a^2 + \frac{a^2}{4}} = \sqrt{\frac{5a^2}{4}} = a\frac{\sqrt{5}}{2}$, ver FIG. 8.

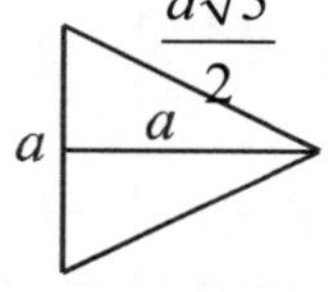

FIGURA 8

A.2.1. REDE DE TRIÂNGULOS

1. Desenhar em uma cartolina 32 triângulos isósceles (o número de faces triangulares do caleidosciclo é 4 . 2r = 8r; r = 3, com base de medida *a* e altura *a*. Sugestão: se a ≥ 4cm, tanto a construção como os movimentos giratórios dos tetraedros ficam mais facilitados. Na FIG. 9 os triângulos foram rotulados de modo a tornar compreensível o processo de montagem.

   Os triângulos coloridos não são faces dos tetraedros. Eles representam apenas superfícies de fixação, nas quais deverá ser passada cola e, depois de fixadas, ficarão na parte interior dos tetraedros.

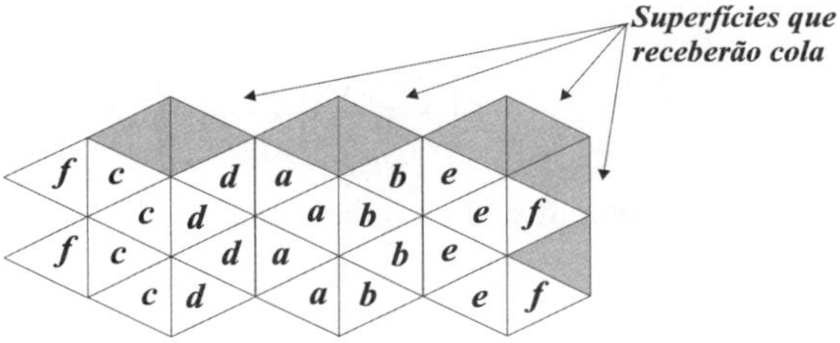

FIGURA 9

2. Recortar a rede de triângulos (tesoura).
3. Fazer vincos, seguindo as linhas verticais e inclinadas, dobrando para dentro e para fora.
4. Forme os tetraedros juntando os triângulos de faces comuns e contíguas, agrupando os de letras comuns. Observe que os triângulos *f* estão separados, localizando-se no início e no final da rede. Eles é que darão o fechamento no caleidosciclo. Os triângulos coloridos superiores serão colados nos triângulos inferiores ***c***, ***d***, ***a***, ***b***, ***e***, ***f***. Os dois últimos triângulos coloridos serão colados nos triângulos ***f***, ***f***, do início da rede, fechando o círculo tridimensional. Assim, por exemplo, o tetraedro designado por ***b***, será formado pelos triângulos ***b***, ***b***, ***b***, ***b***, e um colorido, o qual não será visível.
5. Observe que teremos 6 tetraedros e 24(=8x3) faces triangulares.

   A FIG. 10 mostra o caleidosciclo montado.

FIGURA 10

Sugestão de atividade:

Construir um caleidosciclo em que cada faixa horizontal de triângulos seja colorida com uma cor. Assim, na planificação da FIG. 9, as faixas *fcdabe*, *cdabef*, *fcdabe* e *cdabef* receberiam cores diferentes, de tal forma que, ao rotacionar o caleidosciclo, se vejam triângulos de mesma cor agrupados.

A.3. CALEIDOSCICLO FECHADO DE OITO TETRAEDROS

A.3.1. Análise matemática:

Sendo as arestas ortogonais de medida a, então, $a = x\sqrt{2(1-\cos\alpha)}$. Como $n = 8 = 2r$, temos: $r = 4$. Por **(II)**, $\theta = 45°$, $\alpha = 90°$ e $a = x\sqrt{2}$. De **(III)**, temos:

$$b^2 = \left(\frac{a}{\sqrt{2}}\right)^2 + \left(\frac{a}{2}\right)^2 = \frac{a^2}{2} + \frac{a^2}{4} = \frac{2a^2 + a^2}{4} = \frac{3a^2}{4} \Rightarrow b = \frac{a\sqrt{3}}{2}$$

Assim, os triângulos da planificação são da forma:

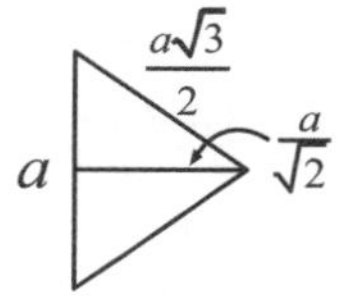

FIGURA 11

A.3.2. Rede de triângulos:

Construir 42 triângulos de medidas $\left(a, a\frac{\sqrt{3}}{2}, a\frac{\sqrt{3}}{2}\right)$ e altura $\frac{a}{\sqrt{2}}$, conforme a FIG. 12, e para a construção, seguir os procedimentos como no caso n = 6. A FIG. 13 mostra esse caleidosciclo montado.

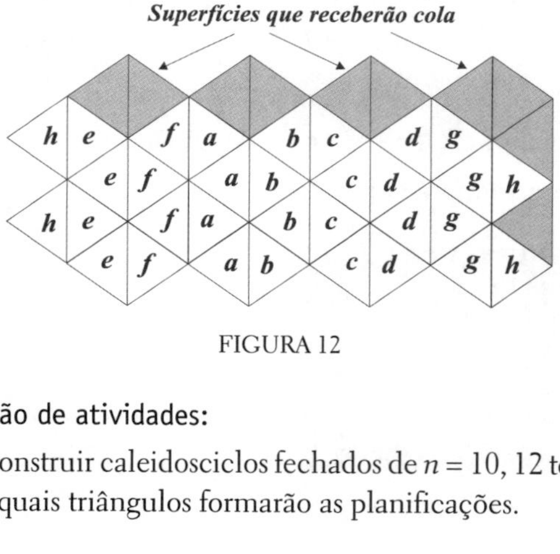

FIGURA 12

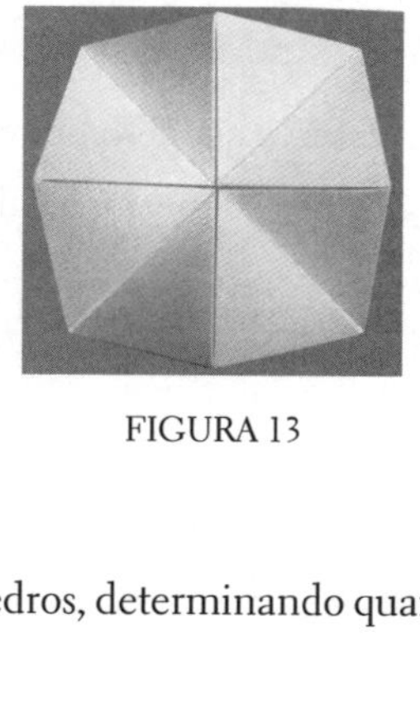

FIGURA 13

Sugestão de atividades:

1) Construir caleidosciclos fechados de $n = 10, 12$ tetraedros, determinando quantos e quais triângulos formarão as planificações.

2) Completar a tabela a seguir, onde r = 3, 4, 5, 6 e n = 6, 8, 10, 12, para caleidosciclos fechados.

r	3	4	5	6
n				
θ				
α				
x				
b				

B – CALEIDOSCICLO REGULAR ABERTO DE OITO TETRAEDROS

Sabemos que para se obter caleidosciclos regulares (formados por tetraedros regulares), o número ***n*** de tetraedros tem que satisfazer $n \geq 8$, conforme é provado na análise matemática (ver no próximo capítulo). As FIG. 14 e 15 referem-se a um caleidosciclo de 8 tetraedros regulares. Na FIG. 15 temos uma seção transversal dele, na qual vemos metade das arestas de medida a na posição horizontal e a outra metade na vertical.

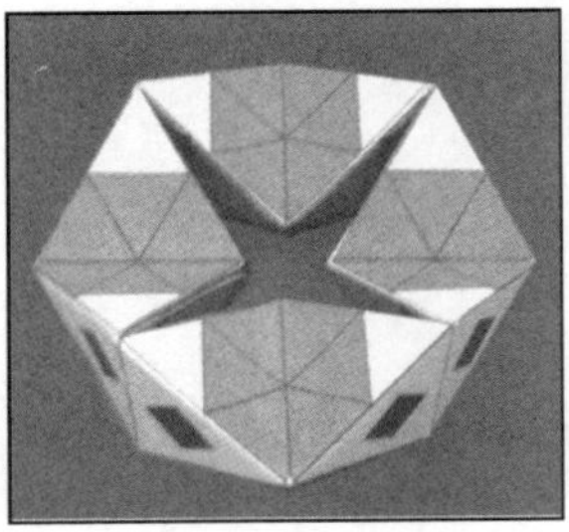

FIGURA 14

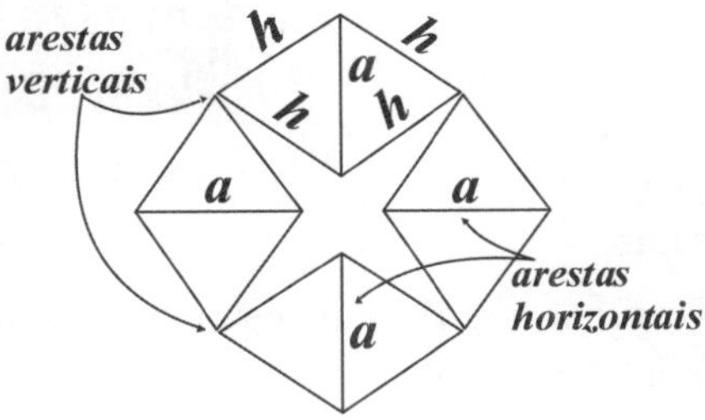

FIGURA15

Como os triângulos são equiláteros, todas as arestas têm a mesma medida a. Sendo assim, basta determinar a altura h deles. Na seção transversal, a é aresta e h altura. Então, $h = \dfrac{a\sqrt{3}}{2}$.

Construção: Desenhar (em cartolina) 42 triângulos equiláteros de lados a, $\left(h = \dfrac{a\sqrt{3}}{2}\right)$, e proceder como no caso n = 8 para caleidosciclo isósceles. A FIG. 16 mostra a planificação utilizada para a montagem do caleidosciclo da FIG. 14. Com isso, queremos dizer que é possível colocar qualquer tipo de ornamento nas faces triangulares dos tetraedros. Lembramos que as faces em branco são as que receberão cola para a fixação do objeto, e, como se pode notar, podem se localizar nas extremidades superiores ou nas inferiores.

FIGURA 16

Atividade:

Construir a planificação de um caleidosciclo regular de 10 tetraedros.

C – CUBO INVERTIDO

Este caleidosciclo (FIG. 17) pode ser feito a partir de um triangulo equilátero de lado a ≥ 5cm.

FIGURA 17

Construção:

1) Desenhar um triângulo equilátero de lado *a* e suas medianas, obtendo-se 6 triângulos retângulos.

2) Refletir um dos triângulos retângulos sobre o seu lado correspondente, junto ao triângulo equilátero.

3) Construir um retângulo a partir da hipotenusa do triângulo refletido.

4) Construir um triângulo retângulo congruente ao que foi refletido, usando um lado do retângulo, conforme FIG. 18.

5) De modo análogo, repetir os passos de (1) a (4) para os outros triângulos retângulos, contidos no triângulo equilátero, obtendo o **molde (a)**. Observe que também é possível fazer o **molde (b)**. É conveniente deixar "abas" nas extremidades dos triângulos (conforme FIG. 18 e FIG. 19), pois facilitam a montagem dos tetraedros.

6) Recortar e fazer os vincos necessários, seguindo as linhas da planificação, formando os tetraedros e fechando o círculo tridimensional.

7) Se necessário, utilizar fitas adesivas para dar maior rigidez ao objeto.

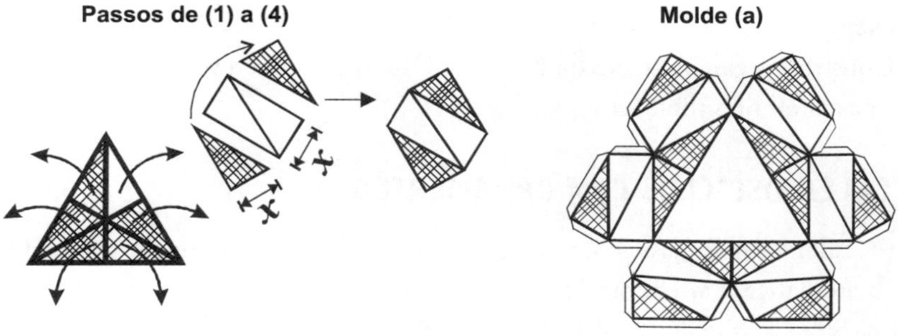

FIGURA 18

É possível chegar-se a outro molde (FIG. 19), a partir do passo (4), copiando conforme a figura abaixo.

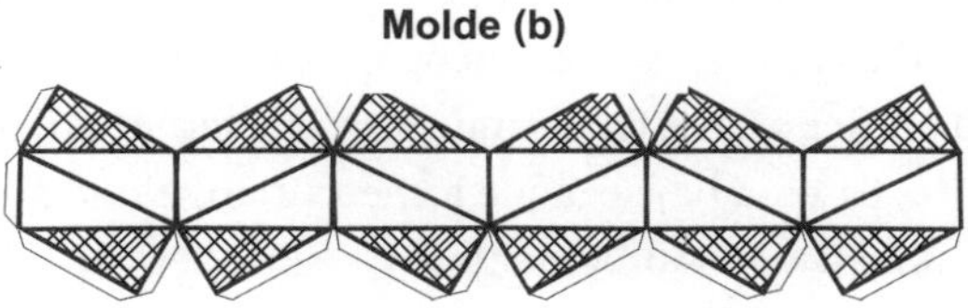

FIGURA 19

Situações interessantes que podem ser observadas em algumas posições do cubo invertido:

- Girando-se o caleidosciclo, haverá uma posição em que os ângulos retos dos triângulos são usados para formar cantos do cubo.
- Em outra, o visual é de seis triângulos em um mesmo plano, formando um hexágono oco na frente.
- Há, ainda, uma posição em que seis triângulos retângulos formam um triângulo equilátero.

Existem muitos outros tipos de caleidosciclos, porém, vamos mostrar apenas a construção de mais um modelo: o *meio octaedro*.

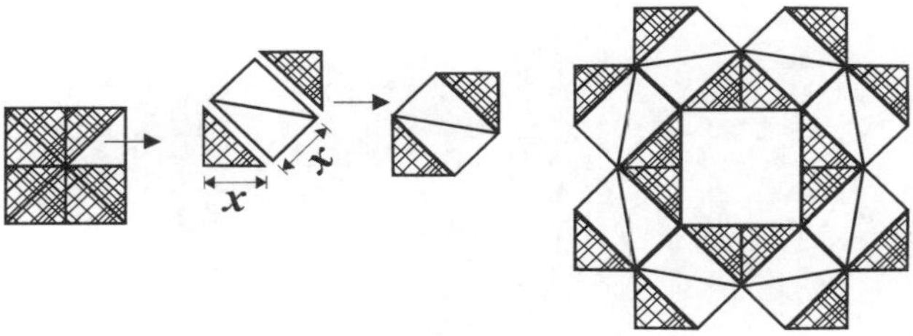

FIGURA 20

É fácil notar que a construção deste caleidosciclo segue os mesmos procedimentos do cubo invertido, e podem ser feitos, também, os moldes de planificação (a) e (b).

Atividade:

Construir o caleidosciclo da FIG. 20. Observar e descrever as situações encontradas nas diferentes rotações.

D – CALEIDOSCICLOS COM ORNAMENTOS

Os caleidosciclos, assim como os caleidoscópios, proporcionam uma interação entre matemática e arte, pois é possível inserir nas faces dos tetraedros alguns ornamentos. Schattschneider e Walker (1991) utilizaram muitos motivos de Escher em seus caleidosciclos. Podemos, também, utilizar bases caleidoscópicas (modificadas ou não) ou, ainda, qualquer tipo de padrão que produz figuras simétricas quando rotacionados os caleidosciclos.

A seguir, três exemplos de caleidosciclos regulares de oito tetraedros ornamentados, em que foram utilizadas bases caleidoscópicas da pavimentação de configuração (3, 3, 3, 3, 3, 3). No primeiro caso, temos uma base que fornece triângulos com quatro cores. Nos outros dois casos, a base é a que fornece triângulos de uma só cor; porém, em seu interior foram colocados ornamentos.

(a) Base da pavimentação (3, 3, 3, 3, 3, 3), que fornece triângulos com 4 cores.

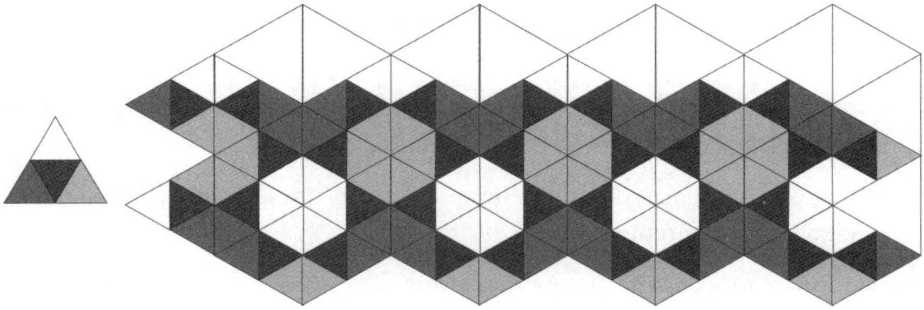

(b) Base Mandarim para caleidoscópio equilátero apresentada por Barbosa

(b) Base Hexágonos inscritos para caleidoscópio equilátero apresentada por Murari (1999)

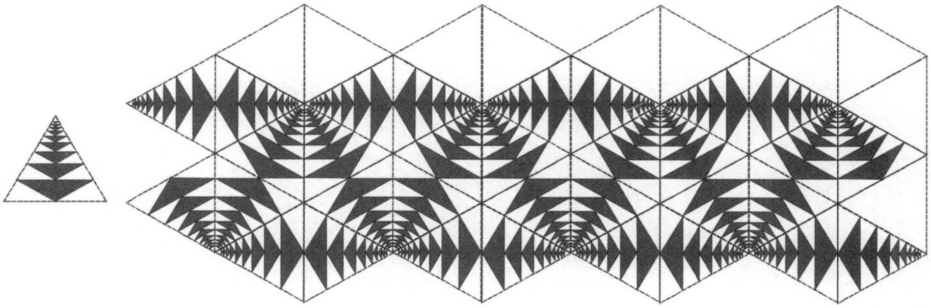

Abaixo, os caleidosciclos montados:

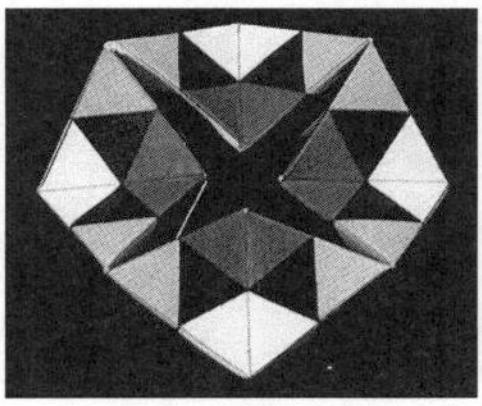

(a)

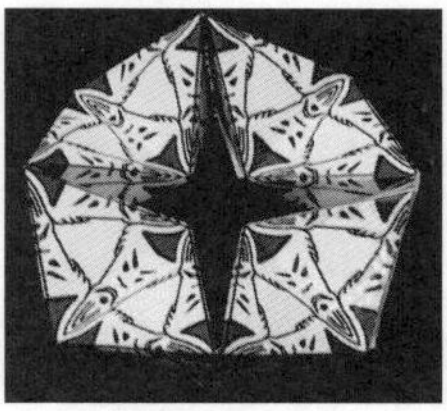

(b)

(c)

*

CAPÍTULO 3

QUANTOS E QUAIS SÃO OS CALEIDOSCICLOS?

A – ANÁLISE MATEMÁTICA

Análise matemática: Que propriedades matemáticas precisam ter os tetraedros para que o círculo tridimensional possa ser continuamente rotacionado?

Definição: Duas arestas de tetraedros são ortogonais quando estes, colocados ponto final a ponto final, elas são perpendiculares (FIG. 21).

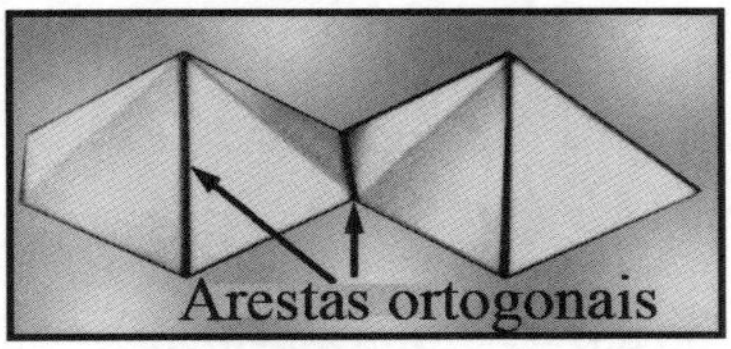

FIGURA 21

A.1. CALEIDOSCICLOS REGULARES

Constituído de tetraedros regulares, isto é, todas as faces são triângulos equiláteros iguais.

i) dados A, B, C, e D vértices de um tetraedro regular e sejam E e F pontos médios das arestas $\overline{BC}$ e $\overline{AD}$, respectivamente, e G o ponto médio de $\overline{EF}$ (FIG. 22). Por congruência dos triângulos BEF e EFC, temos $\overline{BC} \perp \overline{EF}$. Transladando a aresta $\overline{AD}$ perpendicularmente ao plano que contem as arestas $\overline{BC}$ e $\overline{EF}$, teremos $\overline{AD}$ perpendicular a $\overline{BC}$; disso, segue que $\overline{BC}$ é ortogonal a $\overline{AD}$.

Temos, também, que $h^2 = \left(\frac{i}{2}\right)^2 + m^2 = i^2 - \left(\frac{i}{2}\right)^2$ ou $i = m\sqrt{2}$, sendo i o lado dos triângulos e h a altura.

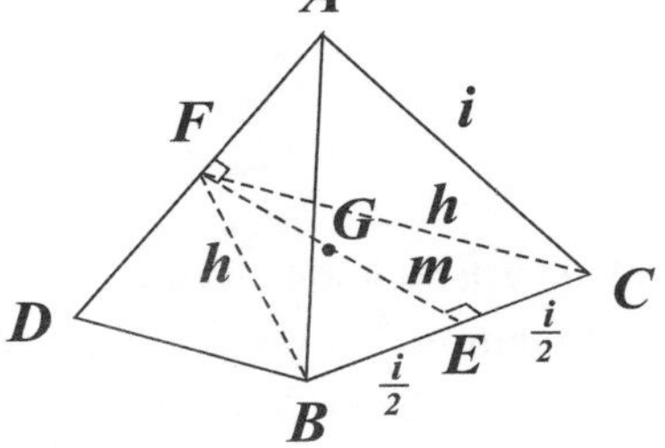

FIGURA 22

ii) Consideremos $n \in \mathbb{N}$, $n \geq 8$ e $\pi_{xz} = \{(x, y, z) \in \mathbb{R}^3 / y = 0\}$ o plano–xz.

Seja $\theta = \frac{2\pi}{n}$, $\pi_\theta = \{(x, y, z) \in \mathbb{R}^3 / y = x\text{tg}\theta\}$ e $\overrightarrow{n_\theta} = (-sen\theta, cos\theta, 0)$.

Temos que:

1) $\overrightarrow{n_\theta} \, .\vec{a} = 0$ para $\vec{a} \in \pi_\theta$ (produto escalar de vetores)

2) $\pi_\theta \cap \pi_{xz} = eixo\ z$

3) De $\theta - \frac{2\pi}{n} \Rightarrow 0 < \theta \leq \frac{\pi}{4}$ quando $n \geq 8$.

Seja o tetraedro como na FIG. 23, onde temos:

- B, E, C, F e G pertencem ao plano–xy;
- B, E e C pertencem ao plano π_{XZ} e
- A, F, D pertencem ao plano π_θ.

Como $m = EF > 0$ e $0 < \theta \leq \frac{\pi}{4}$ tal tetraedro existe, e é único. Também temos $\overline{BE} = \frac{i}{2} = \frac{m\sqrt{2}}{2} < m \leq \frac{m}{tg\theta} = \frac{\overline{EF}}{tg\theta} = \overline{OE}$. Observe que de $0 < \theta \leq \frac{\pi}{4} \Rightarrow 0 < tg\theta \leq 1$.

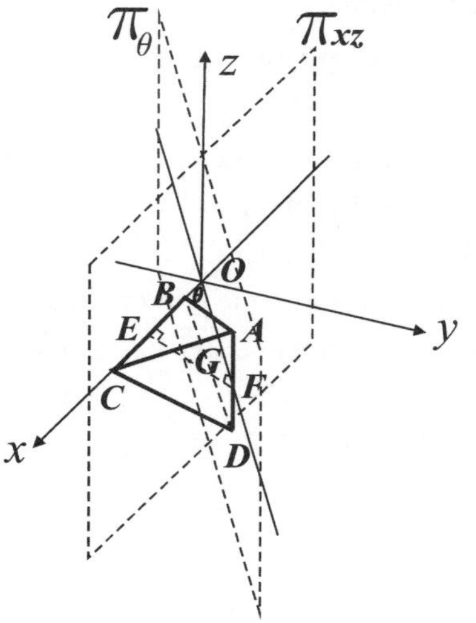

FIGURA 23

Se n é par e $n \geq 8$, então, refletindo o tetraedro em torno do plano π_θ, teremos outro tetraedro com aresta comum $\overline{AD}$ (FIG. 24). Rotacionando os dois tetraedros em torno do eixo z obtemos um círculo tridimensional de tetraedros regulares, pois n é par e $\theta = \frac{2\pi}{n}$.

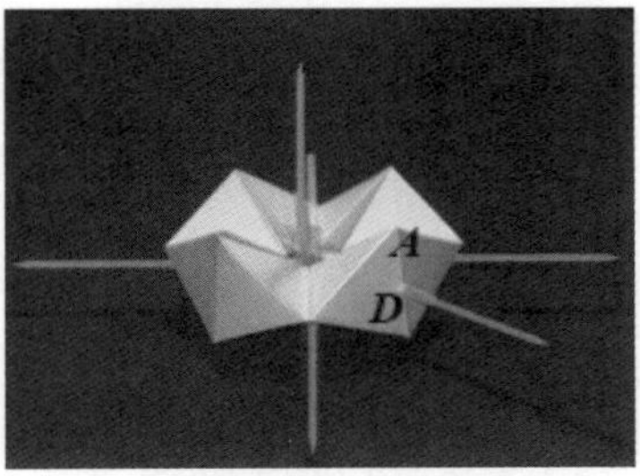

FIGURA 24

Exemplos: Se $n = 8 \Rightarrow \theta = \frac{\pi}{4} \Rightarrow$ caleidosciclo regular de 8 tetraedros.

Se $n = 10 \Rightarrow \theta = \frac{\pi}{5} \Rightarrow$ caleidosciclo regular de 10 tetraedros.

Seja agora o tetraedro $ABCD$ e $\lambda \in [0, 2\pi]$. Consideremos os vetores $\overrightarrow{BC}$ e $\overrightarrow{DA}$. Queremos rodar o tetraedro onde λ representa o ângulo entre $\overrightarrow{BC}$ e o eixo x.

Sejam A_λ, B_λ, C_λ, D_λ, E_λ, F_λ, as posições dos pontos para o ângulo λ.

Observe na FIG. 24 que:

i) O tetraedro roda dentro dos planos π_θ e π_{xz}, em torno de E e F.

ii) Por simetria, o anel de tetraedros pode ser rodado.

Sejam os vetores

$$\vec{u} = \frac{\overrightarrow{B_\lambda C_\lambda}}{\left\|\overrightarrow{B_\lambda C_\lambda}\right\|} = \begin{pmatrix} cos\,\lambda \\ 0 \\ sen\,\lambda \end{pmatrix} \in \pi_{xz} \quad \text{e} \quad \vec{v} = \frac{\overrightarrow{D_\lambda A_\lambda}}{\left\|\overrightarrow{D_\lambda A_\lambda}\right\|} = \frac{\vec{u}\ x\ \vec{n}_\theta}{\left\|\vec{u}\ x\ \vec{n}_\theta\right\|}$$

(x = produto vetorial)

$$= \frac{1}{\sqrt{sen^2\lambda + cos^2\lambda\, cos^2\theta}} \begin{pmatrix} -sen\lambda\, cos\theta \\ -sen\lambda sen\theta \\ cos\lambda\, cos\theta \end{pmatrix} \in \pi_\theta$$

Seja $\vec{w} = -(\vec{u}\ x\ \vec{v}) = \frac{1}{\sqrt{1 + sen^2\lambda tg^2\theta}} \begin{pmatrix} -sen^2\lambda tg\theta \\ 1 \\ cos\lambda sen\lambda tg\theta \end{pmatrix}$, então $\left\|\vec{w}\right\| = 1$.

Observe: temos também que, se $\vec{u}$ é versor de $B_\lambda C_\lambda$ e $\vec{v}$ versor de $\overrightarrow{D_\lambda A_\lambda}$, então $\vec{w} = -(\vec{u}\ x\ \vec{v})$ é versor de $\overrightarrow{EF}$, pois $\overline{BC}$ é ortogonal a $\overline{DA}$ e $\{\overline{BC}, \overline{AD}, \overline{FE}\}$é base do $\mathbb{R}^3$.

Assim, temos $m\vec{w} = \overrightarrow{E_\lambda F_\lambda} = F_\lambda - E_\lambda$ ou $m\begin{pmatrix} w_1 \\ w_2 \\ w_3 \end{pmatrix} = \begin{pmatrix} f_1 \\ f_2 \\ f_3 \end{pmatrix} - \begin{pmatrix} e_1 \\ e_2 \\ e_3 \end{pmatrix}$. Se $E_\lambda \in \pi_{XZ}$ e $F_\lambda \in \pi_\theta$, obtemos $f_2 = mw_2$, pois $e_2 = 0$

$f_1 = m\dfrac{w_2}{tg_\theta}$, pois $f_2 = f_1 tg_\theta$, $e_1 = f_1 - m w_1 = m\left(\dfrac{w_2}{tg_\theta} - w_1\right)$

$f_3 = -e_3 \dfrac{m w_3}{2}$ (f_3 e w_3 têm o mesmo sinal). Disso resulta:

$$E_\lambda = m\begin{pmatrix} \dfrac{w_2}{tg\theta} - w_1 \\ 0 \\ \dfrac{-w_3}{2} \end{pmatrix} \in \pi_{xz},\quad F_\lambda = m\begin{pmatrix} \dfrac{w_2}{tg\theta} \\ w_2 \\ \dfrac{w_3}{2} \end{pmatrix} \in \pi_\theta \text{ e } B_\lambda, C_\lambda, D_\lambda, A_\lambda$$

são dados por $B_\lambda = E_\lambda - \dfrac{m}{2}\sqrt{2}\,\vec{u}$ $\quad C_\lambda = E_\lambda + \dfrac{m\sqrt{2}}{2}\vec{u}$ $\quad D_\lambda = F_\lambda - \dfrac{m\sqrt{2}}{2}\vec{v}$

$A_\lambda = F_\lambda + \dfrac{m\sqrt{2}}{2}\vec{v}$

Considerar um caleidosciclo de n tetraedros (n par) em $\lambda = 0°$ (FIG. 25).

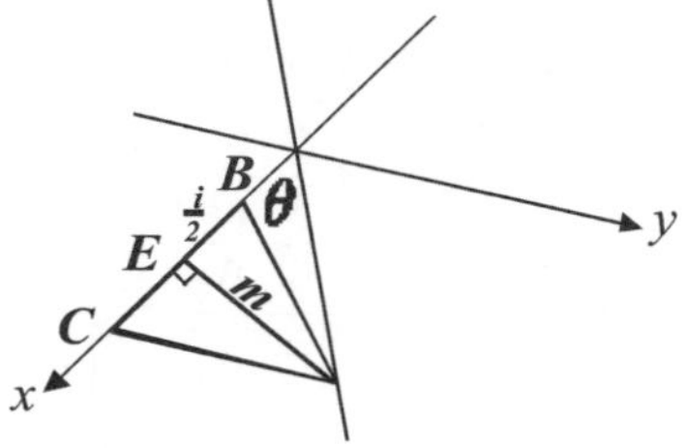

FIGURA 25

Seja e_1 a coordenada de E no eixo x $e_1 \geq \dfrac{i}{2} = \dfrac{m\sqrt{2}}{2}$, pois, caso contrário, vários tetraedros podem interceptar-se na origem.

De $e_1 = \dfrac{m}{tg\theta}$ e $\theta = \dfrac{2\pi}{n}$, obtemos $tg\dfrac{2\pi}{n} \leq \sqrt{2}$,

$$\left(\frac{m\sqrt{2}}{2} \leq e_1 = \frac{m}{tg\dfrac{2\pi}{n}} \Rightarrow tg\frac{2\pi}{n} \leq \frac{2m}{m\sqrt{2}} = \sqrt{2}\right).$$

Assim, $tg\dfrac{2\pi}{n} \leq \sqrt{2}$, cuja solução para n par é $n \geq 8$.

Se $n = 6 \Rightarrow tg\dfrac{2\pi}{6} = tg\dfrac{\pi}{3} = \left(sen\dfrac{\pi}{3}\right):\left(cos\dfrac{\pi}{3}\right) = \left(\dfrac{\sqrt{3}}{2}\right):\left(\dfrac{1}{2}\right) = \sqrt{3} > \sqrt{2}$. Disso, conclui-se que um caleidosciclo regular de seis tetraedros não pode ser levado para a posição $\lambda = 0°$. Portanto, não pode ser rodado de 360°, a menos que possamos esticar os triângulos equiláteros, tornando-os isósceles.

A.2. CASO GERAL

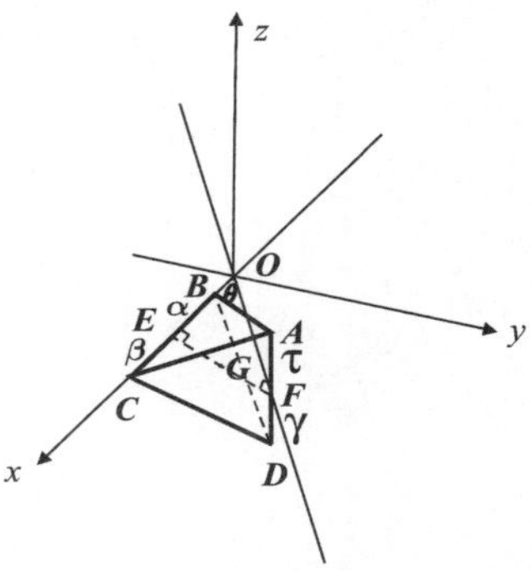

FIGURA 26

Para um tetraedro regular *ABCD* (FIG. 26), as posições de seus vértices são obtidas dos pontos *E* e *F* e dos vetores $\vec{u}$ e $\vec{v}$, de tal maneira que: $B = E - \frac{m\sqrt{2}}{2}\vec{u}$

$C = F + \frac{m\sqrt{2}}{2}\vec{u}$ $D = F - \frac{m\sqrt{2}}{2}\vec{v}$ $A = F + \frac{m\sqrt{2}}{2}\vec{v}$

para o escalar $\frac{m\sqrt{2}}{2}$.

Se tomarmos $B = E - \alpha\vec{u}$, $C = E + \beta\vec{u}$, $D = E - \gamma\vec{u}$ e $A = F + \tau\vec{v}$, onde α, β, γ e τ são escalares arbitrários e $|\alpha|, |\beta|, |\gamma|, |\tau| \le \frac{m}{tg\theta}$, obtemos círculos tridimensionais de tetraedros que podem ser ou não regulares.

B – ANÁLISE DOS TIPOS DE TETRAEDROS

I) Para $\alpha = \beta$, $\gamma = \tau$, obtemos caleidosciclos isósceles (todas as faces são triângulos isósceles).
Se $n \ge 8$ e $\alpha = \beta = \gamma = \tau = \frac{m\sqrt{2}}{2}$, temos caleidosciclos regulares (as faces são triângulos equiláteros).

Se $n = 6$, obtemos um caleidosciclo irregular (triângulos isósceles).

II) Se $\alpha = \beta = \gamma = \tau = \frac{m}{tg\theta}$, então, para $\lambda = 0°, \frac{\pi}{2}, \pi$ e $\frac{3\pi}{2}$, os vértices dos tetraedros encontram-se na origem O. Assim, temos caleidosciclos fechados.

III) Para $\beta = \tau = 0$, temos que as faces dos tetraedros são triângulos retângulos. $(C = E + 0\vec{u}, \quad A = F + 0\vec{v})$; nesse caso, os caleidosciclos serão retos.

IV) Caso especial: Cubo invertido: $n = 6$, $\alpha = \gamma = \frac{m}{tg\theta}$, $\beta = \tau = 0$. Para $\theta = arc\ cos\sqrt{\frac{2}{3}}$ esse caleidosciclo torna-se um cubo se prolongarmos as arestas $\overline{BC}$ e $\overline{AD}$ e as arestas correspondentes do outro tetraedro. Mais detalhes da análise dos tipos de tetraedros podem ser encontrados ENGEL (2003).

Finalmente, com a base teórica mencionada, e utilizada em várias referências bibliográficas, podem-se construir diversos tipos de caleidosciclos. Há que se ressaltar que, por possuírem muitas faces, ensejam a possibilidade de se utilizar ornamentos nas mesmas. Também, por sua especificidade de permitir movimentos rotacionais que permitem a repetição de padrões, remetem-nos à sua profunda analogia com os caleidoscópios, pois ambos possibilitam a reprodução de padrões simétricos.

TERCEIRA PARTE

CALEIDOSTRÓTON

RUY MADSEN BARBOSA

> Nesta terceira e última parte focalizaremos o caleidostróton; um material pedagógico muito bom para uso desde a pré-escola até o ensino médio.

Esse material foi introduzido no Brasil em 1996, quando Barbosa e Silva lançaram pela Lógica Brinquedos Educativos, de São José do Rio Preto/SP, as suas caixinhas com 80 peças quadradas (5,5 cm x 5,5 cm) com ornamentos retilíneos em uma face e curvilíneos na outra, disponíveis em duas cores, amarelo e verde. Anexo às caixinhas, um guia sugeria o seu uso educativo e fornecia 67 modelos de pavimentação, estimulando a criatividade.

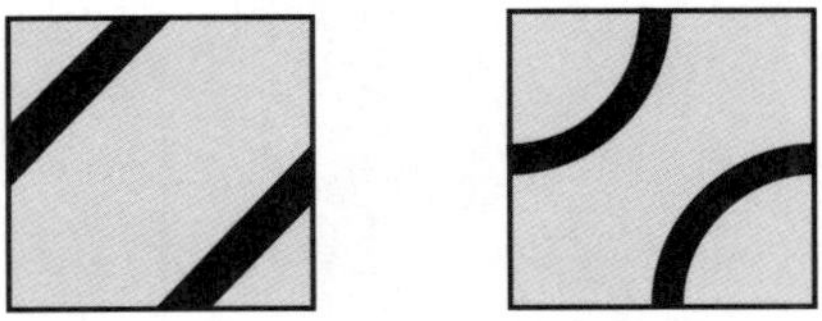

Cap. 1: Descobrindo o caleidostróton e criando novas peças;
Cap. 2: Mosaicos associados a sucessões e atabuadados;
Cap. 3: Construindo poliminós com peças de caleidostróton;
Cap. 4: Padrões de simetria em faixas.

*

CAPÍTULO 1

DESCOBRINDO O CALEIDOSTRÓTON E CRIANDO NOVAS PEÇAS

A –PRELIMINARES

A.1 - O QUE É O CALEIDOSTRÓTON?

O caleidostróton é um material pedagógico de fácil manipulação. Sua utilização tem sido testada e aprovada em muitos estabelecimentos de ensino em vários níveis de escolaridade.

Como agente lúdico, quer como motivador introdutório, seja como fixador de conhecimentos, o seu uso é sucesso. As pessoas que se dispuserem a trabalhar com caleidostrótons, numa breve análise, ficarão surpresas com o potencial recreativo e rapidamente observarão seu caráter educativo face a suas possibilidades de abordagem, aplicabilidade e abrangência. Destaque-se o estímulo à criatividade e desenvolvimento do sentido estético, além da imaginação espacial e percepção de contiguidades.

A.2 - ETIMOLOGIA

Estudamos nas partes anteriores os caleidoscópios e os caleidosciclos, cujos nomes têm sua origem em dois vocábulos gregos:

καλος *(kalos) = belo e* ειδος *(eidos) = forma*
de onde acrescentando, respectivamente,
σκοπειν *(skopein)* = ver, temos
caleidoscópio (ver formas belas),
κικλος *(kiklos)* = ciclo, temos
caleidosciclo (ciclos de formas belas).

Analogamente, se juntarmos στροτον *(stroton)* = disposição, espalhar, então teremos **caleidostróton** (dispor formas belas ou disposição em formas belas), denominação criada pelos dois autores já citados com sugestões do Dr. Irineu Bicudo (UNESP, Rio Claro).

A.3 - COMPONENTES

Todo caleidostróton é constituído de um conjunto de peças (em bom número) da mesma forma geométrica, preferencialmente quadrados, hexágonos regulares ou triângulos equiláteros, pois esses são os únicos polígonos regulares que pavimentam (tesselam) o plano monoedralmente. É conveniente que seus lados tenham no mínimo 4 cm, para que sejam de fácil manipulação.

Cada peça deve possuir um ornamento geométrico, ou da flora ou da fauna. Havendo possibilidade, sugerimos que sejam empregadas cores ou texturas.

Um procedimento alternativo ou complementar, ou mesmo auxiliar, é o de trabalhar em papel de redes de pontos: quadrangular ou triangular isométrica.

A.4 - CONSTRUÇÃO

O trabalho com as peças do caleidostróton deve ser realizado sobre um plano. Para trabalhos individuais dos alunos pode ser usado o próprio plano da carteira, ou então, para trabalho em grupo, o plano de uma mesa maior (usar mais peças).

As peças devem ser colocadas sobre um plano, sucessiva e indefinidamente, obtendo-se assim uma pavimentação do plano (ou pavimentação parcial do plano). Essa tarefa é executada como fazem os pedreiros, assentando ladrilhos ou azulejos sobre pisos e paredes. No caso das crianças e jovens, eles vão juntando as peças lado de uma com lado de outra, de maneira adequada, tendo por objetivo formar *mosaicos ornamentais* ou simplesmente mosaicos com figuras geométricas (repetidas). Os ornamentos de cada peça permitem obter mosaicos com visuais diferentes desde que sejam colocadas numa ou outra disposição. Cabe ao professor (ou aos pais) apenas a parte de exibir um ou outro mosaico já pronto ou em fase de construção. Sabemos por experiências realizadas que dar o modelo para copiar é uma tarefa não fácil, e a tendência dos estudantes é criar os seus mosaicos. O que pode acontecer é que alguns não apresentam uma repetição uniforme em todo o mosaico; então pequenas interferências são recomendadas.

Nas duas figuras dadas a seguir simulamos com a peça quadrada de ornamentos retilíneos e com a de ornamentos curvilíneos a construção de mosaicos.

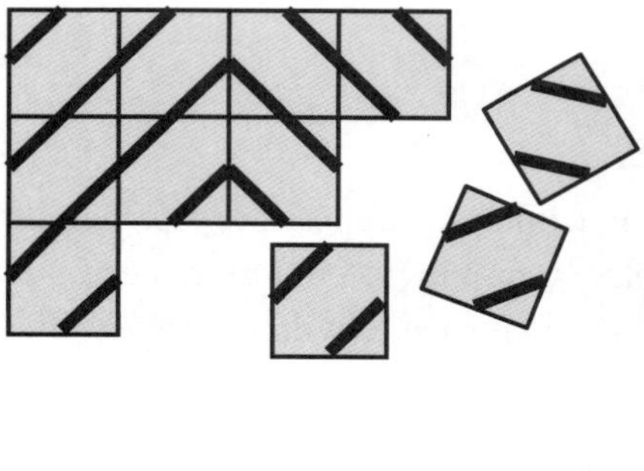

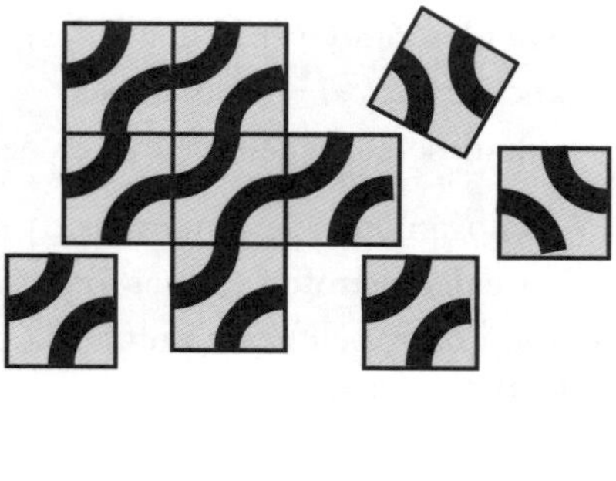

B – PRIMEIRO GRUPO DE ATIVIDADES

AT.1- CRIAR DOIS MOSAICOS COM AS PEÇAS QUADRADAS:

a) de forma 8 x 8 cm com ornamentos retilíneos;

b) de forma 8 x 8 cm com ornamentos curvilíneos.

Solução de a)

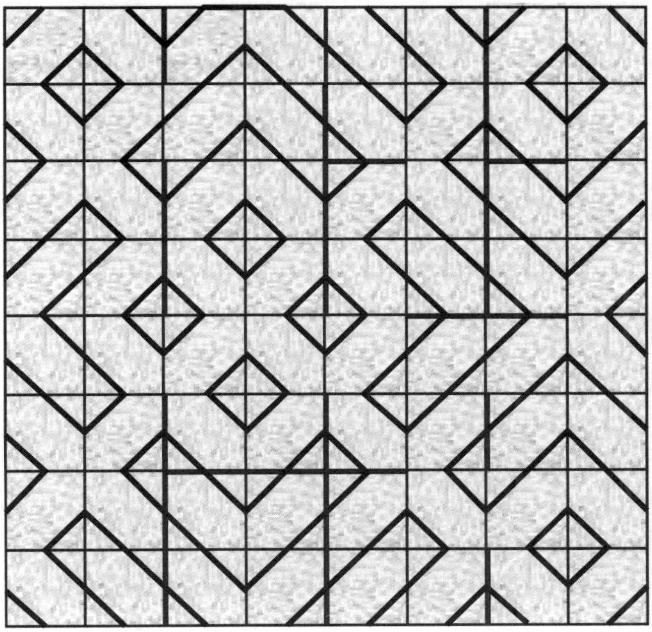

Solução de b)

Atenção

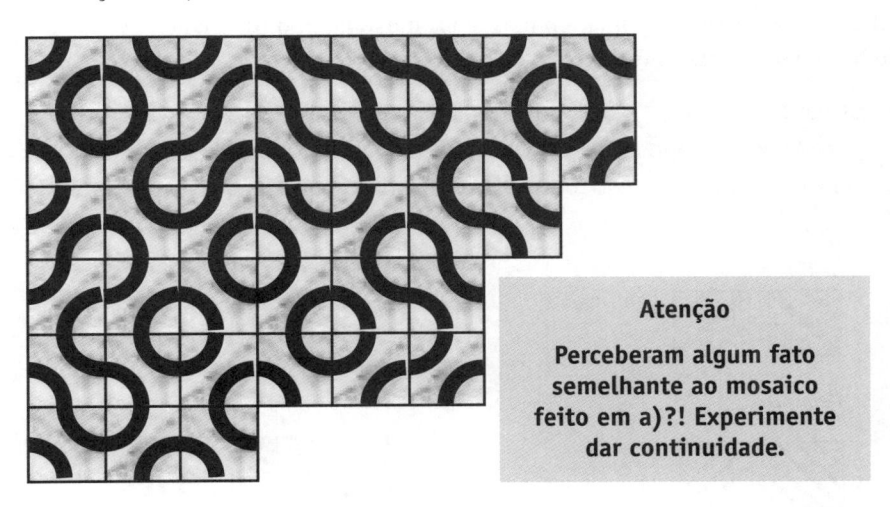

Perceberam algum fato semelhante ao mosaico feito em a)?! Experimente dar continuidade.

AT.2 - CONSTRUIR DUAS FAIXAS ORNAMENTAIS 4 X 10 CM COM PEÇAS QUADRADAS

a) com ornamentos retilíneos;

b) com ornamentos curvilíneos.

Exemplos de solução:

C - NOVAS PEÇAS

Os interessados poderão construir outras peças para os seus caleidostrótons. Oferecemos a seguir algumas com as quais trabalharemos de maneira diversificada conforme os interesses vigentes na ocasião.

Peças quadrangulares

Nas ilustrações indicamos nove peças, as três primeiras com duas posições 1 e 2, e as outras seis com quatro posições possíveis, às quais chamaremos, posições 1, 2, 3 e 4.

Peça A

Peça B

Peça C

Peça D

Peça E

Peça F

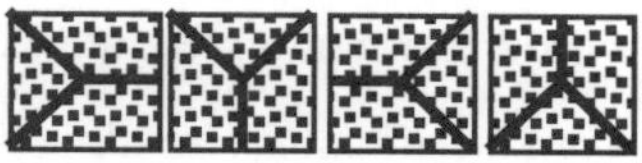

Peça G

Peça H

Peça I

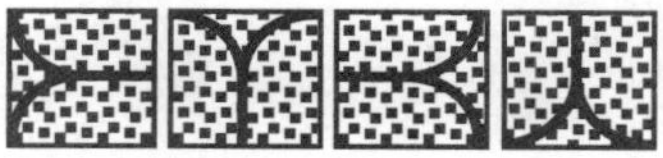

D –NOVOS MOSAICOS

Mosaico com a peça A (1 e 2)

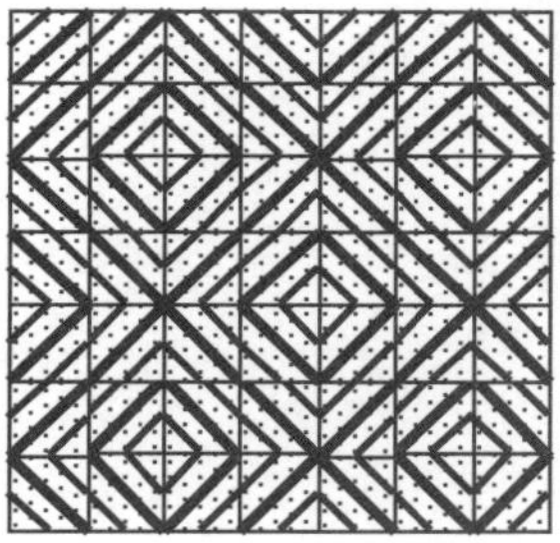

Mosaico com a peça B (1 e 2)

Mosaico com a peça C (1 e 2)

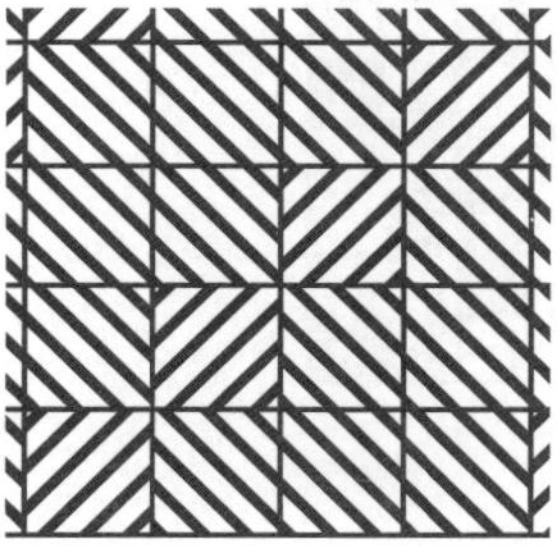

Mosaico com a peça F (1 e 3)

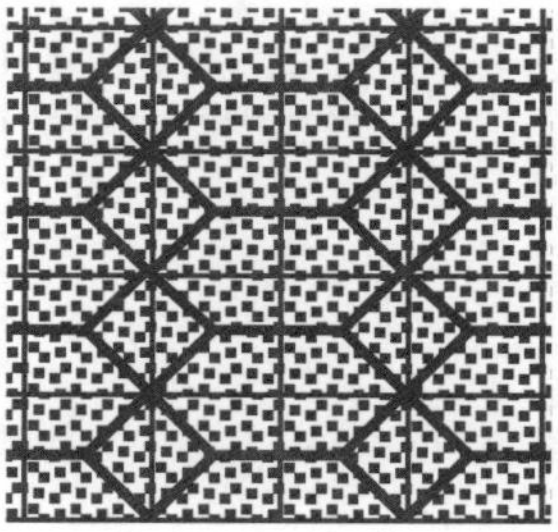

Mosaico com a peça F (2 e 4)

Mosaico com a peça I (1, 2, e 3)

Mosaico com a peça D (1 e 2)

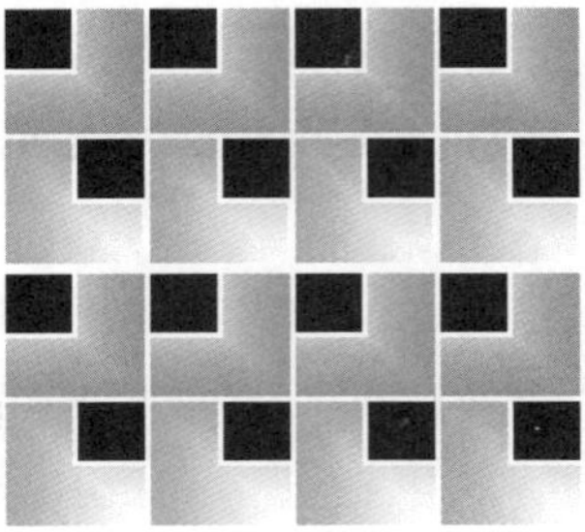

Mosaico com a peça D (3 e 1)

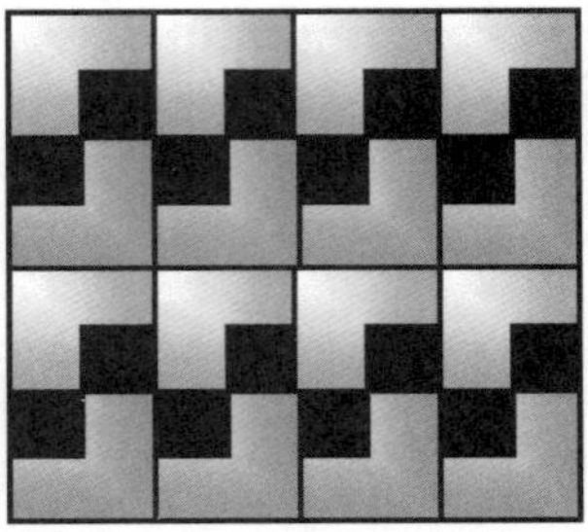

Mosaico com a peça D (4 e 1)

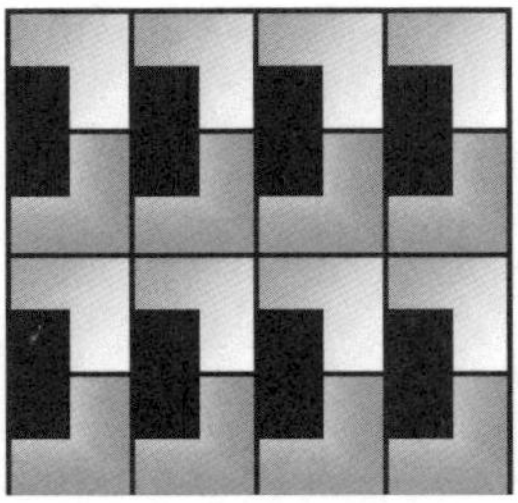

Esquema

3	4
2	3

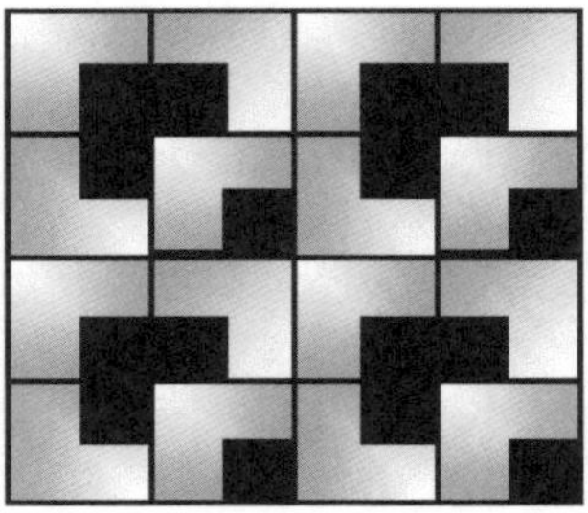

Esquema

3	2
4	1

Mosaicos com a peça peça G

Esquema

2	3
1	4

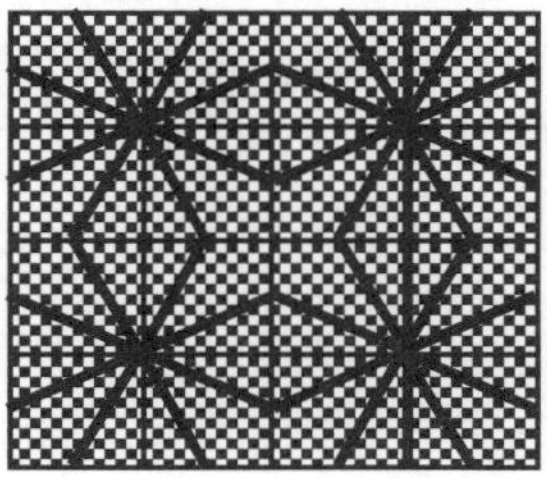

Esquema

2	1
3	4

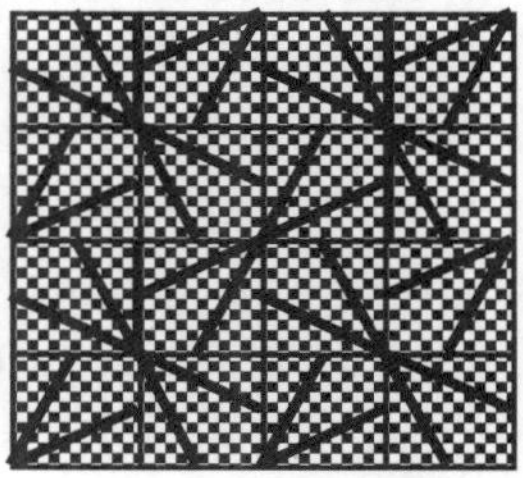

E –ATIVIDADES

Atividade 1

Construir mosaicos com as peças A, B e C.

Atividade 2

Convidamos o leitor construir um mosaico 8 x 8 cm usando o esquema *dado ao lado para a peça D.*

3	4	3	2
2	3	4	1
3	2	3	4
4	1	2	3

Sugestão: Fazer em papel quadriculado

Atividade 3

Construir dois mosaicos de sua criatividade com a peça F.

Atividade 4

Construir dois mosaicos de sua criação com a peça H.

Atividade 5

Construir faixas de largura 4 e comprimento 10 usando peças de sua escolha.

Atividade 6

Descobrir os esquemas respectivos dos dois mosaicos dados a seguir com a peça D.

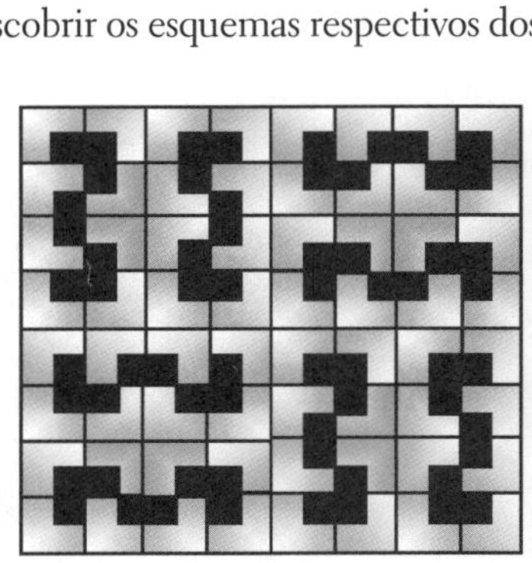

F - INDICAÇÕES BIBLIOGRÁFICAS

BARBOSA,R.M.- Caleidostróton, caleidosciclos e caleidoscópios.

(notas de aula), Salão Internacional do Livro de São Paulo, Câmara Brasileira do Livro, S.P., 1999.

MURRAY,J. - *Quilt-4,* Micromath,12-2, 1996, 19-20.

SHARP,J. - *New tiles from old,* Micromath, 9 -2, 1993, 16-19

SILVA,E.A. e SOUZA,D.- *Construindo mosaicos ornamentais através do Caleidostróton e do SLOGOW,* Rev de Educação Matemática 3,1997, 33-41.

SILVA,E.A.; BARBOSA,M.R.D. e BARBOSA,R.M. - *Brincando e aprendendo com o caleidostróton,* Rev de Educação Matemática,5, 1999, 27-34

SOUZA,D.e SILVA,E.A.- *Da representação geométrica de padrões numéricos através de mosaicos com motivos quadrados e hexagonais com auxílio do Logo,* Rev de Educação Matemática, 4, 1998, 33-42.

*

CAPÍTULO 2

MOSAICOS ASSOCIADOS A SUCESSÕES E ATABUADADOS

A - ASSOCIAÇÃO DO CALEIDOSTRÓTON COM SUCESSÕES NUMÉRICAS

A.1 - APRENDENDO A ASSOCIAR

Consideremos um quadriculado qualquer, por exemplo o 5 x 6.

Enumeremos todas as suas quadrículas sucessivamente: 1, 2, 3... 28, 29 e 30 (o que pode ser feito apenas mentalmente).

Em seguida, escolhemos uma peça de caleidostróton e duas formas de seus posicionamentos, as quais indicamos com *sim* e *não*, respectivamente.

sim  não 

Estamos prontos para associar.

Seja agora uma sucessão numérica, por exemplo, 2, 6, 10, 14, 18, 22, ... (neste caso uma progressão aritmética, mas pode ser qualquer tipo de sucessão) que inicia com o 2 e vai somando de 4 em 4 (de simples entendimento até para crianças do ensino fundamental).

Regra de associação:

a) Colocamos em quadrículas, cujo número de ordem pertença à sucessão, peça na posição à qual atribuímos **sim**;

b) Colocamos em outras quadrículas peça à qual atribuímos **não.**

Sim  Não 

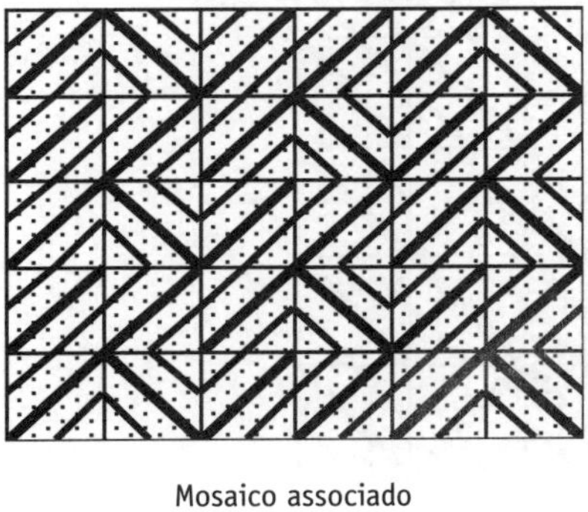

Mosaico associado

PREPARE-SE

É muito provável que algum estudante lhe pergunte:

- E se trocarmos o sim com o não o que acontece?

Vamos trocar o sim com o não. Investiguemos.

SIMULAÇÃO DE DIÁLOGO

"– Parece que o desenho é o mesmo".
"– Isso não é correto. E as suas inclinações? Elas são diferentes.
O primeiro tem 45° para a direita, o segundo tem para a esquerda."
– De fato, se girarmos o primeiro mosaico de 90°, ele terá a mesma inclinação que o segundo.
"– Professor, ele fica 6x5."
– Tudo bem, tem um pouco de razão. Então faça o seguinte:
Considere um eixo horizontal que separe as 2,5 linhas de cima das 2,5 linhas de baixo.
Agora faça em relação a esse eixo uma reflexão, continuará sendo 5x6, e os mosaicos ficam idênticos. Equivale girar a parte de cima para baixo e a parte de baixo para cima ao redor do eixo.
Podemos dizer que os mosaicos são equivalentes.

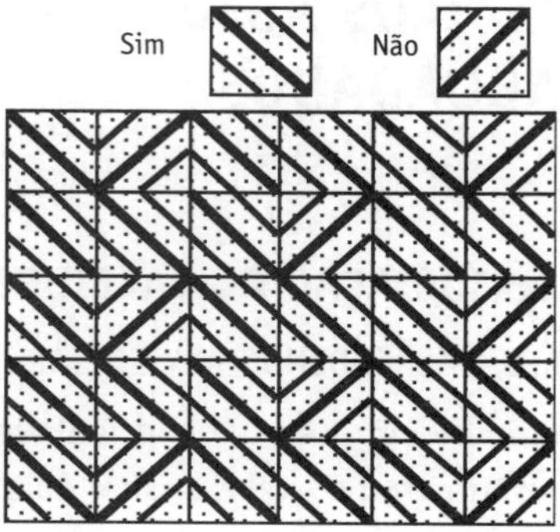

Segundo mosaico

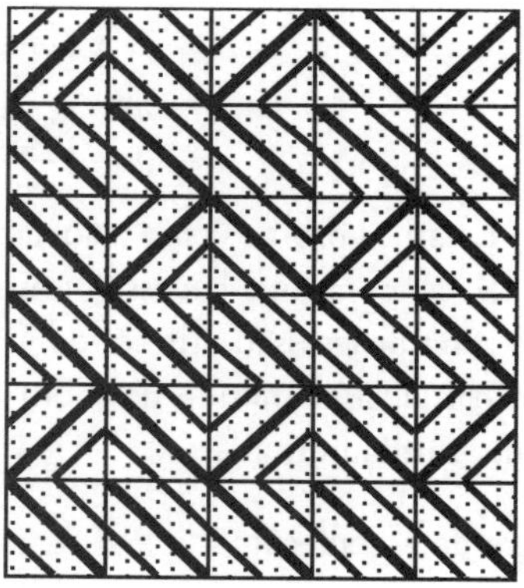

Primeiro girado de 90°

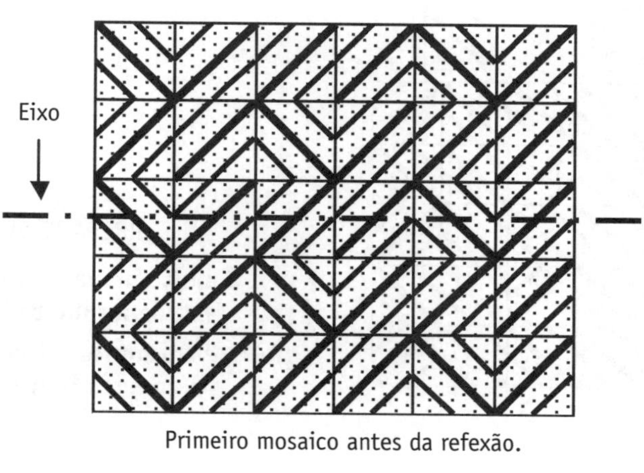

Primeiro mosaico antes da refexão.

E AGORA?! SEMPRE ACONTECERÁ ISSO ?

Depende da sucessão ou do quadriculado.

Para fins de esclarecimento fizemos, os dois mosaicos 4 x 5 com a mesma peça e igual sucessão.

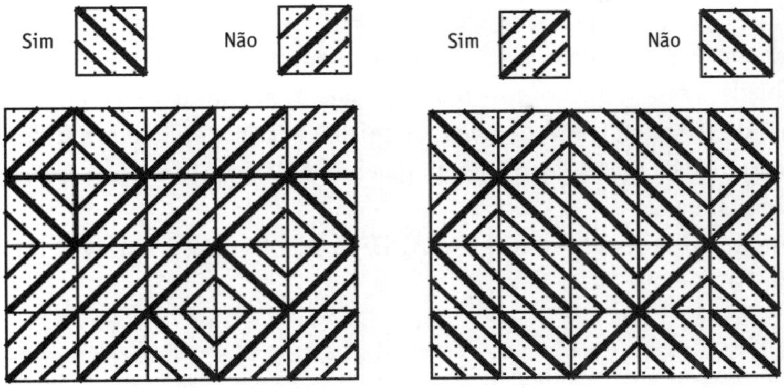

Nota: Verifica-se que os mosaicos são diferentes, os desenhos formados são desiguais, e não ficam iguais com rotações ou reflexões (eixos verticais ou horizontais).

A.2 - ATIVIDADES

Atividade 1

Situação: É dada a sucessão 1, 4, 7, 10, 13, 16, 19 ... (somando de 3 em 3, mas espere o aluno descobrir).

Problema: *Construir o mosaico associado aos quadriculados:*

a) 5 x 6 com a peça F, sim-2 e não-4,

b) F, sim-4 e não-2;

c) 6 x 8 com a peça G, sim-1 e não-3,

d) G, sim-2 e não-4;

Atividade 2

Situação: É dada a sucessão 3, 5, 8, 10, 13, 15, 18, 20 ... (somando 2 e 3 alternadamente, mas espere...).

Problema: *Construir o mosaico associado aos quadriculados*

a) 6 x 6 com a peça H, com as posições 2 e 3.

b) 7 x 7 com a peça B, sim-1 e não-2;

c) 8 x 8 com a peça C, sim-2 e não-1.

Atividade 3

Situação: Temos a sucessão 1, 2, 3, 5, 6, 7, 9, 10, 11 ... (como é a sucessão? Mas espere a descoberta!).

Problema: *Construir um mosaico correspondente com peça livre.*

B - E AS TABUADAS ? ! ! !

B.1 - INTRODUZINDO OS ATABUADADOS

Fundamentalmente as tabuadas fornecem os múltiplos de um determinado número que dá o nome correspondente; assim, por exemplo, a tabuada do 6 é dada por 6x1, 6x2, 6x3, etc., produtos que fornecem a sucessão 6, 12, 18, etc. Portanto, podemos construir mosaicos associados a essas sucessões de múltiplos em qualquer quadriculado. Porém, preferimos considerar quadriculados n x 10, onde n é o fator constante da tabuada. Dessa maneira a tabuada do 6 (sucessão dos múltiplos de 6) será representada geometricamente em quadriculado 6 x 10, e assim analogamente para outras tabuadas.

Denominamos esses mosaicos ATABUADADOS, respectivamente do 2, do 3, do 4... do 10.

Ilustrações:

Usaremos em todos atabuadados a mesma peça A, considerando:

sim  não 

ATABUADADO DO 2

ATABUADADO DO 3

ATABUADADO DO 4

ATABUADADO DO 5

ATABUADADO DO 6

ATABUADADO DO 7

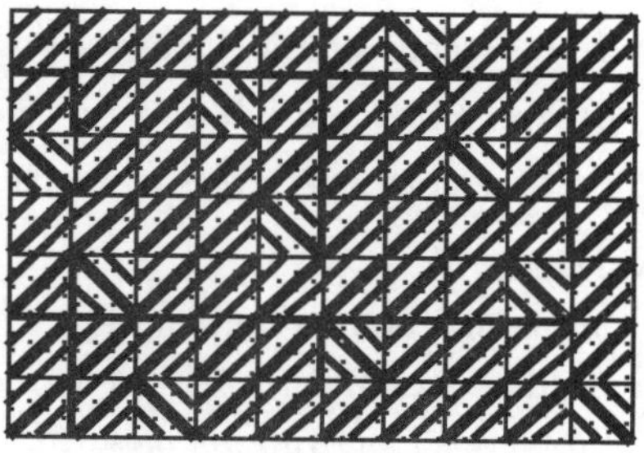

ATABUADADO DO 8

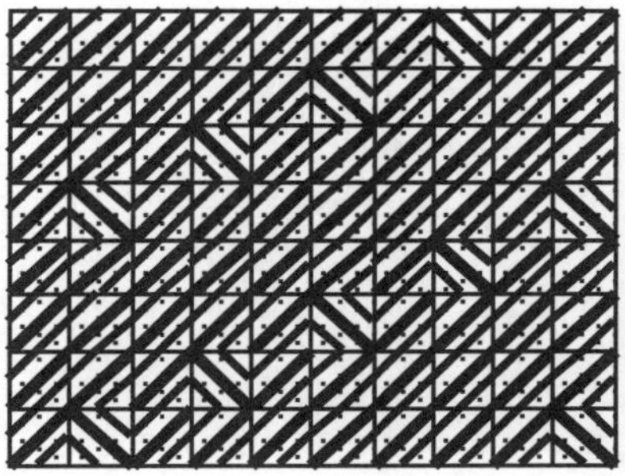

ATABUADADO DO 9

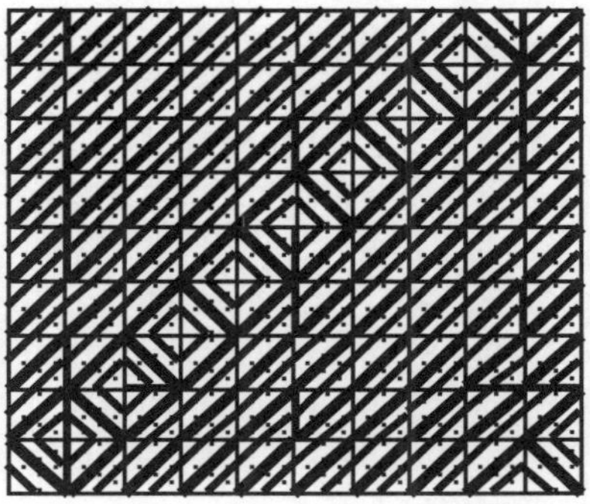

ATABUADADO DO 10?

Pense um pouco e saberá como é o seu desenho.

Aliás, são muito boas as atividades de construção dos atabuadados trocando o sim com o não.

*

CAPÍTULO 3

PADRÕES DE POLIMINÓS COM PEÇAS DE CALEIDOSTRÓN

Neste capítulo estudaremos um tipo de atividade com as peças de caleidostróton formando poliminós, buscando descobrir o número de padrões possíveis.

A - RECAPITULANDO POLIMINÓS

A.1- O QUE É POLIMINÓ ?

Em Barbosa (2008) o autor conceitua: "*Os poliminós são geometricamente caracterizados como figuras planas geradas pela conexão de quadrados congruentes (iguais) pelo menos por um lado*".

A.2- CLASSIFICAÇÃO

Em seguida, classifica-os conforme o número de quadrados componentes: dominó, triminós, tetraminós, pentaminós, hexaminós..., com respectivamente dois, três, quatro, cinco, seis... quadrados; e em particular, por extensão monominó, com um só quadrado.

A.3- SUBCLASSES

Esses poliminós, classificados quanto ao número de quadrados componentes, possuem subclasses quanto à sua forma. Assim, só existe uma subclasse de dominó, duas de triminós, cinco de tetraminós, doze de pentaminós, etc., como representado a seguir:

monominó

dominó

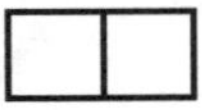

triminós

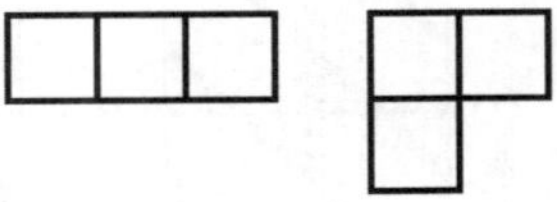

tetraminós

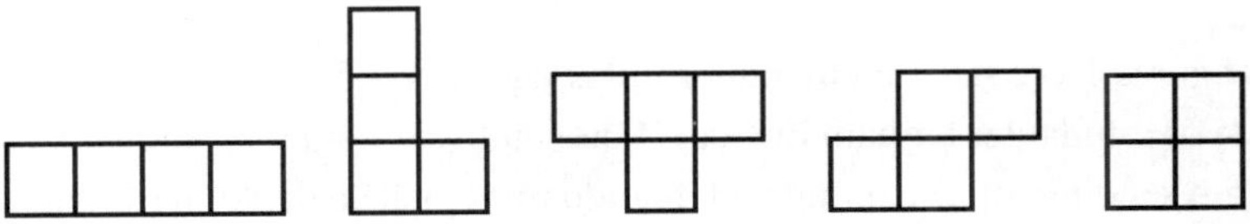

pentaminós

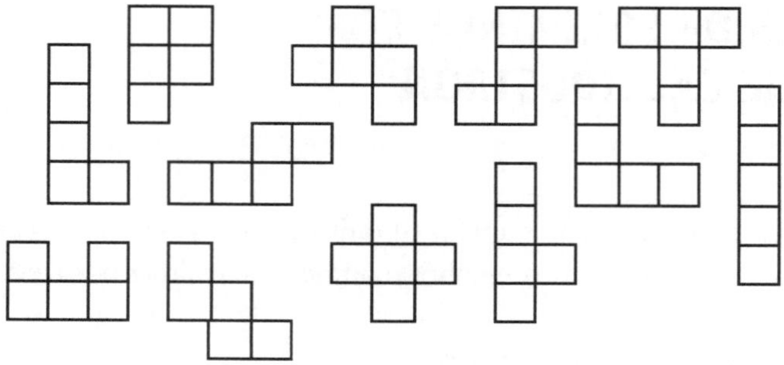

Nota: Existem 36 hexaminós, 107 heptaminós, etc.

B - CONCEITUANDO PADRÕES DE POLIMINÓS

B.1 - APRENDENDO

Consideremos o quadrado dado abaixo, constituído de 4 quadrados menores (é o tetraminó-quadradão) ao qual chamaremos de figura-base (em nosso trabalho aqui proposto).

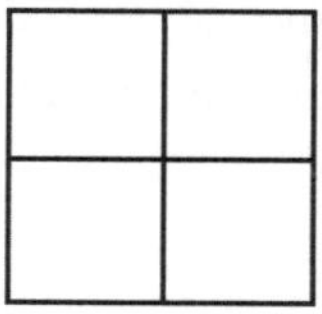

Podemos compô-lo com peças de caleidostróton (com ornamentos retilíneos) obtendo, por exemplo, as figuras 1, 2, 3 e 4 que são pavimentações (tesselações) da figura-base com peças tradicionais de caleidostróton.

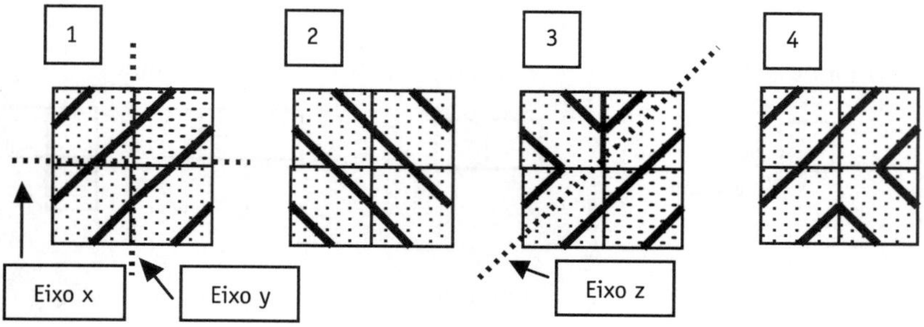

As figuras 1 e 2 são claramente distintas das figuras 3 e 4; mas, entre si, possivelmente os estudantes tenham dúvida, já que tanto a 1 com a 2, como a 3 com a 4, aparentam ser diferentes. Contudo, efetuando uma rotação de 90° na 1 obtemos a 2, identificando-as. Da mesma maneira, efetuando uma rotação de 180º (meia volta) na 3, obtemos a 4. Podemos identificar a 1, com a 2 também efetuando uma simetria reflexional em relação a uma reta x horizontal, ou mesmo uma simetria reflexional em relação a uma reta y vertical servindo de eixos de reflexão. Com procedimento análogo, uma simetria reflexional em relação a um eixo z de reflexão dado por uma das diagonais da 3 a identifica com a 4.

Em outras palavras, diz-se que as figuras 1 e 2 são *equivalentes* por simetrias; pertencem a uma mesma *classe*, e que elas *definem um padrão*. Analogamente, a 3 e a 4 pertencem a uma outra *classe de equivalência*. Dizemos que qualquer das figuras é *representante da classe* a que pertence e explicita visualmente o padrão definido pela classe. É usual indicar que **a** é equivalente a **b** por **a** ≡ **b**.

B.2 - PADRÕES DE POLIMINÓS COM PEÇAS DE CALEIDOSTRÓTON

Estudaremos a seguir a determinação de padrões possíveis para figuras-base do tipo poliminó, usando a ludicidade das peças de caleidostróton.

Ilustração modelo n.1:

Situação: Dispomos de uma figura-base da forma de um **triminó reto** e peças B (com ornamentos curvilíneo e retilíneo) de caleidostróton.

Problema: Construir os padrões do triminó reto com as peças B usando ou a posição 1 ou a 2, determinando o número de padrões.

Figura-base

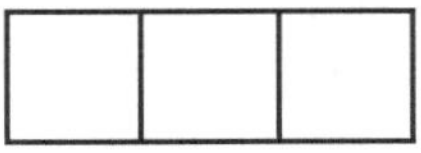

Peça B

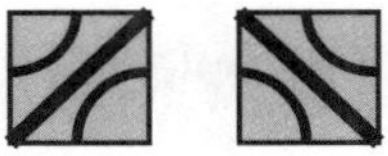

Descobrindo:

Iniciamos pavimentando a figura-base de todas as maneiras possíveis

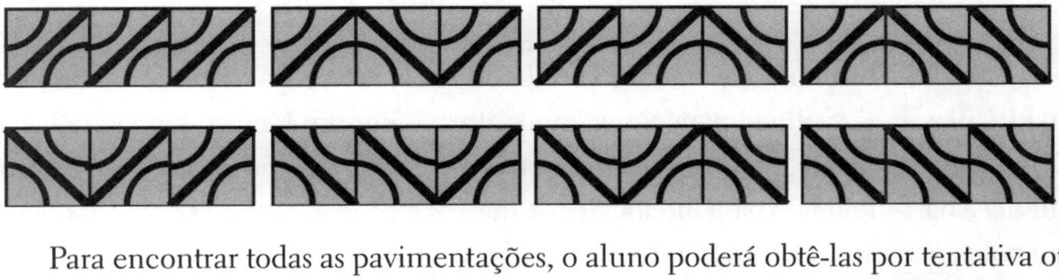

Para encontrar todas as pavimentações, o aluno poderá obtê-las por tentativa ou então um pouco metodicamente colocando na primeira linha todas aquelas nas quais a primeira quadrícula tem a peça B na posição 1 e, na segunda linha, todas aquelas com a primeira quadrícula na posição 2. Por outro lado, se aluno do ensino médio poderá empregar uma árvore de possibilidades com bifurcações sucessivas 1 e 2 totalizando $2^3 = 8$, o que também poderia obter pela regra do produto para as opções: $2 \times 2 \times 2 = 8$.

Após encontrarmos todas, vamos realizar identificações, se existirem.

A pav. 1 é idêntica à 8 por uma reflexão em relação a um eixo vertical que divide a quadrícula central em duas partes iguais. Portanto, a 1 é equivalente à 8.

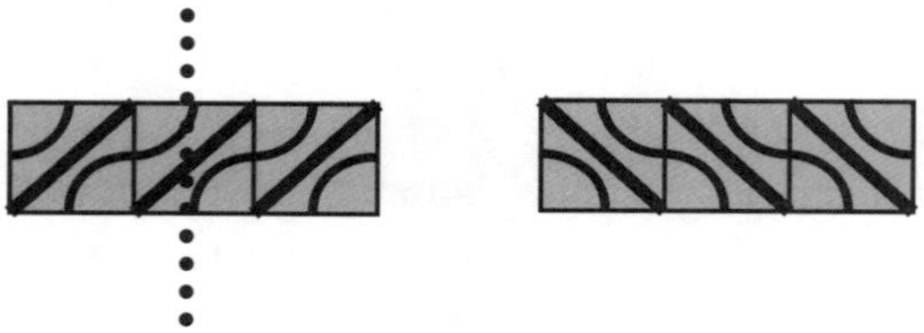

A pav. 2 é equivalente à 7 por reflexão em relação ao mesmo eixo.

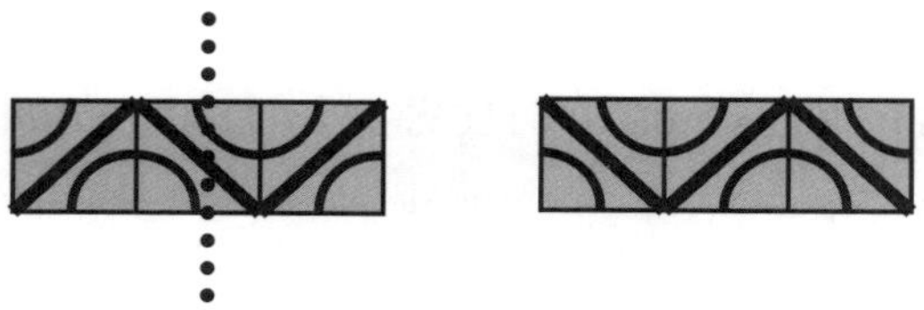

A pav. 3 é equivalente à 4 por reflexão em relação ao mesmo eixo.

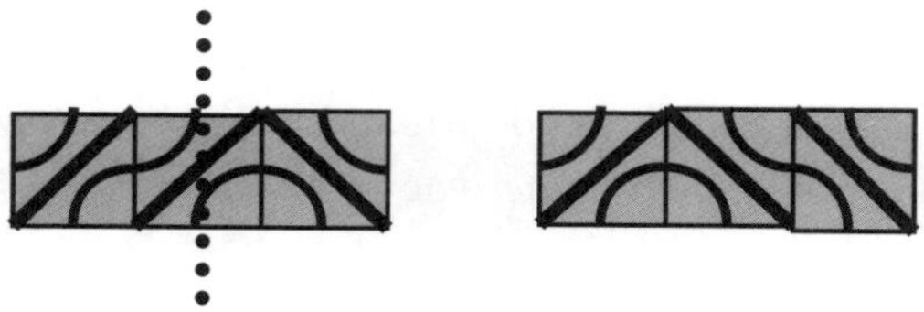

A pav. 5 é equivalente à 6 por reflexão em relação ao mesmo eixo.

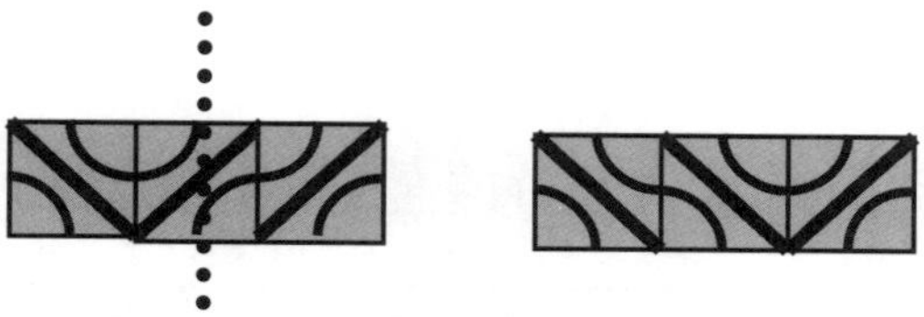

Contudo, examinando melhor verifica-se que a 4 tem um bico, formado pelas quadrículas 1 e 2, voltado para cima; enquanto a 5 tem um bico voltado para baixo. Observa-se ainda que a terceira quadrícula tem o ornamento na 4 inclinado para esquerda e na 5 inclinado para direita. Segue que a 4 é equivalente à 5 por uma reflexão em relação a um eixo horizontal mediano do triminó.

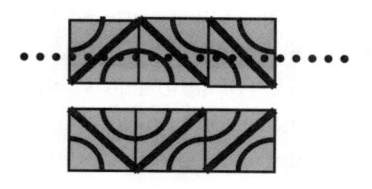

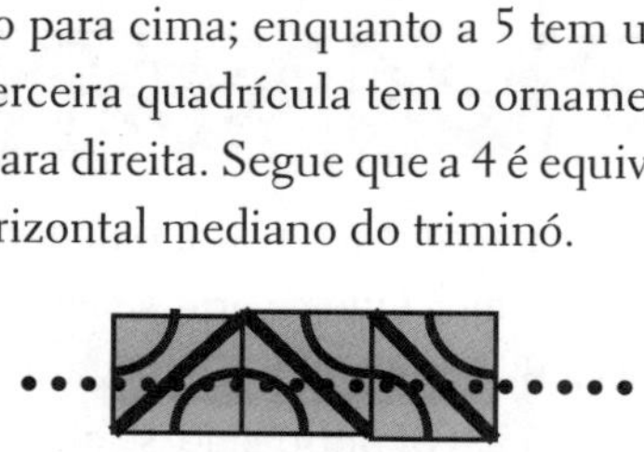

E agora? A 3 equivale à 4, a 4 é equivalente à 5, a 5 é equivalente à 6; então todas essas quatro pavimentações pertencem à mesma classe de equivalência.[2] De fato, poderá ser verificado, por exemplo, que 6 é equivalente a 3,etc.

Classes

O triminó reto tem 3 classes de equivalência ou 3 padrões de pavimentação com a peça B de caleidostróton.

{1, 8}, {2, 7}, {3, 4, 5, 6}

E cada padrão é dado por qualquer representante da classe.

Ilustração modelo n.2

Determinar os padrões de pavimentação do tetraminó-quadradão (o 2 x 2) com a peça A de ornamentos retilíneos de caleidostróton.

Figura-base

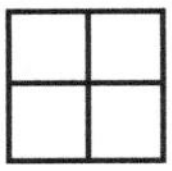

Peça A

Número total de figuras = 2x2x2x2 = 16

Número de Padrões do tetraminó-quadradão = 6

Solução:

com 2, 4, 4, 4, 1 e 1 representantes, respectivamente.

C - ATIVIDADES

Atividade 1 - Determinar os padrões do triminó não-reto usando a peça A.

Atividade 2 - Determinar os padrões dos tetraminós usando para

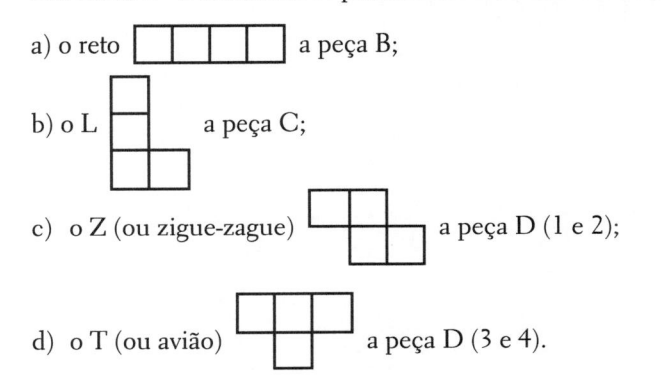

a) o reto 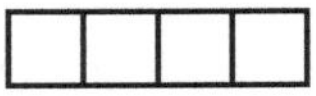 a peça B;

b) o L 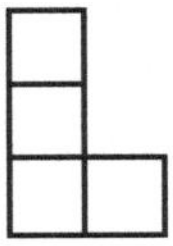 a peça C;

c) o Z (ou zigue-zague) 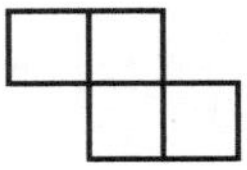 a peça D (1 e 2);

d) o T (ou avião) 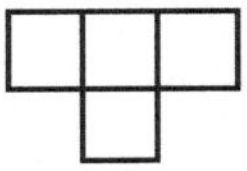 a peça D (3 e 4).

---

[2] A equivalência goza de três propriedades: Reflexiva (a ≡ a), Simétrica (Se a ≡ b então b ≡ a) e Transitiva [(Se a ≡ b e b ≡ c) então (a ≡ c)].

Atividade.3 - Determinar os padrões de pentaminós usando para

a) o reto 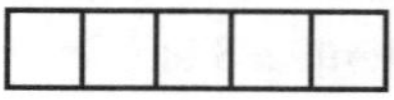 a peça E (1 e 2);

b) o P 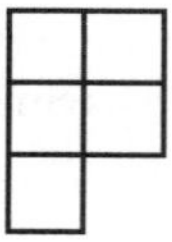 a peça E (3 e 4);

c) o T 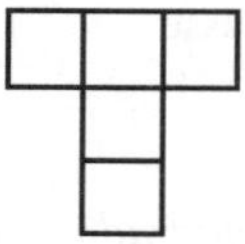 a peça F (1 e 3);

d) a cruz 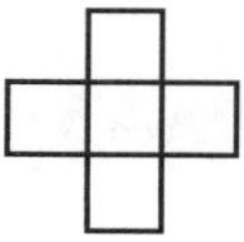 a peça G (2 e 4);

e) o U 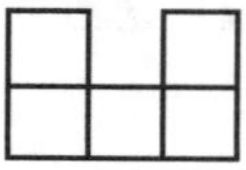 a peça H (1 e 2);

f) o canto 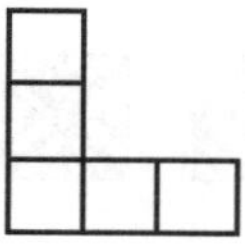 a peça I (3 e 4).

Atividade 4 -Atividade especial para licenciandos em matemática:

Determinar os padrões do tetraminó-quadradão usando as peças tradicionais (ornamento retilíneo e ornamento curvilíneo) de caleidostróton.

*

CAPÍTULO 4

PADRÕES DE SIMETRIA EM FAIXAS

A - INTRODUÇÃO ÀS FAIXAS

A.1- PENSANDO SOBRE FAIXAS

Podemos contemplar faixas decorativas de diversas culturas, algumas até bastante antigas, e outras de ambientes atuais. Assim, as encontramos nos palácios e igrejas, nos murais e painéis, nos capitéis das colunas, nos vitrais, ou mesmo nos pisos, nas calçadas, nos gradis e grades das casas e jardins, nas cortinas, almofadas, toalhas e tapetes. O leitor com certeza já visualizou algo que às vezes identifica algumas delas, além do fato comum de terem todas repetições das figuras componentes; as quais, conforme as suas disposições, lhe forneceram, não raramente, uma sensação de harmonia e beleza.

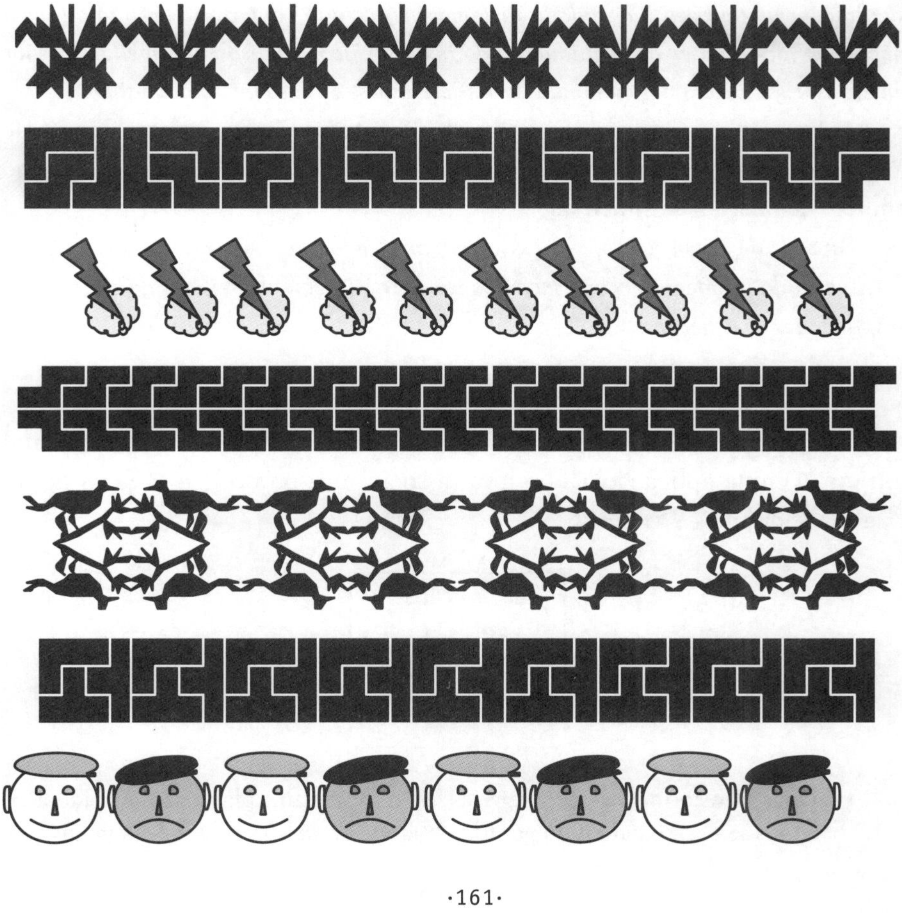

Estudaremos neste capítulo as características das faixas que as distinguem ou as identificam em padrões. Na verdade, diríamos mesmo que, conforme a própria intuição emergente face à observação cuidadosa do belo artístico, analisaremos melhor as suas simetrias. Esse estudo nos conduzirá a um relevante e curioso fato matemático:

As faixas que possuem a repetição (idealmente infinita) na mesma direção de sua componente principal, o motivo, serão classificadas em apenas um pequeno número de padrões de simetria.

Para alcançarmos tal objetivo, nos serviremos de peças de caleidostróton

Contudo, é adequado que façamos antes uma pequena revisão de conceitos e propriedades de simetrias.

A.2 - TRANSFORMAÇÕES GEOMÉTRICAS

Consideraremos transformação geométrica de um plano π em si mesmo (ou em π) toda aplicação T que leva (associa) um ponto $P \in \pi$ num ponto $P' \in \pi$. Indicamos $\mathcal{T}(P) = P'$.

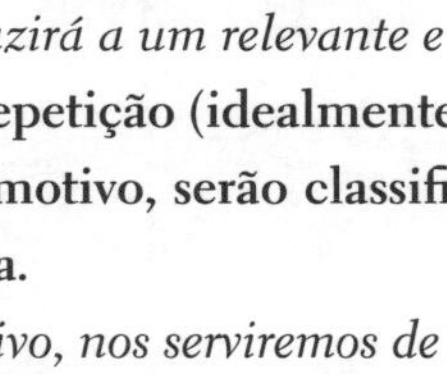

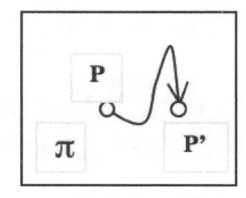

- Duas transformações geométricas $\mathcal{T}_1$ e $\mathcal{T}_2$ de um plano são consideradas *iguais* se e só se para todo ponto do plano seus transformados são iguais.

- Uma transformação geométrica $\mathcal{T}$ de um plano é *idêntica* (ou identidade) se e só se para todo ponto do plano o transformado é ele próprio. Indicamos a identidade por I, logo I(P) = P.
- Uma transformação geométrica $\mathcal{T}$ é *produto* de duas transformações $\mathcal{T}_2$ e $\mathcal{T}_1$ (nessa ordem) do mesmo plano se e só se para todo ponto P do plano temos $\mathcal{T}(P) = \mathcal{T}_2[\mathcal{T}_1(P)]$. Indicamos com $\mathcal{T} = \mathcal{T}_2\,\mathcal{T}_1$.
- Uma transformação geométrica $\mathcal{G}$ é *inversa* de $\mathcal{T}$ se e só se $\mathcal{G}\mathcal{T} = \mathcal{T}\mathcal{G} = I$. Indicamos a inversa $\mathcal{G}$ de $\mathcal{T}$ por $\mathcal{T}^{-1}$.. Segue que se $\mathcal{T}(P) = P'$ então $\mathcal{T}^{-1}(P') = P$.
- Uma transformação geométrica é *involução* (ou involutiva) se e só se o produto dela por ela mesma é a transformação identidade.
- O produto de transformações geométricas é associativo.

A.3 - ISOMETRIA

Uma transformação é *isometria* (ou isomeria, ou isométrica) se e só se conserva distâncias. Assim, se ela transforma A em A', e B em B', então o segmento A'B' é congruente a AB.

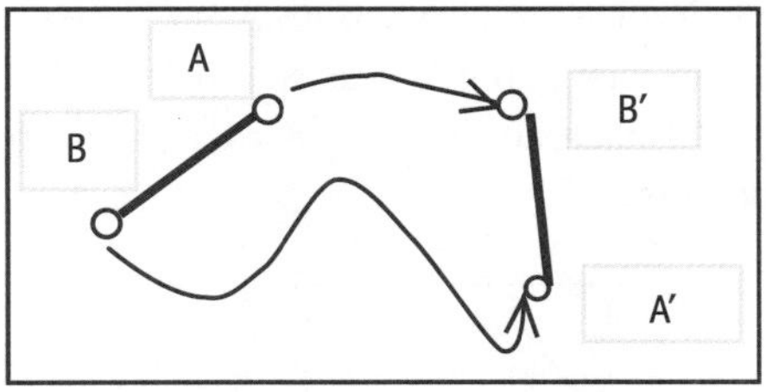

- Se uma transformação é isometria (mesma medida), então transforma reta em reta.
- Se uma transformação é isometria, então transforma retas perpendiculares (paralelas) em retas perpendiculares (respec. paralelas).
- Se uma transformação é isometria, então transforma ângulos em ângulos congruentes.
- Se duas transformações são isometrias, então o produto é isometria.

A.4 - SIMETRIAS

Uma simetria é toda transformação que é isometria. Consideraremos quatro tipos de simetrias.

1) Translação

Uma transformação T do plano é uma *Translação* de vetor **v** se e só se a todo ponto P do plano associa-se um ponto P' tal que o vetor PP' é igual ao vetor *v* .

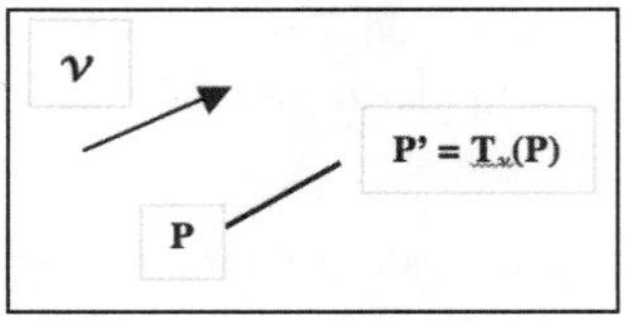

É usual indicar com T_v (P) = P'.

- Toda translação é uma isometria, portanto é uma simetria.
- O produto de duas translações é uma translação de vetor igual à soma dos vetores respectivos.
- O produto de translações é comutativo.
- A inversa de uma translação é a translação do vetor de mesmo módulo e direção mas de sentido oposto.
- A transladada de uma circunferência é uma circunferência de mesmo raio, cujo centro é o transladado do centro.

2) Rotação

Uma transformação R do plano é uma *rotação* de centro C e ângulo α (orientado) se e só se a todo ponto P do plano associa-se um ponto P' tal que $\angle$POP' = α e o segmento CP' = CP. Indicamos RC, α (P) = P'. O centro de rotação é também denominado rotocentro.

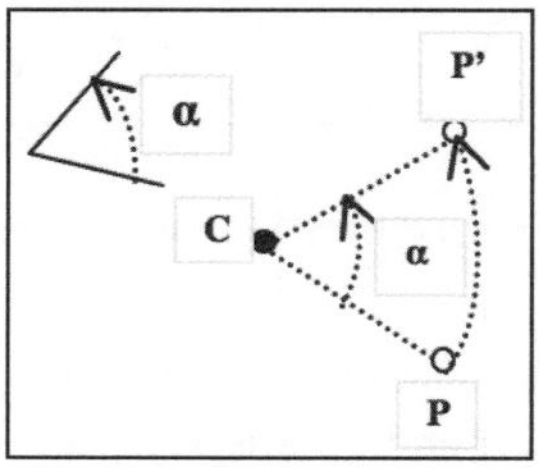

- Toda rotação é uma isometria, portanto é uma simetria.
- O produto de duas rotações de mesmo centro é uma rotação de mesmo centro e ângulo soma dos ângulos.
- O produto de rotações de mesmo centro é comutativo.
- Se uma transformação é rotação, então possui inversa.
- A rotacionada de uma reta é uma reta, e a de uma circunferência é uma circunferência.
- Se o ângulo de rotação é 180°, a rotação é chamada simetria central ou equi-inversão, e é involutiva.

3) Reflexão

Uma transformação S do plano é uma *reflexão* (ou simetria axial) de eixo x se e só se a todo ponto P do plano associa-se um ponto P' tal que x é mediatriz de PP'. Indica-se com $S_x(P) = P'$.

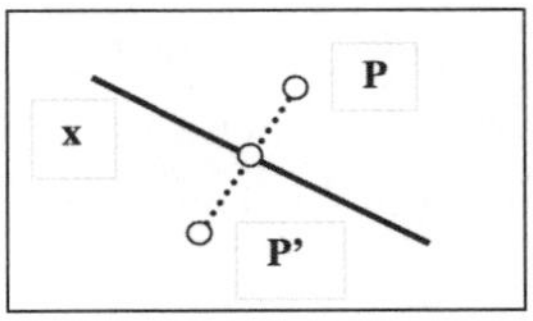

- Toda reflexão é uma isometria, logo é uma simetria.
- A reflexão é involutiva.
- A reflexão transforma um segmento inclinado em relação ao eixo em segmento igualmente inclinado, mas em sentido oposto.

  Em particular, transforma segmentos paralelos ao eixo (perpendiculares) em paralelos (respec. perpendiculares).

4) Translação refletida

Uma transformação do plano TR é uma *translação refletida* (ou reflexão transladada, ou ainda reflexão deslizante, oriunda da denominação americana *glide reflexion*) se e só se é o produto de uma translação por reflexão (ou de uma reflexão por uma translação face à comutatividade desse produto) cujo eixo tem a mesma direção do vetor da translação. A rigor, temos três simetrias, porém, pela importância desta em faixas, ela assim é considerada.

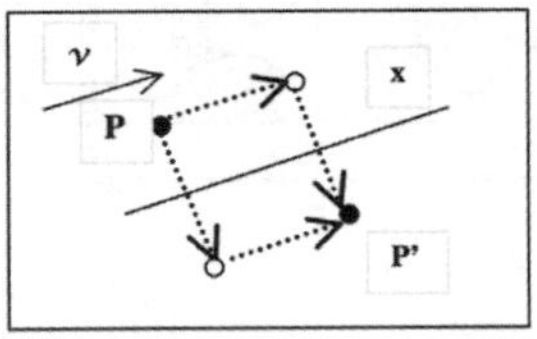

Para melhor ilustrarmos, a figura ao lado exibe a aplicação de uma translação refletida. Notar que as três primeiras simetrias isoladas não conseguem levar a figurinha da lua até a lua inferior.

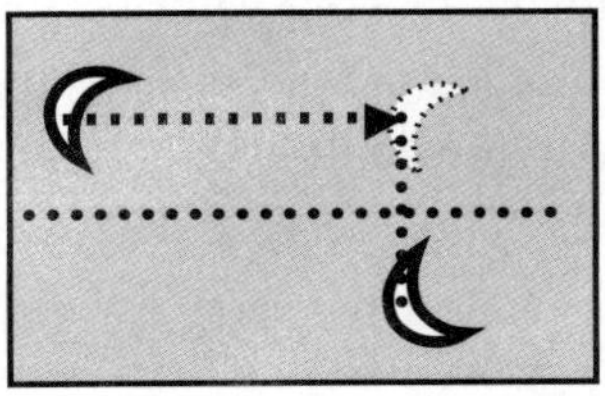

B - SIMETRIAS EM FAIXAS

B.1- APRENDENDO

Consideraremos só as faixas que possuam **translação**. Isto condiciona o nosso estudo a ter um motivo que se repete numa direção (aquela dada pelo vetor da translação) indefinidamente, pelo menos idealmente. Na aprendizagem usaremos peça de caleidostróton com ornamento dado pela figurinha estilizada de um jovem correndo, que tem a vantagem de ser assimétrica (não possui simetria), desde que em contrário o fato complicaria.

a)

Observamos que a faixa anterior tem o motivo[3] (a peça de caleidostróton) se repetindo indefinidamente (repetição entendida tanto para a direita como para a esquerda); e que o vetor de translação tem por módulo e direção o lado da peça. Colocamos o sentido para a direita (para ficar de acordo com o corredor),mas estaria certo se o sentido fosse para a esquerda. É importante notar que não temos nessa faixa qualquer outra simetria.

Segue que temos um padrão de faixa, aquele dado **só por translação**. Indicaremos esse padrão por **PADRÃO I**.

b)

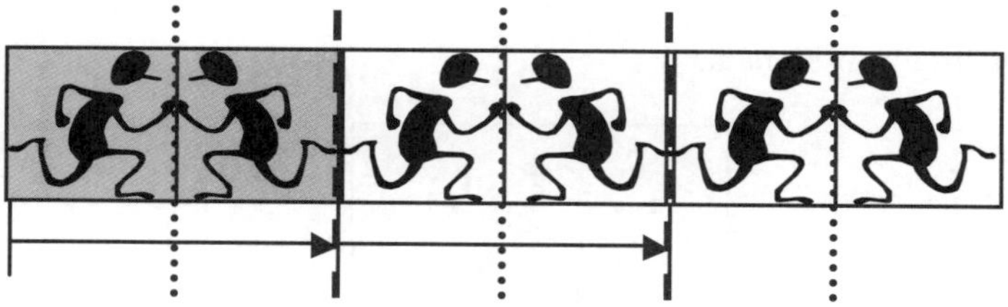

Observando esta faixa, verifica-se que um conjunto de duas peças é que se repete pela aplicação sucessiva de uma **translação**. Segue que temos um motivo fundamental (a peça de caleidostróton) e um motivo da faixa, o que se repete por uma translação de vetor duplo do vetor da primeira faixa. Porém, agora temos mais um tipo de simetria. Temos **reflexão** com duas famílias de eixos verticais: uma com eixos intermediários entre peças com as mãos se tocando e outra com eixos intermediários entre peças com os pés se tocando. Todavia é imprescindível que as reflexões devem ser entendidas aplicadas sobre a faixa inteira, e não só sobre as duas peças vizinhas.

---

3 Deixamos em cinza claro o fundo de um motivo em toda faixa em estudo.

Não existindo qualquer outra simetria, temos um novo padrão, que denominaremos **PADRÃO II**.

c)

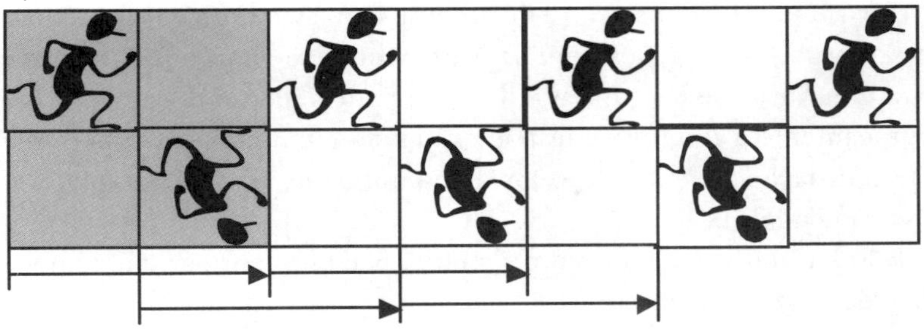

A análise desta faixa nos leva a garantir a existência de **translação** com vetor também duplo do vetor de translação da primeira faixa; portanto, de novo com um motivo fundamental dado pela peça de caleidostróton; e um motivo diferente da faixa, o que de fato se repete. Ele consta de um quadradão composto de 4 quatro quadrados menores: dois com a peça do jovem e dois em branco (sem ornamento). Entretanto, é indiferente considerar quais são; basta observar que do outro modo o vetor de translação é o mesmo.

Verificamos ainda a existência da **translação refletida**, na qual o vetor dessa translação componente é metade do vetor da translação da faixa; e o eixo de reflexão é paralelo ao vetor da translação. O leitor poderá em auxílio voltar à ilustração com a pequena lua. Um cuidado deve ser tomado: imaginar que, após receber a pequena translação, enquanto a parte de cima do eixo se reflete para a parte inferior, simultaneamente a inferior se reflete para parte superior.

Agora, como não existe qualquer outra simetria na faixa, podemos afirmar que temos um novo padrão, que chamaremos **PADRÃO III**.

d)

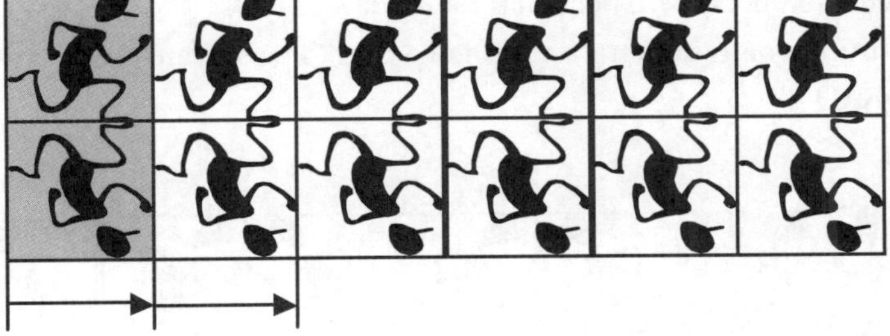

Vejamos inicialmente se esta faixa se enquadra no pré-requisito de ter translação. De fato, ela possui **translação** de vetor igual ao da primeira faixa, agora transladando sucessivamente o motivo constituído de duas peças de caleidostróton, compondo um retângulo de comprimento 1 lado e largura 2 lados. Porém, a peça inferior está disposta com o jovem de cabeça para baixo; o que nos conduz a verificar se existe reflexão.

Essa **reflexão** existe em relação ao eixo dado pela **reta horizontal** intermediária entre as peças com o jovem de cabeça para cima e as peças com o jovem de cabeça para baixo.

A existência de translação e de reflexão com eixo horizontal paralelo ao vetor da translação também nos conduz à existência de **translação refletida;** já que, após a translação, se fizermos a reflexão, a parte superior se sobrepõe à inferior e reciprocamente a inferior se dispõe exatamente em cima da superior. Portanto, existe translação refletida de vetor da componente translação igual ao vetor da translação da faixa.

Não havendo qualquer outra simetria, podemos afirmar que temos um novo padrão de simetria em faixas.

Nós o chamamos de **PADRÃO IV.**

e)

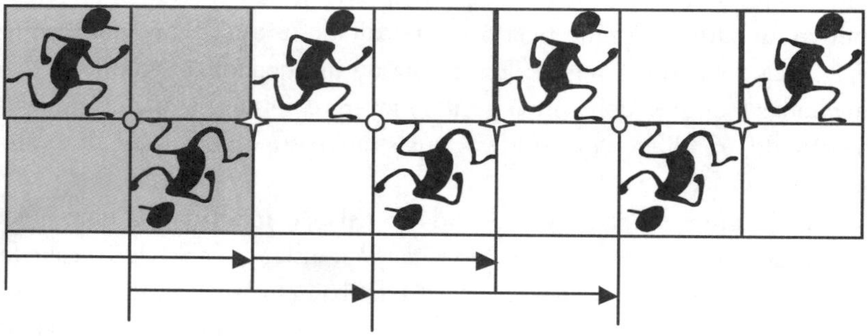

Como sempre, constatamos primeiro que a faixa possui **translação** de motivo dado novamente por um quadrado de quatro quadradinhos, colorido em cinza claro para destaque, e vetor duplo do vetor da primeira faixa.

Não tem reflexão nem translação refletida; contudo, possui **rotação** e justamente **simetria-central** (ângulo de 180°), com duas famílias de centros de rotação (representados por pequenas bolinhas e pequenas estrelas).

Não existindo outra simetria, temos novo padrão pois difere dos anteriores. Diremos **PADRÃO V.**

f)

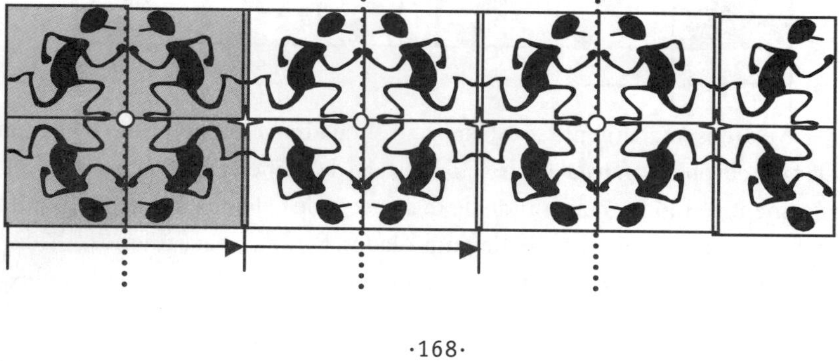

Esta faixa tem todas as simetrias, o que talvez seja a razão de representar o padrão mais frequente.

A translação é de vetor duplo do vetor da primeira faixa, como motivo um quadrado de quatro quadradinhos (duas opções).

Tem a reflexão do tipo **simetria horizontal** (eixo horizontal) e tipo **simetria vertical** (duas famílias de eixos verticais).

Possui translação refletida com deslizamento de mesmo vetor da translação, e reflexão em relação ao mesmo eixo da **simetria horizontal**.

Na faixa ainda existe **rotação** do tipo **simetria central** (giro de 180o) com duas famílias de centros de rotação.

Como possui todas as simetrias, temos um novo padrão, ao qual denominamos **PADRÃO VI**.

g)

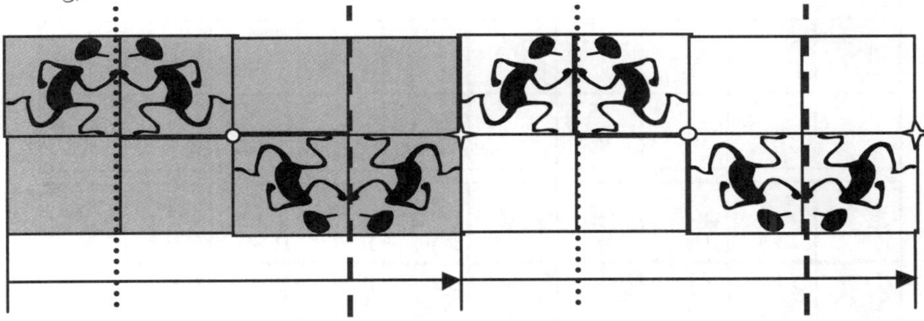

Desta faixa com as ilustrações complementares de eixos e centros de rotação é fácil descrever as simetrias. **Translação, translação refletida, reflexões por simetria vertical**, e **rotações por simetria central**. Observar que não tem **simetria horizontal**. Temos então o último padrão de faixa: **PADRÃO VII**.

B.2- USANDO UM QUADRO RESUMO

O quadro a seguir fornece os padrões quanto às suas simetrias.

	Translação	Translação refletida	Simetria horizontal	Simetria vertical	Simetria central
I					
II					
III					
IV					
V					
VI					
VII					

<u>Nota</u>: A ordem numérica dos padrões é nossa, e pode não ser a mesma de outros autores, que é bastante variável.

Atividades:

Observar com atenção as faixas seguintes verificando as suas simetrias. Vá ao quadro e veja o padrão correspondente até memorizá-los. Em seguida, confira as suas respostas com as nossas.

Atividade 1

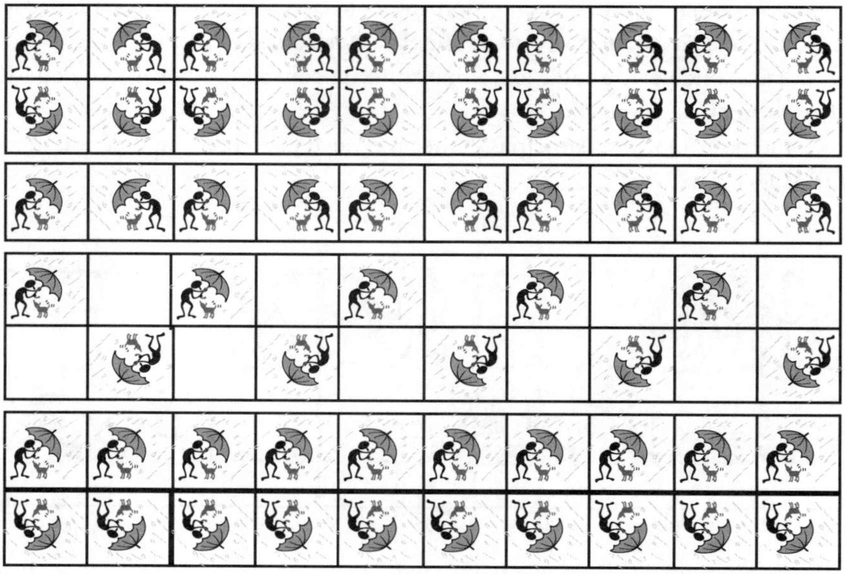

Atividade 2

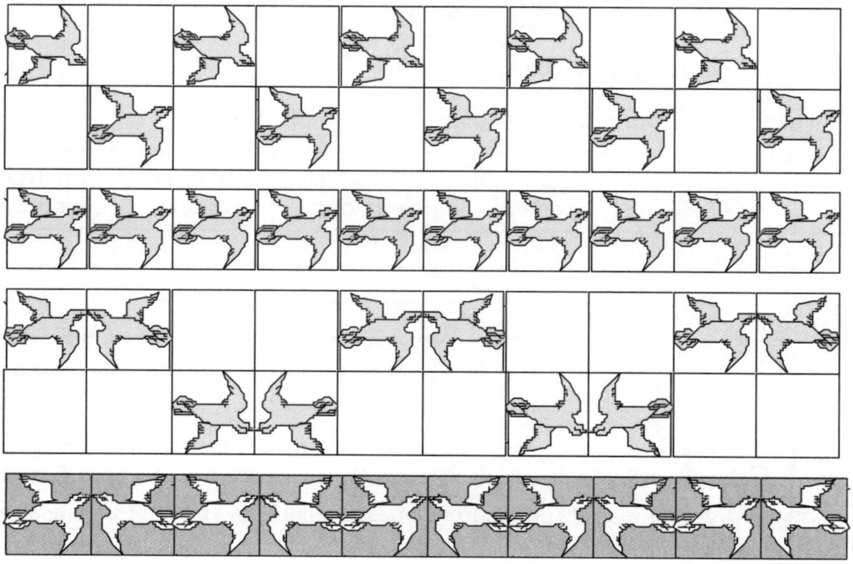

Atividade 3

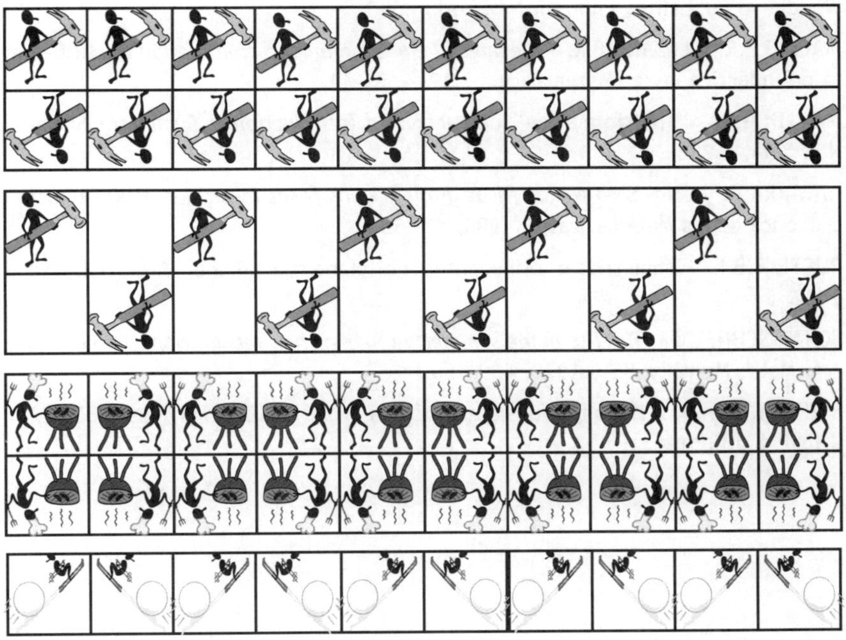

Soluções:

Atividade 1 - padrões VI, II, V e IV;

Atividade 2 - padrões III, II, V e IV;

Atividade 3 - padrões IV, V, VI e II

Nota: Lembre-se que no início do capítulo existem mais doze faixas para você ensinar e aprender conectando, explorando e realizando ações.

C- INDICAÇÕES BIBLIOGRÁFICAS

ASCHER,M. - Ethnomathematics: A multicultural view of Mathematical Ideas, (Symmetric Strip Decorations - Chapter six), Brooks/Cole Publ. Co., Pacific Grove,1991.

BARBOSA,R.M. - Descobrindo padrões em mosaicos, Atual - Saraiva, SP, 4ª,ed 2002.

BARBOSA,R.M., SILVA,E.A. e DOMINGUES,H.H. - Atividades Educacionais com Tetraminós - Projeto Tetraminó, FIRP, S.J.R.Preto, 1995.

CHAPMAN,K.M. - The Pottery of San Ildelfonso Pueblo, University of New México Press

DAVIS,P.J. and HERSH,R. - *Algorithms for the seven distinct frieze types,* Mathematics in School, 20-2, 1991,

FARMER,D.W. - Grupos e Simetria (um guia para descobrir a matemática), Col. O Prazer da Matemática, trad. Gradiva, Lisboa, 1999.

GARRIDO,J. - *Les Groupes de symétrie des ornements employés par les anciennes civilizations du Mexique,* Comptes Rendus Acad. Sci. Parias, 235, 1952, 1184-1186.

HORNE,C.E. - Geometric symmetry in patterns and tilings, The Textile Institute - Woodhead Publishing Limited, New York, 2000.

MACIAS,E.R. y LOZANO,E.R. - *Geometria em la ornamentación periódica,* UNO- Revista de Didáctica de las Matemáticas, 2,1994, 35-41

MARTIN,G.E. - Transformation Geometry: *An Introduction to Symmetry,* Springer, New York, 1982.

NAVARRA,G. y CIAN,S. - *De los frisos gráficos a los frisos musicales,* UNO- Revista de Didáctica de lãs Matemáticas, 2,1994, 43- 56.

RUOFF, E.B.L. - Isometrias e ornamentos no plano euclidiano, Atual/Ed. USP, SP, 1982.

SCHATTSCHNEIDER,D. - *The plane symmetry groups: their recognition and notation,* Am. Math. Monthly, 85-6,1978, 439-450.

SPIRA,M. - *Grupos de isometrias no plano (min icurso),* XI SEMAT ' 99, IBILCE/ UNESP, S.J.R.Preto.

REFERÊNCIAS

PARTE 1

Capítulo 2

BARBOSA, R. M. *Descobrindo padrões em mosaicos*. São Paulo: Atual, 1993.

Capítulo 3

BARBOSA, R. M. Determinação do número de imagens para espelhos planos. Atividades Pedagógicas, 1957, p. 45-48.

ROBERTSON, J. M. Geometric Constructions Using Hinged Mirrors. *The Mathematics Teacher*, Reston, v. 79, n. 5, p. 380-386, May 1986.

Capítulo 4

DAFFER, P. G. O.; CLEMENS, R. S. *Geometry: an Investigative Approach*. 2. ed. Menlo Park: Addson-Wesley, 1977

Capítulo 5

BALL, R.; COXETER, M. C. H. *Mathematical Recreations and Essays*. 13. ed. New York: Dover, 1987.

BARBOSA, R. M.; MURARI, C. Mosaicos ornamentais em caleidoscópios equiláteros e isósceles. In: ENCONTRO PAULISTA DE EDUCAÇÃO MATEMÁTICA, 4., 1996, São Paulo: Atual, 1996, p. 187-293.

GRAF, K. D.; HODGSON, B. R. Popularizing Geometrical Concepts: the Case of the Kaleidoscope. *For the learning of Mathematics*, Montreal, v. 10, n. 3, p. 42, Nov. 1990.

JACOBS, H. R. *Geometry*. New York: W. H. Freeman, 1974.

KINGSTON, M. Mosaics by Reflection. *The Mathematics Teacher*, Reston, p. 280-286, Apr. 1957.

MARTINS, R. A. *Ensino-aprendizagem de geometria: uma proposta fazendo uso de caleidoscópios, sólidos geométricos e softwares educacionais*. 2003. Dissertação (Mestrado em Educação Matemática) – Instituto de Geociências e Ciências Exatas, Universidade Estadual Paulista, Rio Claro, 2003.

MURARI, C. Brincando, colorindo e aprendendo com caleidoscópio equilátero em pavimentações de configuração (3, 3, 3, 3, 3, 3). *Educação Matemática em Revista*, v. 4, p. 31-38, 1995a.

MURARI, C. Um caleidoscópio educacional modificado para trabalho em grupo. *Revista de Educação Matemática*, São Paulo, v. 3, n. 2, p. 11-15, 1995b.

MURARI, C., BARBOSA, R. M. Aprendendo a construir novos mosaicos, agora em caleidoscópios com quatro espelhos. *Revista de Educação Matemática*, São Paulo, v. 6, n. 4, p. 57-66, 1998.

MURARI, C. *Ensino-aprendizagem de geometria nas 7ª e 8ª séries, via caleidoscópios*. 1999. 2 v. Tese (Doutorado em Educação Matemática) – Instituto de Geociências e Ciências Exatas, Universidade Estadual Paulista, Rio Claro, 1999.

ROGER, P. M. Kaleidoscope. In: ENCICLOPÉDIA Britânica. 4. ed. Edimburgo: Editora Enciclopédia Britânica, 1824. v. 5, p. 163.

SIMIONATO, S. T. A.; MURARI, C.; BARBOSA, R. M. Número de regiões ou colorações em bases caleidoscópicas para pavimentações do plano. *Interciência – Ciências Exatas*, Catanduva, v. 4, n. 2, p. 85-93, 2004.

Capítulo 6

BALL, R.; COXETER, M. C. H. *Mathematical Recreation and Essays*. New York: Dover, 1987.

BATISTELA, R. F. *Um kit de espelhos planos para o ensino de Geometria*. 2005. 134 f. Dissertação (Mestrado em Educação Matemática) - Instituto de Geociências e Ciências Exatas, Universidade Estadual Paulista, Rio Claro, 2005.

BUSKE, N. *Uma contribuição para o ensino de geometria utilizando origami e caleidoscópio*. 2007. Dissertação (Mestrado em Educação Matemática) - Instituto de Geociências e Ciências Exatas, Universidade Estadual Paulista, Rio Claro, 2007.

COUTINHO, L. *Convite às geometrias não-euclidianas*. Rio de Janeiro: Interciência, 2001.

LIMA, E. L. *Meu professor de Matemática e outras histórias*. Rio de Janeiro: SBM, 2000.

MURARI, C. A tesselação (5, 6, 6) - a bola de futebol visualizada em caleidoscópio generalizado. In: ENCONTRO NACIONAL DE EDUCAÇÃO MATEMÁTICA, 8., 2004, Recife: SBEM, p. 1-9.

NIELSEN, K. L. *Modern Trigonometry*. New York: Barnes and Noble, 1966.

SEGUNDA PARTE

Capítulo 1

ENGEL, M. *M. C. Escher Kaleidocycles*. May 7, 2003. Disponível em: <http://www.ac-noumea.nc/maths/polyhedr/stuff/kaleidocycles_theory.pdf>. Acesso em: 15 mar. 2008.

NACARATO, A. M. Eu trabalho primeiro no concreto. *Revista de Educação Matemática*, São Paulo, v. 9, n. 9-10, p. 1-6, 2004/2005.

PAIS, L. *Intuição, Experiência e Teoria Geométrica*. Campinas: Zetetiké, 1996.

SCHATTSCHNEIDER, D.; WALKER, W. *Caleidosciclos de M. C. Escher*. Tradução de Maria Odete Gonçalves-Koller. Köln: Taschen: 1991.

SCHREINER, I. V. Caleidosciclos. Adaptado por Luís Márcio Imenes. *Revista do Professor de Matemática*, São Paulo, n. 8, 1986.

<http://www.mathematische-basteleien.de/kaleidocycles.htm>. Acesso em: 15 mar. 2008.

<http://www.korthalsaltes.com>. Acesso em: 15 mar. 2008.

TERCEIRA PARTE

Capítulo 1

BARBOSA, R. M. *Descobrindo padrões em mosaicos*. 4. ed. São Paulo: Atual, 2005.

BARBOSA, R. M. *Conexões e Educação Matemática: brincadeiras, explorações e ações – Vol. 2*. Belo Horizonte: Autêntica, 2008.

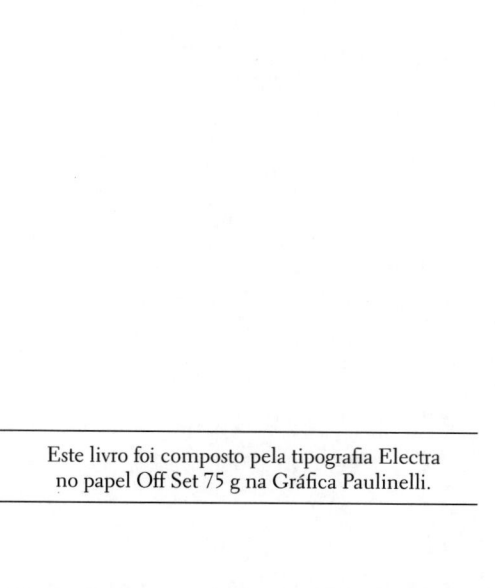

Este livro foi composto pela tipografia Electra
no papel Off Set 75 g na Gráfica Paulinelli.